谨以此书献给敬爱的刘传翠先生和王麟沚先生

并纪念我的母校——安徽省宣城师范学校

北京语言大学语言科学院学人书系

词义结构和词语调节的认知研究

施春宏　著

北京语言大学出版社
BEIJING LANGUAGE AND CULTURE UNIVERSITY PRESS

图书在版编目（CIP）数据

词义结构和词语调节的认知研究 / 施春宏著 . -- 北京：北京语言大学出版社，2015.12
ISBN 978-7-5619-4289-5

Ⅰ. ①词… Ⅱ. ①施… Ⅲ. ①词义学－文集 ②语义学－文集 Ⅳ. ① H03-53

中国版本图书馆 CIP 数据核字（2015）第 292376 号

词义结构和词语调节的认知研究

CIYI JIEGOU HE CIYU TIAOJIE DE RENZHI YANJIU

排版制作：北京创艺涵文化发展有限公司
责任印制：姜正周

出版发行：北京语言大学出版社
社　　址：北京市海淀区学院路 15 号，100083
网　　址：www.blcup.com
电子信箱：service@blcup.com
电　　话：编辑部　8610-82303647/3592/3395
　　　　　国内发行　8610-82303650/3591/3648
　　　　　海外发行　8610-82303365/3080/3668
　　　　　北语书店　8610-82303653
　　　　　网购咨询　8610-82303908
印　　刷：北京九州迅驰传媒文化有限公司

版　　次：2015 年 12 月第 1 版
印　　次：2015 年 12 月第 1 次印刷
开　　本：787 毫米 ×1092 毫米　1/16　　印　　张：19.75
字　　数：292 千字
定　　价：65.00 元

PRINTED IN CHINA

目 录

序（张博） / III

上 编 词义结构和语义空间研究 / 1

词义结构的认知基础及释义原则 / 3

词义的认知模式与词义的性质及构成

——兼谈成语的性质 / 33

名词的描述性语义特征与副名组合的可能性 / 45

试析名词的语义结构 / 72

比喻义的生成基础及理解策略 / 88

附文：用用看 / 105

说“界”和“坛” / 109

附文一：“界”“坛”词缀化辨 / 121

附文二：“操坛”一词的是与非 / 126

词语搭配中的语义认知空间问题 / 132

下 编 词语调节和语义用变研究 / 141

词语调节过程中的语义关系分析 / 143

词语构造的多能性和时空性

——从“腰封”及其相关词语的形义关系谈起 / 163

重叠形式的可能性和现实性

——以阎连科作品中重叠形式的使用为例 / 181

试论语义关系对异体词显隐和使用的制约 / 201

修辞表达中的语义调节 / 222

关于成语用变和演变的思考
——从几则成语的现实使用谈起 / 237
附文:“关于成语用变和演变的思考”补议 / 255
词语变用中的语言游戏 / 259
语义叠架原因论析 / 270
“悬殊”用法的描写和分析 / 285

后 记 / 294

序

今年3月7日，施春宏教授发来邮件，嘱我给他的词汇语义学论文集《词义结构和词语调节的认知研究》作序，我深知断无资格承命，可作为相知较深的朋友，又按捺不住地想抒发对春宏教授为学为师的钦敬，于是，在依违两难中做出不自量力的应从。

我最早认识春宏教授是在2004年。那一年，受崔希亮总主编之命，我负责编辑《北京语言大学汉语语言学文萃》的“词汇卷”，收录了施老师4篇词汇语义学论文，即《名词的描述性语义特征与副名组合的可能性》《比喻义的生成基础及理解策略》《词义的认知模式与词义的性质及构成》《说“界”和“坛”》。这几篇文章新颖的语义分析视角、深邃的理性思辨和洞见以及周详严密的逻辑论证，着实令我叹服。

2004年以后，我又陆续拜读了施老师多篇词汇语义学论文，并和学生一起研读讨论了某些篇章，受益良多。此次受命为序，重读了施老师的大作，又有不少新的体会。我个人感觉，跟我们较为熟悉的词汇学论著相比，春宏教授的词汇语义学研究可谓独树一帜，最令我佩服的特色有两点：

一是认知语言学与词汇语义学深度融通的理论取向。以往的词汇语义研究通常关注的是词义有哪些构成要素，词义成分的性质、关系及层级如何，词义演变的结果是什么，新义与原义有何区别与联系等等，这些都属于词汇语义学范畴内从意义到意义的研究。近年来，随着认知语言学的发展，将认知研究与词义研究相结合的成果日益增多。从总体上看，英语学界偏重于用词义衍生现象例示或诠释认知语言学的基本概念和原理，汉语学界偏重于用认知语言学基础理论来解释某些汉语词义衍生现象和规律。春宏教授的研究则改变了这种畸轻畸重的“结合”模式。他深刻地认识到，人类认知的倾向性以及由此引发的语言结构化原则具有一致性特征，因此，自觉地将词汇语义学的词义分析模式和基于概念认知的分析模式有机地结合起来，将认知视角贯穿于词义生成、衍化及释义等各个层面的研究，使词义的结构特征和衍化规律与人类的认知经验、过程和模式互为参照，彼此证发。最能体现认知语言学与词汇语义学理论深度融通的是列于本文集之首的《词义结构的认知基础及释义原则》。在这篇文章中，春宏教授首次从理论上系统地论证了词义形成和衍生的认知基础和过程，指出词义的生成是认知过程结构化的结果，揭示了词义成分如何经过认知上的选择性信息加工得以在语言系统中定位，词义结构关系衍生过程的拓扑性特征如何受制于意象图式的类型性特征等等。该文以及整部文集的这种理论取向和相关见解令人耳目一新，有力地推动了词汇语义研究由“知其然”向“知其所以然”深进。

二是富于理论创新精神和理论建构能力。语言的语音和语法系统相对封闭，规律性较强，通常被视为更适宜创建理论的研究对象；而词汇系统无限开放，动态性强，词义的演变尤为灵动歧迷，这使得有关词汇语义的理论探究向来被视为畏途。而通观春宏教授的词汇语义研究，则显示出鲜明的理论追求和强大的理性魅力。读他的文章，你会被一种思辨的力量所牵引，踏着一个个熟知的词语不知不觉地进入闪烁着智慧之光的理性世界。春宏教授从不满足于对词汇现象的简单描写，也不会拿典型案例去给既有理论充当“脚注”，而是基于对词汇语义现象的精细观察，由表及里，见微知著，力求提炼具有较强概括性的词义结构特征，揭示富有解释力的词义演变、词语语义调节及显隐的深层动因，构建更具可操作性的词义分析模型。他所建立的“关涉性语义成分”和“描述性语义成分”（详见《名词的描述性语义特征与副名组合的可能性》等）、“语义演变”和“语义用变”（详见《关于成语用变和演变的思考》等）、“词语构造的多能性和时空性”、词语的“空位”“占位”及“让位”（详见《说“界”和“坛”》）等一系列理论范畴，不仅为汉语的语义成分结构化、语义空间的动态性以及词语调节的动因与机制研究提供了新的分析思路和视角，而且还具有语言类型学上的普遍意义（详见《试析名词的语义结构》）。

春宏教授研究词汇语义还有许多不同凡响之处，例如结合语言运用实际和语言规范化研究词汇语义，既依托辞书释义分析词义结构，又用词义分析模型反哺辞书释义原则和释义模式的建构等等。限于自己的学识水平，不便在此过多地妄加述评。接下来我想说的是，春宏教授还是我特别钦佩的好老师、好编辑。

施老师 2006 年从北京语言大学人文学院来到对外汉语研究中心，到 2013 年底离开中心任《语言教学与研究》副主编、主编。我和他共事七载，亲身领略了他的为师之德与为师之道。他热爱教学，从不因为做研究而放弃教学。在我们这个研究单位，春宏教授从来都是上课最多的老师。他对教学工作非常投入、负责。记得在一个初冬的早上，他因受风寒而出现面瘫症状，嘴巴歪到了一边，当时我都不忍目睹他那面目全非的样子，力劝他赶快去医院治疗，可他硬是歪着嘴讲完了两节课，还打趣说：“我这是歪嘴和尚念经。”他指导研究生更是不惜气力，我不止一次地听说，某某同学的论文经施老师改过十几遍。2007 年以来，施老师指导的硕士研究生独立署名或以第一作者身份发表的基于硕士阶段研究成果的论文就有 20 篇之多，其中多发表于《世界汉语教学》《语言教学与研究》《语言文字应用》《当代修辞学》《语言科学》《汉语学习》《辞书研究》《华语教学与研究》等语言学专业期刊，例如蔡淑美《双量式“A 就 B”的语义理解问题》、张春华《新词语构造的合力机制》、白鸽、施春宏《〈现代汉语词典〉中作格动词释义情况的考察与思考》、李昱《语言共性和个性在汉语双宾语构式二语习得中的体现》、郝暾、施春宏《历年高考病句试题的演变路径及理论分析》等（详见对外汉语研究中心施春宏教授的个人主页 http://www.dwhyyjzx.com/www/?id=22）。透过这些高水平的学术论文和多位语言学新秀的名字，人们看到的或许只是施老师点石成金的人才培养之功效，殊不知其背后凝聚着多少既授鱼又授渔的心血。2009 年 9 月至 2013 年 10 月这段时间，因工作需要，施老师受邀在《世界汉语教学》做兼职编辑，我们又有机会在一个更小的团队中合作。且不说施老师审稿见识之高，编辑校对之细，让我们向他学到很多；最值得我们学习的，还是他对作者、对学术研究发自内心的尊重。只要是有新意或基于认真研究的论文，不论写作上多么不成熟，施老师都不会轻易否定，总是建议给作者修改提升的机会，甚至不惮其烦地亲自指导作者深化研究并完善论文。从施老师身上，我们深切地体会到做编辑工作应当怎样“与人为善，与人同善”。

春宏教授比我年轻十岁，可从打认识他以后，就发现要向他学习的地方太多。这篇文字无法表达我的感佩于万一。回到这部文集，我想告诉研修词汇学的青年朋友，研读施春宏教授的文章，一定会使你增广见识，开启心智，得到不同寻常的理论收获。

是为序。

张　博

2015 年 11 月 3 日

上　编

词义结构和语义空间研究

词义结构的认知基础及释义原则 *

提要 本文主要探讨词义形成和衍生的认知基础和过程，并以此为基础阐释辞书释义中的认知原则。文章首先通过具体用例的释义分析来说明词义结构中的认知属性，接着探讨词义结构生成的认知基础，指出词义的生成是认知过程结构化的结果，词义构成成分在认知凸显中定位，词义结构关系的衍生过程具有拓扑性特征。在此基础上，文章概括了词语释义应该遵循的一些基本认知原则：认知理据的完备性原则、认知因素的结构化原则、认知机制的一致性原则。本文试图借此对认知语义学和结构语义学、词汇语义学等传统词义分析方式之间的关系做出新的思考。

认知语言学的兴起引发了人们对日常经验与语言表达之间关系的广泛重视，激发了以意义为中心的语言研究。就语义结构形成的基础和语言表达形式的构造而言，这种基于概念化、范畴化、认知图式、象似性、隐喻机制、认知推理模式等的研究大大调整，强化了人们对语言理据性的认识，将人们从过于重视语言表达形式和语义结构的内部形式的分析转移到对其生成理据的探讨，从而深化了人们对语言系统认知属性和功能的分析。尤其是基于隐喻理论的理解和分析，更是将语言表达形义之间的关联更加系统化了，从而大大推进了语义和词汇的研究。（如 Johnson，1987；Ungerer & Schmid，1996；张敏，1998；王寅，2007；束定芳，2008 等）就语义的隐喻分析而言，目前认知语言学较多地关注“时间就是金钱”（time is money）、“争论犹如战争”（argument

* 本文原刊于《中国语文》2012 年第 2 期，详摘内容转载于《中国社会科学文摘》2012 年第 6 期。

is war)、“快乐则情绪上扬；悲伤便情绪低落”(happy is up，sad is down)之类基础隐喻所衍生的隐喻集合，强调相关隐喻的拓展情况及隐喻对语言生成和语言理解的深刻影响，并对一词多义多用现象做出系统的刻画。(如 Lakoff & Johnson，1980；束定芳，2000；胡壮麟，2004 等)然而，我们也注意到，很多基于认知隐喻的研究对传统的语义构成成分分析有意无意地采取了相对漠视的态度，忽视了结构语义学、词汇语义学等相对传统的语义分析方法与模式在新的语言学理论背景中的价值。[①] 如果将基于语义 / 词义成分研究的分析模式和基于概念认知的分析模式有机地结合起来，便能够对相关词义结构的拓扑(topology)机制做出更为系统的分析，对具体词义的语义成分做出更为精细的考察，从而进一步强化词义结构分析的可操作性，提高词义分析的描写力和解释力以及一定程度上的预见力，并进而提高辞书释义的准确性和可接受性。本文即试图对此做出探索。文章首先通过具体用例的释义分析来说明词义结构的认知属性，并在此基础上探讨词义结构生成的认知基础，进而提出词语释义应该遵循的一些基本认知原则。关于词义认知隐喻研究的文献相当丰富，创见颇多，但大多考察其隐喻路径、结果及其文化意义，而较少具体到词义结构内部的成分及其关系的分析。本文正侧重于此，并以辞书释义的分析作为行文的出发点。

一　从“驴”字词语群的释义情况看词义结构中的认知属性

本义和派生义(比喻义、引申义 / 转喻义)之间的关联一直是词义研究和

① 在认知语言学 / 认知语义学产生广泛影响之前，基于词义的语义研究主要以结构语义学和词汇语义学为主，特别关注语义结构成分(尤其是语义特征)及其关系的分析。汉语研究也是如此，如符淮青(1996)、贾彦德(1999)、石安石(2005)、张志毅、张庆云(2001)等。这种研究对词语的“内部形式”即形成理据也很关注，如张永言(1981)等的研究就已相当深入，而且这样的研究常常跟辞书释义相结合。

辞书释义关注的焦点。[①]然而，我们平时在查字典词典的时候，发现有的派生义理解起来不是太顺畅。这是因为，辞书要么没有提供本义或特定的描写、说明，读者不容易发现派生义的比喻之源、引申之本；要么提供的本义或特定的描写、说明跟所释的派生义联系不紧密，读者不容易从本义自然地推导出派生义来。这样就可能会导致词义认知上的短路。

为此，我们翻检了一些比较有影响的辞书，如《现代汉语词典》（第 5 版，商务印书馆，2005 年版；以下简称《现汉》）、《现代汉语规范词典》（外语教学与研究出版社、语文出版社，2004 年版；以下简称《现规》）、《辞海》（上海辞书出版社，1999 年版）、《辞源》（商务印书馆，1988 年版）、《新华词典》（商务印书馆，2001 年版）、《应用汉语词典》（商务印书馆，2000 年版；以下简称《应用》）等，在比较分析中发现，在这个问题上存在一些值得思考的问题。由于《现汉》在辞书界具有标杆性的地位，下文的释义便以之为基础。[②]

这里先以“驴”字词语（即含有“驴”字的词语）构成的词语群（或称作词群，word group）为例来说明。这个词语群较为系统地彰显了辞书释义中的若干层面值得反思的问题。我们先来看《现汉》对“驴”及相关词条的释义（注音略，下同）：

【驴】哺乳动物，比马小，耳朵长，胸部稍窄，毛多为灰褐色，尾端有毛。多用作力畜。

这基本上是从生物学角度所作的释义。看了这个释义，我们对驴是个什么样的动物便有了一个初步的印象。这个字头下列有 8 个词，除了“驴骡、驴皮

① 传统的词汇学、词义学将由本义衍生出来的派生义分成比喻义和引申义两大类型。其实，如果就系统而言，比喻义也是引申义，即引申义和派生义是同一内涵的概念。而跟比喻义相对的传统引申义一般可以看作转喻义（或转指义、借代义）。比喻义和转喻义同属派生义，这样的区分更具逻辑性。

② 吕叔湘、胡绳等（1996）、韩敬体编（2004）、商务印书馆辞书研究中心编（2009）等系统总结了《现代汉语词典》的编写经验和成就，请参看。也有不少文献对《现代汉语词典》的释义情况提出了建设性的意见，这些意见基本上是基于结构语义学的理论背景。

胶、驴皮影、驴子”外，还有 4 个熟语词：“驴唇不对马嘴、驴打滚、驴肝肺、驴年马月”。这 4 个词的释义是这样的：

【驴唇不对马嘴】比喻答非所问或事物两下不相合：这个比方打得不妥当，有点～。也说牛头不对马嘴。

【驴打滚】①高利贷的一种。放债时规定，到期不还，利息加倍。利上加利，越滚越多，如驴翻身打滚，所以叫驴打滚。②食品，用黄米面夹糖做成，蒸熟后，滚上熟黄豆面。

【驴肝肺】比喻极坏的心肠：好心当做～。

【驴年马月】指不可知的年月（就事情遥遥无期，不能实现说）：照你这么磨磨蹭蹭，～也干不成。也说猴年马月。

如果我们根据上面对“驴”的释义（甚至不需要具体了解“驴”的特征），理解“驴唇不对马嘴”似乎不怎么困难。“驴唇”和“马嘴”分指两种动物的口部器官，两者不能相合是自然的。用“驴唇不对马嘴”来比喻两个事物（如问与答、此事与彼事、表象与真相等）相悖相对是一种自然的隐喻性认知过程（从具体认知域到抽象认知域）。本义（源语义）和比喻义/引申义在构成成分和结构关系上的一一对应，使得该词的理解路径比较显豁。[①]

然而，其他三个词就不是如此简单明了了。它还需要补充别的方面的知识。为什么呢？显然，词语释义中提供的相关信息是否充分跟我们对词义的理解和把握有很大的关系。就这些词语的理解而言，似乎还需要有关“驴”的其他方面的经验知识，如果读者缺少这方面的知识，理解的通道就没有完全打通。例如，为什么可以用“驴打滚”来比喻高利贷呢？上面的释义中有一个提

① 《现代汉语词典》对词语的比喻义和比喻用法的关系在释义中做了系统的处理（参见韩敬体，2001），体现了两者之间的发展层次，从一个角度展示了辞书释义的大的原则。另，首都师范大学博士生马玉红向笔者指出，还有“驴头不对马嘴”和“驴唇马嘴”这样的表达，如：“倘或一时问及，驴头不对马嘴，就要弄出本色来了。”（明·董说《西游补》第五回）“驴唇马嘴夸我解问，十转五转饶你从朝。”（宋·释道原《景德传灯录》卷十九）感谢马玉红同学的意见。

示:“利上加利，越滚越多，如驴翻身打滚。”然而，这还是不够明确，为什么驴子翻身打滚了就可以比喻“利上加利”？这“加”的部分不好理解，难道指滚的次数在增加吗？似乎不尽然。可见，上述释义尚未提供充分的相关信息来帮助我们理解和把握词义结构。其实，“驴打滚”的第二个义项倒可以帮助我们获得更加切近的认识。它用来指一种食品，这种食品“蒸熟后，滚上熟黄豆面”，而且每滚一次，沾上的黄豆面就越多，这样滚下去，自然越来越多。这与驴子在泥地里打滚时越滚身上泥土越多的情况在认知经验上是相通的，也正是人们用“驴打滚”来命名该食品的依据。同理，高利贷亦有“越滚越多”的特征，故也可用“驴打滚”来比喻。这是合乎一般的认知过程的：从生活经验扩展到其他领域（如这里的食品领域、经济领域）。对词义结构的认知，既包括结构本身的成分及其关系，也包括认知建构过程的加工序列。词义是建构而成的，语言交际就是一个逐步建构的过程。一旦我们对命名的依据认识清楚了，将词义结构中的语义成分及其关系分析到位了，从而建立了词义的结构，对词义的理解便会豁然开朗。可见，我们在释义时如果介绍了驴子生活习性方面的这种特征，那就更有利于读者对词义的认知、理解和使用。我们翻检了收有这个词的《现规》《辞海》《应用》，释义基本与《现汉》一致。①

我们再来看“驴肝肺”，上面“驴”的释义内容都不能成为我们准确理解这个词语意义的线索。为什么“驴肝肺”能比喻极坏的心肠呢？为什么就不能用它来比喻好心肠？这仅仅是所谓的“约定俗成”的偶然性吗？②考虑到这个

① 就义项的设立而言，作为生活经验的“驴打滚”不宜作为一个独立的义项，只能作为“造意”的基础。这牵涉到结构的意义和词义的关系。（谭景春，2000）基于生活经验的“驴打滚”还只是一个句法结构，而不是词汇性单位。至于食品名称义和高利贷义之间的关系，如果注重于时间先后，则是连锁式关系；如果认为它们都可以直接从生活经验引申而来（哪怕出现的时间有早晚），则两者之间就是辐射式关系。

② 很多文献将“约定俗成”理解为无需理据支持，用得多了，也就“定”了“成”了，即便当初为“非”，后来也积非成是了。这种“懒政”思维跟实际交际并不相合。其实，所谓的约定俗成，并非此亦一是非彼亦一是非，而是有很强的理据性的，只不过有时我们在认识上一时不到位，就被看作积非成是了。

词一般只用在“好心当作驴肝肺”这个熟语中，它的基本含义应该跟“好心”相对。然而，我们所考察的各词典均未对该比喻义的产生理据予以说明，以致读者的认知过程不能有效通达。上网征求答案时，有网友说：驴身上，肝和肺是最不好吃的，所以价格也相对便宜，而“好‘心’”却相对贵出许多。若如此，把“驴肝肺”当作价值低、不值钱的废物，可能就是有效而合理的比喻了。当然，也可以做另一种解释，即“好心”已经词语化了（如“一片好心、好心好意、好心人”），意指“好意”，然后再构成“好心当作驴肝肺”。这样看来，《现汉》将“驴肝肺”释作“比喻极坏的心肠”，《现规》释作“比喻极坏的用心”，恐怕都不及《应用》释作“比喻坏心肠”，因为除非“驴肝肺”有毒（且又常“引”人食之），否则“极”这个义素在源语义结构中就没有什么着落。也就是，就“驴肝肺”的语义生成理据而言，上面的释义做得并不充分；就释义结构中的语义成分“极”而言，又显得没有必要。

至于“驴年马月”，我们也不容易从字面上的“驴年”和“马月”有效地推断出该词可以用来“指不可知的年月（就事情遥遥无期，不能实现说）”。很多词典都未收这个词，《现规》释作“猴年马月”。查“猴年马月”，释作：

【猴年马月】原说“驴年马月”。我们传统阴历用干支搭配纪年，而12地支又和12生肖对应，因12生肖中无驴，不可能出现驴年，所以就用“驴年马月”指遥遥无期或难以预测的时间。在流传过程中，后人多说成“猴年马月”。

这个解释实际上只解决了“驴年”的问题，还没有将“马月”落到实处。但我们也可以据此推断，其语义结构的认知基础应该跟“驴年”相通，即不可知或遥不可及的月份（抽象后引申为时间）。刘洁修编著的《汉语成语考释词典》（商务印书馆，1989年版；以下简称《考释》）提供了理解的线索：

【驴年马月】以十二属（子鼠、丑牛、寅虎、卯兔、辰龙、巳蛇、午马、未羊、申猴、酉鸡、戌犬、亥猪）记年，其中并没有“驴”，“驴年”则纯属子虚；生肖不能用来称月，“马月”亦属乌有，因用“驴年”或“驴年马月”表示没有期限。

可见《现规》所释确实只是“驴年”;《考释》的释义更加到位。跟“猴年马月”相似的是“牛年马月”。例如：①

【1】谁又能知道到哪个牛年马月才能收回这1万元存款，更不要说收回利息啦！

【2】一日，妻子与丈母娘忽然心血来潮，突发奇想，说孩子一天天长大，一家人要吃要穿要用，孩子还要上学读书，仅靠我一人之力，牛年马月才能买得起商品房？

若从源语义结构来看，“驴年马月”比“猴年马月”“牛年马月”在认知理据上要更充分一些。

由上面“驴打滚、驴肝肺、驴年马月”这三个词语释义的不足可知，词义结构的语义成分是否完备，语义关系是否明确，日常经验中凸显的语义内容是否在语义结构中得到有效的体现，是我们准确把握相关语义结构的认知基础。

与“驴”有关的一个常用词“驴脾气”，上面提及的这些工具书都没有收。这确实有些意外。这个词怎么个意思呢？上面《现汉》对“驴”的释义，没有一项涉及驴的本性，这使我们不能充分理解“驴脾气”的含义。《现规》提到“家驴性温顺”，若仅依此，并不能说明“驴脾气”，倒似乎更能说明“羊脾气”。《辞海》是百科性的，在释义“驴”时是这样描述驴的品性的：“性温顺，富忍耐力，但颇执拗。”“执拗”正是驴脾气的根本表现。在实际交际中，当我们说一个人有驴脾气时，有时也暗含着这个人平时性格比较随和，只是在关键的地方表现得相当固执。可见，这跟“性温顺”还是有一定的相关度的。因此“驴脾气”指的是平常很温顺但特定情况下相当执拗的脾气。由此也就可以理解“顺毛驴、顺毛摸驴”的认知基础了。认知经验的概念化有时相当微妙。生活经验中的细节如何被选择（凸显）出来而进入概念结构中，是特别值得关注的问题。

① 本文的例句均出自北京大学中国语言学研究中心CCL语料库，出处从略。

还有一个词“驴脸”。驴脸就是指面颊比较长的脸，而不少词典都没有对驴的脸部特征做出描写，也未收这个词。它的构造基础来源于“驴”的脸部比较瘦长，用它来形容具有这种特征的人的脸部，就比较自然了。当然，这种贬义的用法要尽可能少地使用，语言交际要体现相互尊重的礼貌原则，但这是另一个层面的问题了。

另外由“驴”构成的词还有“非驴非马、卸磨杀驴、黔驴技穷”等。“非驴非马”指驴和马交配而生的杂种，即骡子，像驴亦非驴，像马亦非马，虽两像但实两不像。这样用来“比喻什么也不像，不成样子”就很自然了。“卸磨杀驴”与驴作为力畜“富忍耐力”有某种相关度。这与社会上的一种现象有关：达到目的以后，就把曾给自己出过力的人除掉。人驴同命，这种概念就映射到语言交际中。“黔驴技穷”中的驴则多少有些老实或曰笨拙，但该词的词义与此关系不是十分紧密，因此在“驴”的释义中一般没有必要体现。由此可见，特征的选取是有主观性视角的。其他与“驴”相关的词语还有“草驴、毛驴、叫驴、野驴”等，都属于特定的品种类型了。而近年新出的一个词“驴友”，指相伴做较长距离旅行的朋友（多指户外旅行爱好者，特别是自助游和冒险活动）。此词由合力机制构造而成，既有跟“旅游 / 旅友”谐音的选择，也跟对驴子“性子好，富忍耐力”这一特征的提取和运用有很强的关联。

从上面所分析的“驴”字词语群来看，大多是贬义的。看来，任劳任怨、温顺而执拗的驴子在语词系统当中所受的委屈是不小的，真可谓“驴道不公”。

二　词义结构生成的认知基础

考察各类词典可发现，上面所揭示的问题并非限于“驴”字条，而是带有一定的普遍性。这就值得我们进一步思考了。究其原因，很大程度上跟我们对词义结构生成过程的认知基础及其相应的释义原则认识尚不够深入有关。上面对“驴”字词语释义内容的分析，清楚地显示出词义结构的生成和理解都具有鲜明的认知属性，它是语言交际群体对外在世界的认知信息进行结构化加工的结果。本文仅从辞书释义的角度来对这些问题做出概括，我们认为需要重点认识下面这样三个具有内在关联性的至为根本的问题。

2.1 词义的生成是认知过程结构化的结果

词义是有结构的，对任何结构的认识都要从两个方面着眼：构成成分及其关系。特定构成成分是如何进入词义结构的，若干构成成分是如何形成特定结构关系的，这些都是由认知结构做基础的。词义结构、概念结构是认知过程结构化的（structuralized）产物。

例如“驴打滚”，字面上的语义成分包括一个指称对象“驴”，一个动作行为“打滚”。字面义的用法在生活中很常见。例如：

【3】侉奶奶的生活实在是平淡之至。除了看驴打滚，看孩子捉蚂蚱、捉油葫芦，还有些什么值得一提的事呢？

如果仅就这种语义关系而言，是可以比较顺当地构成一般的比喻用法的。如我们可以造出下面这样的句子：

【4】这野孩子，在院子里滚来滚去，浑身沾满了脏土和碎草，整个一驴打滚。

驴子打滚时，浑身粘附的沙土碎草越来越多，同时这又是生活中比较常见的现象。这个行为特征被语言交际者抓住了，将它作为一个语义内容纳入词义结构中。虽然“驴打滚”在字面上没有“越滚粘的东西越多”这方面的内容，但相关的认知属性通过语言交际者的认知加工而得以结构化并进入语义结构中。它“隐”于字面之外，但却“显”于交际之中。也就是说，词义在结构化过程中会浮现（emerge）出字面义所未能显示的语义内容。

如果对这样的结构认识清楚了，就既能理解作为一种食品的“驴打滚”，如下例【5】，还容易理解作为“高利贷的一种”的“驴打滚”，如下例【6】、【7】：

【5】他们记得：仅在4年前，还见到过杨下岗后，在农贸市场卖过5角钱一块的小吃“驴打滚”，他们也记得，卖“驴打滚”时，家有一个瘫了10年的老母和一个1岁小孩的小杨眼圈没红，仍有一股在厂子时卖傻力气的劲头。

【6】在旧社会，穷人遇上天灾人祸，便会向他们告贷，利息相当高，倘若一时无力归还，本上加利，利上滚利，几番“驴打滚”，借款就成了天文数字。

【7】胭脂虎偷攒了一笔私房，经鬼吹灯夏三的手，在外边放印子钱；本利驴打滚儿，虽不是腰缠万贯，可也有千金之数了，所以胭脂虎把鬼吹灯夏三引为心腹人。

其实，“驴打滚”的语义结构已经昭示出，如果一个事物在变化过程中具有因“滚”而“增”的特征，就可以很容易用来做比喻，进而从一个认知域拓展到更多的认知域。例如：

【8】近年来，国内外市场板栗价格驴打滚似地上扬。

【9】后来，尿素氨化饲草的技术传来，麦秸、玉米秆经过氨化处理，都变成了大黄牛的佳肴美餐，养牛业随之像“驴打滚”一样迅速发展起来了。

虽然目前的辞书释义并不能涵盖这两个用例，但在认知上并没有什么障碍。由此可见，“驴打滚”还可以增加一个义项：比喻事物随形势变化而越来越多。此时“驴打滚”所附带的贬义色彩已经不存在了。三个义项的关系是：

【驴打滚】①食品，用黄米面夹糖做成，蒸熟后，滚上熟黄豆面，因越滚粘的黄豆面越多，类似驴子打滚时粘的沙土碎草越来越多，故名。②高利贷的一种。放债时规定，到期不还，利息加倍。利上加利，越滚越多，如驴翻身打滚，所以叫驴打滚。③比喻事物随形势变化而越来越多。

当词义发展到第三个义项时，作为“驴打滚”，其语义发展的过程就基本完成了，除非又有新的“驴打滚”的附带特征被语言交际者所感知而做出新的加工。

从“驴打滚”及上一节对相关“驴”字词语的释义分析来看，词义结构的生成过程跟我们在交际过程中对相关事物的认知过程有必然的联系。没有对认知过程的分析，就不容易将词义结构的成分及其关系分析到位，从而影响词义的理解和词语的交际。而且，通过对词义生成过程的认知分析，我们还可以合乎逻辑地看到词义的发展过程和某种变化趋势。

要准确理解上述“驴”字词语的含义，必须对驴的某些生物特征、生活习性以及与此有关的人类交际中的生活常识、文化背景知识有所了解，释义时就需要对此做出处理。具体而言，就是：与生物特征和生活习性有关的（如“驴脾气、驴脸”）内容可以放在“驴”字的释义结构中；与生活常识、文化背景知识有关的内容可以放在具体“驴”字词语的释义结构中。释义的目的不仅是告诉人们存在什么，在可能的情况下，还应该从认知的角度给读者提供更多的准确读解的线索。于是，我们认为“驴”字的释义结构至少可以包括如下一些内容：

【驴】哺乳动物，比马小，耳朵竖长，面部长而瘦，胸部稍窄，毛多为灰褐色，尾端有毛。性温顺，富忍耐力，但颇执拗。多用作力畜。

就语词性辞书（非专科词典）而言，动物名释义实际上包括两个方面：体质性的内容和行为性的内容。前者是生物性的，后者实际上是社会性的，是跟“人”相关的行为特征。体质性内容一般要放到名称的释义中，而行为性内容则还需要区分内部的不同层次而分别处理。如果该行为性内容成为交际群体社会文化生活中认知结构的一部分（就动物而言，基本上都是为人感知的比较突出的性情），一般也宜放到名称的释义中，如“性温顺，富忍耐力，但颇执拗”；如果该行为性内容主要体现在特定的事件结构中，则可在解释具体词语时做出专门的说明，如驴打滚时粘的土越来越多。又如“狐”或“狐狸”之狡猾、“狼”或“豺狼”之凶暴，一般辞书都放在名称释义中；而“狐狸精”中狐之妖媚、“狼烟”中狼指古代边防报警时烧狼粪，一般辞书都放在相关词语中说明。这些特征都是人们在认知外在世界人、物、事、情及其关系时附加其上的内容，是外在世界在词义结构中所浮现的语义成分及其关系。

这就要求我们，语词词典在解释生物名词以至非生物的物质名词时，不能单纯地“客观化”、专科化。语词词典中的语词性如何体现，是个值得深入考虑的问题。《现汉》对百科条目的释义从语词性角度做了很多探索。（李志江，1993）但总体而言，目前影响比较大的几种重要的辞书中，生物名词、物质名词等百科条目的释义专科化成分太浓，而对百科知识在语义化过程的作用及其作为认知背景对准确理解词义的影响，有时注意得还不到位。

2.2　词义构成成分在认知凸显中定位

上面的分析说明了词义的生成过程是认知过程结构化的结果。那么，认知属性如何体现为语义特征呢？外在世界中的哪些内容能够进入到词义结构中而成为语义成分呢？换个角度说就是，语义内容到底包括哪些？为什么包括这些内容？这是跟词义生成和理解的认知加工方式相联系的。

语义结构的生成过程实际上就是一个对认知信息进行加工的符号化过程。人们对外在世界的认知过程，是一种选择性的信息加工过程，凸显进入认知域中的相关特征。进入交际系统的便是在认知上凸显的信息内容。如“驴脾气”，温顺中的执拗，便是对驴的行为性特征凸显的结果。这既不同于“羊脾气”（尚未有这个词），也区别于“牛脾气”（指倔强执拗的脾气）。都是执拗，但驴脾气执拗中有暴躁的地方，牛脾气更多地侧重在倔强，刚硬不屈服，但不一定暴躁。当然，驴脾气的暴躁也只是执拗的副产品，《汉语大词典》释为“暴躁的”脾气是不太合适的。认知凸显的侧面不同，生成的语义便有差异。词义的价值正是基于区别性原则而体现出来的。区别性原则（也作差异性原则）是分析语言成分之价值的根本原则。（索绪尔，1916）其实，每类动物都应该有自己的脾气（实际就是习性），每种脾气从细微处看都有差异，但只有特定的

"脾气"跟人有相通之处时，才容易被感知，进入认知域，才有可能符号化为语言成分。笔者在北京大学 CCL 语料库中搜索了"脾气"的所有 4800 多条语料，"动物名 + 脾气"的只有这两种。人的"脾气"则是多种多样，偏于贬义的如"固执、执拗、犟、倔强、任性、急、躁、暴躁、毛躁、易怒、古怪、别扭、好要威风、骄傲"以及"大爷作风、小孩子脾气"等都是如此。[①] 有很多并不能从动物习性特征上找到隐喻性的源头。

由此可见，认知加工过程在选取特征时，虽然选择的侧面可以多样，但哪些特征能够凸显出来，是依赖于交际群体的生活经验的，是基于人的主观性视角而言的。这实际上就是交际中用语言这种符号对外在世界进行结构化的过程。又如"蜗牛"，《现汉》的释义是：

【蜗牛】软体动物，头部有两对触角，眼长在后一对的顶端上，腹面有扁平的脚，壳略呈扁圆形或椭圆形，黄褐色，有螺旋纹。生活在潮湿地区，吃草本植物。有的地区叫水牛儿。

这基本上是基于生物学的专科性释义。而在日常的汉语交际中，蜗牛有两个方面的特征被凸显了出来：（1）体质性特征：身体屈居在小小的外壳内，如"蜗居"；（2）行为性特征：爬行的速度极慢，如"蜗行"。在汉语交际中这两个特征是比较显著的特征。至于其他的体质性特征"头部有两对触角，眼长在后一对的顶端上，腹面有扁平的脚，壳略呈扁圆形或椭圆形，黄褐色"和行为性特征"生活在潮湿地区，吃草本植物"并没有被凸显出来。这些特征在一定时期还不容易进入到日常生活的相关领域中。至于"有螺旋纹"这个体质性特征，也是可以凸显出来的，《现汉》便收有"蜗旋"一词。我们需要研究的就是哪些特征容易被凸显出来，哪些特征难以被凸显出来。《现规》"蜗牛"释

① 在无标记的情况下，"脾气"是指不好的性格，所以说一个人"有脾气、要脾气、发脾气、脾气大"时，不是指什么脾气都可以，而是指不太好的脾气。这也是"羊脾气"尚未成词的原因。当它用来指好的性情时，往往用"好脾气、脾气温顺"之类的表达。这是语义的标记现象在语言形式上的反映。

义中没有这项特征，但词目中有“蜗杆、蜗轮、蜗旋”这三个词。《现汉》和《现规》这两部词典都未收“蜗行”，而且它们均未在“蜗牛”义中指出其爬行缓慢。其实，在实际交际中，蜗牛的这个特征还是比较显著地为人所认知的。如“蜗牛背着那重重的壳呀，一步一步地往上爬”“我是你额上熏黑的矿灯／照你在历史的隧洞里蜗行摸索”。因此，作为语词性词典，解释“蜗牛”时似乎应该包括这样一些特征：（1）体小——蜗居；（2）行缓——蜗行；（3）呈螺旋状——蜗旋。

当然，某个特征并不一定只在某一种事物中体现。即除了同一个对象可以提取不同的特征外，同样的特征也可以从不同的对象中提取。如由于“牛”的慢行这一行为性特征也常常被感知，因此形容慢步时还有“牛步”的说法，并可以跟“蜗行”合起来用作“蜗行牛步”。就词义结构而言，由于我们常常将语义结构分析成义素的组合，因此语义成分的凸显过程也可以看作是认知经验的义素化过程。[①] 这些都体现了日常经验的语言化过程。

据此可知，虽然某个外在特征是否被凸显出来符号化为语义成分具有一定的偶然性，但其生成过程所折射的认知机制则是具有必然的逻辑基础的。这就牵涉语言表达的可能性与现实性的关系问题。如“非驴非马”，这个词语的出现跟骡子的出身背景有关系。当这种背景性知识在交际中淡化下去时，出现“非鸡非鸭”“非狗非狼”“非杯非盏”“非杨非柳”之类的临时表达是完全可能的。这既保留了以前的语义框架，又适应了新的交际语境。当然，新的表达有可能使词义发生某种程度的偏离。其实，这种偏离现象正是语义增殖过程中常常出现的现象。

由于认知是一种选择性的信息加工过程，因此，即便面对同一对象，不同语言在选择加工的信息时也很有可能会选择不同的特征信息。例如“狐狸／

① 其实，用义素来代替语义成分，在刻画语义结构的生成过程和描写语义结构的内容时，有不够到位的地方。因为词汇学中一般将义素理解为词义的最小成分，而很多语义成分是不能看作词义的最小成分的。

fox”，汉语和英语都将“狡猾”作为狐狸的一个特征提取出来作为一个语义内容。而对“狗 / dog”，这两种语言所提取的特征就有很大差异了。不仅是不同语言之间如此，同一种语言的不同历史时期也常常有所不同。如“走狗”，曾经用来喻指为人出力、替人效命者，后指受他人指使、帮人作恶者。这种变化都是自然的。[①] 根据结构主义的基本原则，任何语言成分都只能在系统中决定其关系，在特定的关系中决定其交际的价值。但我们还需要补充的是，这种差异从根本上看并非质的问题，而是语言加工的不同侧面而已，其背后的符号化、结构化机制是一致的。这也体现了语言交际的现实性和可能性的关系。

所以说，词义成分及其关系是认知凸显的结果，是经过选择性信息加工的过程才得以在语言系统中定位的。

2.3 词义结构关系的衍生过程具有拓扑性特征

上面我们分析了一系列词语的比喻义生成过程。这些比喻义的生成大都经历了一个隐喻化的扩展过程，从一个认知域投射到另一个认知域。在这种投射过程中，语义结构关系作为框架基本保持不变，而语义成分所指的对象发生了置换；当然在对象置换的过程中，语义结构关系是会发生一些调适性变化的（施春宏，2002b、2003），语义空间也因此而发生调整（施春宏，2003、2007）。如用“蜗行”来形容“人行”，起语义框架作用的是“非常缓慢地爬行”，语义所指对象是“蜗牛”。当我们用它描写指“人”的相似行为时，框架性语义关系自然而然地调适为“非常缓慢地行走（或爬行、挪动等）”。“牛步”也是如此。

① 钱锺书《管锥编》第一卷（中华书局，1986 年第 2 版）之《周易正义 · 归妹》篇中指出比喻除了前人所言的具有两柄之外，“复具多边”。两柄指的是：“同此事物，援为比喻，或以褒，或以贬，或示喜，或示恶，词气迥异。”（37 页）多边指的是：“盖事物一而已，然非止一性一能，遂不限於一功一效。取譬者用心或别，着眼因殊，指（denotatum）同而旨（significatum）则异；故一事物之象可以孑立应多，守常处变。”（39 页）然而，比喻虽可多边，但在形成比喻义的过程中，往往只凸显其中与日常性群体经验密切的一二边。

实际上，从对外在事物及其特征的感知到语义结构的建构这个过程中，意象图式（image schema）起到了关键的作用，它将不同性质的内容图式化为一个结构性单位。即在日常经验中，特定事物及其特征在认知凸显的过程中首先形成特定的意象图式，这个意象图式语言化后就构成了基本的语义结构。当这种意象图式从一个认知域扩展到另一个认知域时，就实现了语义的衍生。从衍生前后的语义结构关系考虑，这种衍生过程具有鲜明的拓扑性特征（topological feature）。如“驴唇不对马嘴”，具体生活经验及其抽象的图式之间的引申关系是这样的：①

【10】不对（驴唇，马嘴）⟹不相合（X，Y）

关系跟关系对应，成分跟成分对应，两相匹配。这里的“驴唇”和“马嘴”分别跟“X”和“Y”相对应，其中的语义关系被继承了过来。用于置换的“X”和“Y”，仍有语义属性上的要求，它们是属于同一层级、相互关联的语义范畴。根据这种拓扑性质，我们可以就此将它用于问与答、此事与彼事、表象与真相等不相合的场景中。如果我们就此构造出“鸡嘴不对鸭舌”“犁头不对耙齿”甚至“电脑鼠标不对打字机按键”，也同样能获得相关的语义结构，只要将它们进一步抽象，就自然而然地产生出比喻的用法或意义。② 因为它们的认知路径和方式是相同的，语义结构的认知基础是相通的，都是基于同一个意象图式，虽然在具体事件的物质构成上根本不同。能不能生成是一回事，能不能用开则是另一回事。

① 其实，这种对语义关系的说明在本质上跟谓词逻辑对语义的刻画过程是一致的。因此这种语义结构可以用谓词逻辑来刻画，如：∃xEy *BUDUI*（x，y）。这样就能更方便说明词义衍生的扩展过程及在具体语境中的适用情况。另，目前对意象图式的分析更多地基于空间概念，也许是它最容易通过图式来表示。

② 施春宏（2003）利用谓词逻辑刻画了比喻义的生成过程，并提出了“词义变化过程假说”（Semantic Changing Process Hypothesis）。该假说指的是：在词义框架中，词义变化开始是关涉性语义成分（具体到这个用例就是“驴唇”和“马嘴”）发生迁移，描述性语义成分（具体到这个用例就是“不对”）随之发生调适性变化。关于这两类语义成分的内容及其在词义衍生中的作用，参见施春宏（2002b、2003）。

由此可见，人们对语义结构的感知和建构，是通过概念结构的意象图式来实现的。这个意象图式是由一些基本成分和结构关系组成的，其中结构关系在图式中起到构架的作用，而构成成分可以看作能够进入这个构架的一个用例（token）。意象图式虽然基于具体认知过程而产生，但在语义结构生成过程中所起的作用具有型（type）的性质。语义的变化可以看作是在型的驱动下用例的调整，当然，正如上面所说，在这个用例调整的过程中，结构关系有可能会随之发生某种调适性的变化，如由“不对”而理解成“不相合、不相关”等。意象图式的类型性特征正是词义衍生过程具有拓扑特征的基础。

上面分析的基本上都是隐喻性的语义引申，拓扑的性质比较显在，我们可以称作显性拓扑（overt topology）。如果是转喻性的，其中的对应性成分未必一一显示出来，但其图式基础仍在，其中的结构性关系往往仍然起着支撑的作用。由于上面关于动植物名称的词语没有这种用法，我们便引一个认知语言学中分析得比较充分的用例来说明。Lindner（1981）归纳出的 out 的三个核心意义的意象图式是:（引自 Johnson，1987：32）

【11】

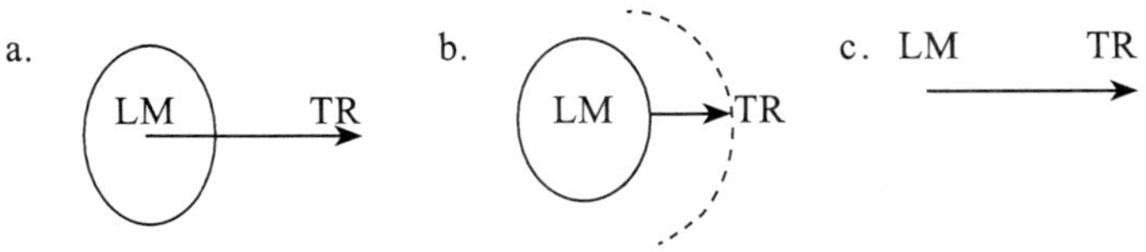

它们代表的实例分别是：

【11'】a. John went out of the room.（约翰走出房间）

Pick out the best theory.（选出最佳理论）

b. Pour out the beans.（倒出豆子）

Hand out the information.（发出信息）

c. The train started out for Chicago.（火车驶向芝加哥）

如果就作者所概括的意象图式来看，这三个图式之间虽有关联，但不是严格意义上的拓扑关系，它们之间并不能看作是一种隐喻性的关系，而是转喻性的关系。

然而进一步的考察会发现，上面三个图式中，至少图【11c】是有问题的，它将 out 的第三个义项所反映的图式变成了单纯的路径图式，这就跟前两个图式失去了较强的联系。其实，作为地标（landmark，LM）的起点仍应该是个空间，用圆圈来表示，但由于它没有在整个图式中得到凸显，所以可以图示为虚的圆圈，以此作为背景，从而显示出 out 的完形特征。原意实际是“汽车驶出车站开向芝加哥”(“开向芝加哥”由 for Chicago 来表达，而不是 out 的语义成分），只不过“车站”隐含未现罢了。经重新分析后的图式为【12】：

【12】
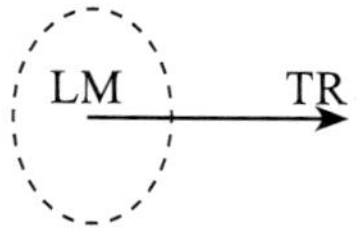

实际上，图式【11b】也有问题。其线条左端应该向圆圈内延伸，并用虚线。这样三个图式就保持了拓扑性特征，呈现出一致性了，它们之间的差异仅仅是凸显侧面（profile）的不同。这样的研究才能获得结构化和一致化的描写和解释。如果更进一步，图式【11b】中作为目标的外弧线也不该有，因为那是 to、for 所表达的（如果要有，也可以都有，但用虚线，当然图式【11b】的目标更强一些，需要达到某处）；还需要调整的是：除了路径在圆圈内用虚线外，圆圈本身也需要用虚线。【11b】经调整后的图式为【13】：

【13】
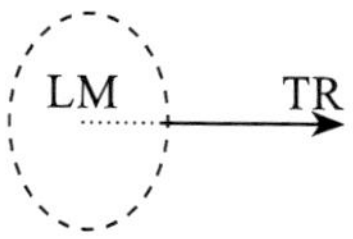

这样，它们内部的一致性关系就得到了完满的说明。我们可以将这三个具体的图式看作 out 原型图式（prototypical schema）的变体，不妨称作图式变体（schematic variation）。

仅就实线所表示的关系来说，说【13】和【12】是从【11a】转喻而来，是合适的；但如果考虑到隐含的内容，那么它们之间仍保持着隐喻性关系。这种表面上不完整但实际上具有完形特征的拓扑关系，可以称作隐性拓扑（covert topology）。隐喻投射过程实际就是归类的过程，将相关内容归入同一个范畴，拓扑性是其根本属性。就此而言，将转喻看作隐喻的某个下位类型，在一定程度上也未尝不可。隐喻和转喻的形成都可以看作完形特征与凸显机制相结合的结果，隐喻义和转喻义是其符号化的产物。这也体现为 Lakoff 提出的“恒定性假说”(Invariance Hypothesis)：“既然从来源域到目标域的隐喻影射只是部分的，影射过去的部分保存了来源域的认知拓扑结构，亦即意象图式结构。换言之，映射前后恒定不变的是认知拓扑结构。来源域的意象图式结构决定了所能导出的推论的模式，其推论在映射中也够保留下来。”(译文引自张敏，1998：121—122) 结构性对应关系就是拓扑结构的实质。

三 词语释义的基本认知原则

上文从“驴”字词语群在辞书释义中的得失这个角度论述了词义结构的认知属性，并在更多的用例分析中进一步探讨了词义结构的认知基础及词义衍生过程中的认知信息加工问题。我们认为词语释义也应该基于这样的认知加工观，词语的语义结构要有效地体现出这方面的特点。基于这样的认识，我们相应地提出词语释义中应该遵循的一些基本认知原则。

3.1 认知理据的完备性原则

这是从读者理解角度考虑词语释义时首先要注意的原则。读者在接触辞书中的一个义项时，必须在理解的通道上没有什么大的障碍，因为只有理解了，才能更好地记忆和运用。像上文指出的一般辞书对“驴年马月”的解释就没有达到认知理据完备性的要求。而所谓完备性原则，具体说来包括两个方面的内容，一是理据的充分性，二是理据的必要性。

所谓理据的充分性，即理解词义所必有的理据要具备。基于语义结构的认知过程来考虑，词义结构中语义成分的完备性、语义关系的明确性，是我

们准确把握相关语义结构的认知基础。这样看来，上面“驴打滚、驴肝肺、驴年马月”这三个词语的释义，以及【11’c】对 The train started out for Chicago 中 out 语义结构的理解，在认知理据上都是不充分的。再举一个例子，《现汉》在解释“絮”时其中有这样两个义项：①棉絮：被～。③像絮的东西：柳～|芦～。（1540 页）再查“棉絮”条，指“棉花的纤维”（943 页）；接着查“棉花”条，指“棉桃中的纤维，用来纺纱、絮衣服被褥等”（943 页）。“棉花、棉絮”的释义均没有满足“絮”字头的一个义项“像棉絮的东西”的理解要求，即均没有描述棉絮的“轻柔、松软、容易飞扬”等方面的基本特征，这样就影响了语义理解。

所谓理据的必要性，是在理据充分性的基础上，释义内容中也不要出现语义结构本身所应有的内容之外的成分。上文在“驴肝肺”的释义时指出，若将该词释作“比喻极坏的心肠”或“比喻极坏的用心”，其中的“极”这个义素就属于多出的内容，无此必要。上文【11’b】对 Pour out the beans 中 out 语义结构的分析，也出现了不该有的内容。

由此可见，就影响读者对语义构成成分及其关系准确理解的释义内容而言，理据的充分性要求一个都不能少，理据的必要性要求一个都不能多。这实际上是追求一种理据的相对最大化原则（Relative maximum principle）。这两方面无非说明，基于信息加工的认知而言，释义结构中该有的成分遗漏了，便会影响语义理解；可是如果不该有的成分窜入了，也会影响语义的理解和词语的使用。

如果对辞书释义的认知理据完备性做得不够到位的话，常常会影响信奉辞书释义者对语言现实的评价。如“豆蔻年华”，一般辞书都释为女子十三四岁的年纪，源自杜牧离开扬州之前赠给相好歌伎的诗《赠别》：“娉娉袅袅十三余，豆蔻梢头二月初。春风十里扬州路，卷上珠帘总不如。”然而现实的语言交际中，“豆蔻年华”不但可用来指女子十三四岁，还可进一步延伸到二十来岁，只要是青少年女子，皆可用以修饰。这跟所谓的“青葱岁月”语义大体相当。于是这些用法常常招来严厉的批评。其实，细玩诗意，杜诗中的年龄虽具体，但也只是一个相对年龄，以实代虚。在杜牧的时代，“十三余”正是美好年华的展示时期，而不宜简单地看作少年时期，此时尚未嫁人，丰姿绰约。也就是说，“十三余”只是相对于已婚的一个时间段，并不是一个确切的数字。而在当前，“十三四岁”也只相当于初中一二年级，它虽也展现了美好年华，但它并不表示一个特定的年龄段，而且跟初三以及高中阶段相比，在展示活力、朝气方面，并没有质的差别，所以“十三四岁”的特指性就失去了价值。可见，将“豆蔻年华”用于指“少而美”的青少年阶段，是水到渠成的事，跟杜诗并不相悖。这一年龄段所具有的朝气蓬勃、纯情美好等特征常为人所赞美，因此，即便人们未必知道什么是豆蔻，也不影响对这则成语的理解。也就是说，从相对时间关系考虑，“豆蔻年华”指十五六岁、十七八岁，乃至二十来岁，想也没有什么不妥，因为这些个年龄段都属于“美好”时光、“亮丽”岁月。（施春宏，2006）因此，从释义完备性角度，需要指出原诗中的“十三余”代指青少年的美好时光。

由于这方面做得不够完善，以致经常出现语言交际的现实使用和辞书中的某些释义、某些人的理解长期较劲的情况。很多词语用法遭到的批评常有此背景。

词语释义的完备性还需要考虑历时理据的问题。有的词，古今采用了同一词形，但概念发生了变化（即事物发生了变化而名称未变），如果这种变化影响了词义的现实理解，便需要作出恰当的说明。如“灯下黑”这个词，前面所列的辞书均未收录，倘若作出解释，不能简单地指出“灯下面是黑暗的”或只释出其比喻义“越是离得近的地方越不容易觉察”。其实，这里的“灯”是指油灯，而不是电灯；若是现代的电灯，常见情形则是“灯下白”或“灯下亮”。电灯之前，多将动植物油注入碗、碟、盏等器皿，再放入灯芯点燃后照明。这样，由于灯具自身遮挡了光线，因此在灯下出现了阴暗的区域。由于这个阴暗的区域虽然离光源很近，但光线却照不到，因此可以用来指“对发生在身边的事物反而不能察觉”“离得越近越看不见、看不清”或“负责打击非法行为的单位的内部反而存在非法行为”，甚至进一步引申为“越是危险的地方反而越安全”。又如“青天”，一般辞书都有两个义项：（1）蓝色的天空；（2）比喻清官。就比喻义的生成基础来看，第一个义项似乎应该进一步解释为“蓝而无云的天空”，因为蓝色的天空一般确实无云，但也不尽然，所以需要进一步凸显其特征，以跟“清”（清洁、清廉、清白）相照应。这实际上就是强化对浮现出来的语义内容的理据性说明。

3.2 认知因素的结构化原则

词义是认知过程概念化的结果。在概念化的过程中，一个事物的某个特征及其所处的关系凸显出来，并进而符号化为语言成分，是受特定认知过程的制约的。认知过程中，进入认知域中的成分不是零散的，而是有结构的，这就必然使基于认知加工的词义形成过程具有结构化的特点。而语义的结构化必然要求释义也要体现出结构化的特点。这种结构化的显著特点就体现在成分及其关系之中。根据语义成分在语义结构中的性质差异，一般可以粗略地分为两个部分：描述性成分和关涉性成分。[①] 描述性成分起到结构框架的作用，关涉性成分则是依附于结构框架的指称性内容。如“驴脾气”指驴子所具有的一种温顺而执拗的性情，其中，“温顺而执拗”是描述性语义成分，而“性情”和“驴子”都是关涉性成分。在“性情”和“驴子”这两种关涉性成分中，作为物类的“驴子”是最容易发生语义置换的，用来借指具有相关特征的“人”。例如：

① 我们对这两类语义成分是这样理解的：“具体而言，关涉性语义成分指在名词的语义内涵中起介绍、指别、涉及等作用的内容，如类属（领属）、构造、工具、材料、对象、时间、空间、数量、性别、颜色等，可以看成广义的指称内容，显现出关涉性语义特征。描述性语义成分指在名词语义内涵中起描写、修饰、陈述等作用的内容，是名词语义结构中表示特性的部分，如属性、特征、关系、功能、动程、特定表现等，可以看成广义的述谓内容，显现出描述性语义特征。”（施春宏，2001、2002a、2002b）

【14】其实你们倒也不必怕他。他心眼不坏，不过是个驴脾气，得顺着毛儿摩挲。顺着毛儿摩挲他，他还是通情达理的。

这种认知因素结构化的原则是由词义衍生过程中的拓扑性特征决定的。描述性语义成分作为构架成分，在语义结构的演变中相对稳定；而关涉性语义成分作为容易发生置换的成分，便使语义衍生有了比较便捷的通道。两者的结合便使整个交际过程从“熟”到“生”、化“生”为“熟”，自然而然地拓展开来。

既然描述性成分起到构架的作用，由于这种作为语义核心的构架性成分有时在交际中不够凸显（或者说话人认为不够凸显的话），那么，往往就会在这个词语的上下文中出现跟描述性语义内容比较接近的表达。如下例中的“非驴非马”及前后相关的表达：

【15】试想，如果在《爱的奉献》和《亚洲雄风》中运用瓦格纳的歌剧《特里斯坦与伊索尔德》中的半音和声，或是无调性音乐中的和声语汇，那倒很可能是非驴非马、不伦不类、牛头不对马嘴了！

【16】剧本脱稿后，自己觉得很不惬意，既受史实的拘束，又羼入汪副总裁的宏论，显然非驴非马，全剧更缺乏严密的结构、紧凑的“动作线”和生动的语言。

【17】理不胜欲，故以堕落，欲又不能胜理，故以苦痛。愈苦痛则愈堕落，愈堕落则愈苦痛。二者循环相生，扰扰不绝，遂令一生非驴非马，既不能为真小人，亦不能为真君子。

从结构的系统性来考虑，词义结构化实际上就是从基本性质的角度来区分词义内部成分的不同层次及其在语义结构中的层次地位。因此，我们在分析词义时，必须从词义结构化这个角度来考虑其构成成分及其关系。

当然，上面将语义构成成分区分为描述性和关涉性两个方面，还只是一个初步的划分，我们既可以从别的角度来重新认识语义结构，还可以对它们内部的不同层次再做进一步的区分。无论如何划分，都需要从结构化这个角度来入手。

3.3 认知机制的一致性原则

认知机制的一致性原则体现在纵向（某个词的词义生成和衍生）和横向（不同词义之间的关联）两个方面。

既然词义的生成是认知过程结构化的结果，那么被凸显的语义构成成分就必然在结构中有其相应的结构地位，其词义衍生过程中的拓扑性特征必然要求派生义跟源出义在结构关系上具有对应性，即便有显有隐，其基本结构关系仍保持一致。这就要求我们在释义时要将这种一致性或显或隐地体现出来。从上文的分析可知，一般辞书对“驴唇不对马嘴”的释义往往能够体现出从日常经验到语义结构在认知机制上的一致性，而“驴打滚”的释义就做得不够充分，“驴肝肺、驴年马月”的释义有时则做得就相当不够到位。仔细分析起来，基本原因或许是这样的：如果词语的字面义很好地显示出语义结构关系，描述性语义框架在认知过程中比较显著地显示出来，那么释义结构中的一致性关系就容易保持；如果词语的“字里义”的若干内容在字面上没有反映出来，即字面义对字里义的理解所提供的信息不够充分，字里义有浮现出来的语义内容，那么释义时就有可能对相关语义成分有所忽略。如“驴肝肺”在字面上并不能显示出“价值低、不值钱”这方面的描述性信息，而且字面自身也没有表达描述性内容的语素（如动词性的、形容词性的成分）。“驴年马月”也是如此。而“驴打滚”之所以在释义过程中一致性原则体现得稍微好一些，与其字面有表达描述性内容的语素及其组合（即“打滚”）有关。

一致性原则还要求相关词条（尤其是属于同一语义场的词条）的释义内容要做好远距离照应。这里讨论的一致性暂不涉及释义中的措辞问题，仅从内容上的相关性来考虑。下面以《现汉》2005 年版对几个颜色词的释义为例：（作为参照，我们选了几个字头在《现汉》1983 年版和 2002 年汉英双语版中的释义内容，放在[ ]中）

【红】①像鲜血的颜色：～枣｜～领巾。[1983 年版释为：①像鲜血或石榴花的颜色。]

【橙】③红和黄合成的颜色。[汉英双语版释为：combined red and yellow colors；orange.]

【黄】①像丝瓜花或向日葵花的颜色。

【绿】像草和树叶茂盛时的颜色，由蓝和黄混合而成：嫩～｜浓～｜红花～叶｜青山～水。[1983 年版释为：像草和树叶茂盛时的颜色，蓝颜料和黄颜料混合即呈现这种颜色。]

【青】①蓝色或绿色：～天｜～山绿水｜～苔。②黑色：～布。

【蓝】①像晴天天空的颜色：蔚～｜～布。

【紫】①红和蓝合成的颜色：～红｜青～｜玫瑰～。[汉英双语版释为：purple；violet；colour made by mixing red and blue.]

【白】①像霜或雪的颜色（跟“黑”相对）。[1983 年版释为：①像霜或雪的颜色，是物体被日光或与日光相似的光线照射，各种波长的光都被反射时呈现的颜色（跟“黑”相对）。]

【黑】①像煤或墨的颜色（跟“白”相对）。[1983 年版释为：①像煤或墨的颜色，是物体完全吸收日光或与日光相似的光线时所呈现的颜色（跟“白”相对）。]

在上面所释诸词中，撇开“青”不说，“红、黄、绿、蓝、白、黑”用日常容易见到的事物的颜色作为参照来描写语义内容，读者比较容易把握；而“橙”和“紫”则用两者颜色的合成色来描写，这对一般读者来说不好感知。这两组的释义模式差别很大，所起的效果也差异显著。就释义的有效性考虑，“橙”和“紫”也应该采取“红”类词的释义模式或其他跟日常经验更加接近的描述方式，如它们可以大体分别释为“像橘子成熟后皮的颜色；红黄色或黄红色”和“深红而接近黑色的颜色”。当然，仔细揣摩辞书在解释“橙”和

"紫"所采取的策略，或许跟这些颜色不容易找到一个为一般人所熟悉的事物来作比有关。[①] 另外，"绿"的释义采取两个角度，包含了"橙、紫"和"红、黄、蓝、白、黑"两个释义模式，这也造成了内在的不一致。

就"白"和"黑"而言，2005年版删除了1983年版的基于专业知识的释义内容。其实，"橙"的释义"红和黄合成的颜色"也基本上可以看作是基于专业知识的释义内容。由于专业性过强，一般读者理解起来必然有困难。不仅颜色词，在一般语词性辞书中，像动植物名称、化学名称等，跟日常经验相关的释义内容往往显得"科学"有余而"常识"不足，这在一定程度上造成了词义认知的障碍。作为语词性辞书，应该尽可能基于日常经验的认知来确定释义的角度，安排释义的内容，选择相应的用例。只有这样，才能更好地追求释义模式的一致性。

有时一致性还体现在释义表达的内在结构上。例如《现汉》对"剔"的解释：

【剔】①从骨头上把肉刮下来：把骨头～得干干净净。②从缝隙里往外挑（tiǎo）：～牙缝儿｜～指甲。③剔除：挑～｜把烂了的果子～出去。

其实，"剔"的三个义项所对应的词的句法功能是一致的，因此在释义上可以尽可能采取一致的格式。就句式的形义关系而言，不同的句式，所包含的语义内容并不一样，因此在释义时要尽量考虑到这个层面。基于这样的认识，我们觉得可以这样来给"剔"释义：

【剔】①（从骨头上）刮下（肉）：～肉｜把排骨～干净。②（从缝隙里）往外挑（tiǎo）：～牙缝儿｜～指甲。③（从群体中）挑（tiāo）拣

① "橙"的释义跟"紫"还有些不同，因为"橙"的第一个义项是"橙子"，已经将这种植物的特征（含果实）做过介绍了，这样解释作为颜色的"橙"时便有了依托，它的释义可以释成"像橙子皮的颜色"。这种颜色的命名就来自相应的物体自身，这是上面其他颜色词所不具备的。

出并去掉（不好的、不适合的东西）：～除｜挑～｜把次品全部～出来。[①]

这样的释义也许能更好地体现三个义项之间的对应关系，取得一致性的效果。

至此，我们概括了辞书释义中需要遵循的三条原则，这是释义中基本层次的原则，三者在不同层面起作用。完备性原则关注的是什么样的概念内容可以及应该进入词义结构中，而结构化原则和一致性原则属于词义描写时的操作规范性原则，前者主要是基于单个义项的概括、分析而言，后者主要是基于多个义项之间的关系的概括、分析而言。其实，这三条原则也是任何语言描写和解释的基本原则，只不过面对不同语言要素（语音、词汇、句法、语义、韵律）时，其侧重点和操作过程有所差异罢了。

四　结语和余论

本文主要探讨词义形成和衍生的认知基础和过程，在此基础上探讨词义解释的基本原则、词义分析的操作性问题。我们主要是想通过对相关词目的辞书释义情况的分析来说明释义过程中应该引起重视的几个方面的问题，如动植物的生物特征、生活习性的哪些方面应该进入释义结构中，它们与词义演变的关系如何，释义结构中如何满足读者的认知需求，语源义认定中的认知因素（张联荣，2006）如何刻画，源语义结构和派生义结构之间如何照应，释义中的文化性如何体现，等等。归结为一点，就是如何体现辞书释义中的认知性问题，如何体现交际者这个“主体性视角”。这不仅是汉语词义和辞书释义的问题，而且也是语言的共性问题。从大的机制来考虑，人类认知的倾向性以及由

① 释义中括号里的内容是跟“剔”的语义结构相关但并不凸显的内容。如果从这个角度来认识，原来的释义在这方面也有需要进一步改进的地方。实际上，这是辞书释义常常出现问题的方面。

此引发的语言结构化原则是有一致性特征的，尽管在具体词语的语义内容上体现出文化特异性。因此，这样的研究对研究语言的共性和个性也有参考价值。据我们的考察，对这方面的认识，目前的辞书做得并不充分，尚有很大的发展空间。

本文在分析词义结构时，试图将认知语言学／认知语义学与结构语义学、词汇语义学的分析理念和操作原则结合起来。这两种分析模式虽各有其独特的理论基础和分析策略，但两者在充分有效地分析语义结构中可以实现一种功能互补。结构语义学、词汇语义学特别强调语义结构成分的分析和语义特征（义素）的提取，关注区别性特征在语义结构成分及其关系分析中的地位，因此更偏重对词义结构的描写。而认知语言学／认知语义学则更加强调概念化、范畴化过程的分析，强调范畴的原型性、家族相似性，分析语义结构时强调认知域而不是语义特征的作用，因此更偏重对词义生成的解释。其实，基于认知域的研究更容易看出语义在哪些领域间发生隐喻、转喻，但具体如何发生，仍需要借助语义特征、语义属性的分析以使其认知过程更具有操作性、可计算性。辞书释义从根本上看是基于原型范畴／典型现象的描写，所提取的语义特征、语义属性往往跟经典范畴对必要特征和充分特征的认识有关联；而对词义生成及派生过程（尤其是语义浮现机制及内容）的刻画，借助认知范畴的分析则能得到更系统、更深入、更具理据性的认识。因此，这两种研究路线的结合，实际走的是更接近认知可计算主义的道路。目前，认知语言学／认知语义学没有在具体辞书编撰上下过更多的功夫，没有基于自己的理论分析而为某个语言编个类似《现代汉语词典》《新华字典》这样的实用性工具书，个例的分析远远多于全面的考察，这与其理论目标追求解释性有关，要解释那些可以找到认知理据的东西。如何在词义分析中将描写性和解释性更加有效地结合在一起，尚需深入探讨。

参考文献

符淮青（1996）《词义的分析和描写》，北京：语文出版社。

韩敬体（2001）词语的比喻用法和比喻义及其在《现代汉语词典》中的处理方式，载李汝龙、苏新春编《词汇学理论与实践》，北京：商务印书馆。

韩敬体编（2004）《〈现代汉语词典〉编纂学术论文集》，北京：商务印书馆。

胡壮麟（2004）《认知隐喻学》，北京：北京大学出版社。

贾彦德（1999）《汉语语义学》，北京：北京大学出版社。

李志江（1993）论《现代汉语词典》的百科条目，《辞书研究》第5期。

吕叔湘、胡绳等（1996）《〈现代汉语词典〉学术研讨会论文集》，北京：商务印书馆。

商务印书馆辞书研究中心编（2009）《〈现代汉语词典〉学术研讨会论文集（二）》，北京：商务印书馆。

施春宏（2001）名词的描述性语义特征与副名组合的可能性，《中国语文》第3期。

施春宏（2002a）试析名词的语义结构，《世界汉语教学》第4期。

施春宏（2002b）词义的认知模式与词义的性质及构成——兼谈成语的性质，《辞书研究》第6期。

施春宏（2003）比喻义的生成基础及理解策略，《语文研究》第4期。

施春宏（2006）关于成语用变和演变的思考——从几则成语的现实使用谈起，《汉语学习》第6期。

施春宏（2007）词语调节过程中的语义关系分析，《汉语学报》第4期。

石安石（2005）《语义论》，北京：商务印书馆。

束定芳（2000）《隐喻学研究》，上海：上海外语教育出版社。

束定芳（2008）《认知语义学》，上海：上海外语教育出版社。

索绪尔（F. de Saussure）（1916）《普通语言学教程》，高名凯译，北京：商务印书馆，1980年。

谭景春（2000）词的意义、结构的意义与词典释义，《中国语文》第 1 期。

王　寅（2007）《认知语言学》，上海：上海外语教育出版社。

张联荣（2006）语源义认定中的认知因素，载《词汇学理论与应用》编委会编《词汇学理论与应用》，北京：商务印书馆。

张　敏（1998）《认知语言学与汉语名词短语》，北京：中国社会科学出版社。

张永言（1981）关于词的“内部形式”，《语言研究》创刊号；收入《语文学论集》增补本，北京：语文出版社，1999 年。

张志毅、张庆云（2001）《词汇语义学》，北京：商务印书馆。

Johnson, Mark (1987) *The body in the Mind: The bodily basis of Meaning, Imagination, and Reason.* Chicago: The University of Chicago Press.

Lakoff, George & Mark Johnson (1980) *Metaphors We Live by.* Chicago: The University of Chicago Press.

Lindner, Susan J.(1981) *A Lexico-Semantic Analysis of English Verb-Particle Constructions with UP and OUT.* Ph.D. Thesis, University of California, San Diego.

Ungerer, Friedrich & Hans-Jörg Schmid (1996) *Introduction to Cognitive Linguistics.* London: Longman.

词义的认知模式与词义的性质及构成 *

——兼谈成语的性质

提要 本文以“浮出水面”“找不着北”这两则准成语为例，试建立词义的特定认知模式并对其语义结构成分的层次进行分析。利用语义认知模式的观念从词语的运用机制和理解策略的角度来分析词义的性质与构成。最后讨论了成语的性质，指出作为语言学概念的“成语”应作原型范畴来认识。

本文借助两个具体例证从动态和层次的角度对词语的语义结构及其成分进行分析，考察词义演变的轨迹，试图观察语义在什么地方容易发生游移，以及其中牵涉的词语运用机制和语义理解策略问题。同时，我们在探讨这两个近年来出现的四字语的语义变化过程中认识成语的性质，并涉及辞书的收词和释义问题。

一　浮出海面 / 浮出水面

“浮出海面”这个词语开始是实指性用法，指海面之下的东西（如冰山、海岛及其他水下之物）浮起升到海面上来，为人看见。后来语境逐渐由实而虚，通过隐喻（metaphor）关系，语义逐渐由具体而虚化为抽象。例如：

【1】（这个独裁政权）与美国达成了秘密协定，允许美国核潜艇潜过印度尼西亚的水域而不浮出海面，以躲避苏联卫星的追踪。（郭方译

* 本文原刊于《辞书研究》2002 年第 6 期。

《“奇迹”背后的幽灵（下）》，《读书》1998 年第 9 期 65 页）

【2】随着时光的流转，激情在消退，一些烦心的问题开始像冰山一样浮出海面。（李华周《呼机的尴尬》，《北京青年报》1999 年 4 月 5 日第 17 版）

【3】今日船队打捞远古文明　千年文物浮出海面（标题，《北京青年报》1999 年 3 月 26 日第 3 版）

【4】在中国知识界有这样看法的人并非少数，他们和坚持批评“西方中心主义”，要求在知识—权力关系中检讨迄今为止所有知识和理论的人形成了相当尖锐的潜在分歧和争论。那么，为什么不让这种争论浮出海面呢？（李陀《让争论浮出海面》，《读书》1997 年第 12 期 59 页）

例【1】基本上是实指；例【2】作了喻体，但仍处于实指关系中；例【3】则既有实指的含义，又有隐喻的意味，虚实兼备；例【4】完全是抽象的词语义了，简洁而鲜明。

由“海面”而至“水面”是很自然的过渡，现在“浮出水面”的使用频率较高。在笔者随手记录的 105 例中，“浮出海面”有 21 例，“浮出水面”有 84 例，分别占 20% 和 80%。这样这个词语有了两种形式，在语义上没有什么差别，基本上可以替换使用。与上面四例相对应的“浮出水面”之例如：

【5】 1943 年 4 月 30，破晓时分，在西班牙海岸的韦尔瓦港口不足 1500 米处，一艘英国潜艇悄悄浮出水面。（张玉洲《一具浮尸令德军上了当》，《报刊文摘》1999 年 4 月 26 日第 3 版）

【6】当我的脑袋像潜水员浮出水面一样地从上升的电梯浮出二楼层面的时候，看到的还是五分钟前看到的景象。（王大进《同居者》，《小说月报》1999 年第 12 期 89 页）

【7】拿破仑战舰浮出水面　百年冤家一笑泯恩仇（标题，《文汇报》1999 年 7 月 5 日第 11 版）

【8】所有有关《智圣东方朔》的批评也就陆续浮出水面，争议的焦点在“文侠小说是否必须尊重历史事实”。（方文玉《〈智圣东方朔〉在批评中热销十七万》，《中华读书报》2000 年 4 月 19 日第 1 版）

我们可以将“浮出水（海）面”的语义结构分析成这样一些组合因素：

状态：（I）有某物存在（某物在词语字面上缺省）；

（II）有水面存在；

关系：（III）某物存在于水面之下；

以致：（IV）某物被遮蔽；

这样：（V）某物没有被人发现；

动因：（VI）某物从遮蔽物下升出来；

结果：（VII）某物被人发现或认识。

这是一个动态的语义显现和认知过程。这些因素合起来组成一个特定的认知模式（cognitive model）。对“浮出水（海）面”的语义结构做出这样的组合分析有助于我们了解词义的发展脉络，因为语义的演变从根本上说就是特定认知模式通过隐喻的方式转换。这里最关键的一个因素就是（VI），是语义认知模式中的核心因素，在语义演化中相对稳定，它将其他因素收结在一起，共同描述某事物出现、发展、变化的动态过程。这里最容易发生隐喻迁移的就是遮蔽物“水面”（及字面所缺省的水下之物），当“水面”可以用其他能够遮蔽的东西置换时，整个词语的意义就发生了初步的变化。遮蔽物可以是具体的（如“水面”），也可以是抽象的，而抽象的遮蔽物进一步演变就极其虚化了，以致失去了遮蔽的作用，仅仅表示由未知到已知的变化状态。这就实现了意义的根本发展。然而它的特定认知模式并没有发生改变，语义的变化是语义结构各因素间关系的协同运动造成的。这样“浮出水（海）面”就具有了“显现出来、面世、展示”这样的一些意义。例如：

【9】我们不知道退隐以后的杨澜能否再次浮出水面，但我相信，不会让您等待很久的。（王宇红《杨澜：人生是一场问答》，《语文建设》

2000 年第 4 期封四）

【10】在我国“国际海洋年”多彩活动的紧锣密鼓之中，由中国海洋学会编纂、大象出版社出版的《走向海洋》丛书即将“浮出海面”。（《〈走向海洋〉丛书浮出海面》,《中华读书报》1999 年 4 月 7 日第 1 版）

【11】奥迪 A6 价格浮出海面（标题,《北京青年报》1999 年 12 月 27 日第 20 版）

【12】遗产税即将浮出水面的消息引起了国人的广泛关注。（黄巧《遗产税与罗宾汉》,《青年参考》2000 年 1 月 20 日第 6 版）

人、丛书、价格、法规都可以浮出水面。凡是以前没有出现而后来出现的、以前不为人所知而后来为人所知的、以前没有感觉到而后来感觉到的都可以“浮出水面”。由于标题在新词语显现方面具有特殊的作用，因而“浮出水（海）面”用于标题中特别常见，由此推动了其用法的迅速扩散。王朔 1985 年发表于《当代》的一部中篇小说名为《浮出海面》，它也使“浮出水（海）面”这一形式浮出水（海）面时激起的波澜四处扩散。下面都是笔者随手记录的 2000 年期刊前 5 个月的一些标题，“浮出水（海）面”的语义均已凝定下来了：

医事法庭，何时浮出水面（《婚姻与家庭》第 1 期）

二百年前外销画浮出水面（《文汇报》1 月 20 日第 11 版）

今年社会热点浮出水面（《北京晚报》1 月 30 日第 1 版）

VOD 视频点播浮出水面（《新闻出版报》2 月 15 日第 3 版）

黑客经济学浮出水面（《北京青年报》2 月 22 日第 19 版）

中国电影“新生代”浮出海面（《文汇报》3 月 26 日第 5 版）

新北京人浮出水面（《北京青年报》4 月 19 日第 26 版）

沉默三百年的泗州城将浮出水面（《文汇报》5 月 11 日第 9 版）

从家教到包师　寄托教育浮出水面（《精品购物指南》5 月 23 日 B4 版）

浙江走私大案“浮出水面”(《报刊文摘》5 月 25 日第 1 版）

新事物、新现象、新观念、新概念层出不穷，这就使“浮出水（海）面”大行其道。更值得注意的是，“浮出水（海）面”已经有了仿拟形式。如《中华读书报》2001 年 2 月 28 日第 6 版有一则标题《孤篇自荐　浮出网面》。而一个词语若有了自由的仿拟形式，其原词语在语义和形式上的凝定性就更强了。

二　找不着北 / 找不到北

这个新词语语义演化的轨迹更加清晰。赵强、郭桐堃的一部长篇小说取名就叫《找不着北》，此后这一说法风靡全国。外面的世界很精彩，外面的世界很无奈，面对迷离的世界，众人皆曰找不着北。如下面 4 例，【13】比较具体，后面 3 例越来越抽象：

【13】这幢巨型大楼每一层外表互相雷同，有如巨大的迷宫，100 多年前，帝国议院议员就常因此而“找不着北”。（《新国会大厦，让你找得着北》，《北京青年报》1999 年 7 月 13 日第 11 版）

【14】阿胡像个浪迹天涯的游子，找不到北。（李肇正《石库门之恋》，《十月》1999 年第 2 期 178 页）

【15】这一角色的转换过程，不容易很快完成，因此文人自然会产生失落感，不知如何认定自己的位置，多少有点找不着北的感觉。我姑且将这叫作“精神下岗”。（陆昕《文人心态》，《中华读书报》1998 年 7 月 29 日第 2 版）

【16】3 年执掌国家队帅印的风风雨雨，已令原本沉稳干练的戚务生找不着北，其实上届亚洲杯后，斗志已失的戚务生是替同样找不着北的中国足协死扛了一道。（禾火子《戚务生“翻身道情”》，《北京青年报》1998 年 8 月 8 日第 6 版）

“找不着北”和“找不到北”的不同形有方言的差异。现在“找不着北”较为常见，在笔者随手记录的44例中，它占37例，而“找不到北”只有7例。有时两者同现于一个语境中，如下例标题中用“找不着北”，正文中用“找得到北”：

【17】这支北约车队的驾驶人员虽然有军用地图，但路边没有标志，还是找不到北。（周振财《北约车队找不着北》，《北京晚报》1999年5月1日第12版）

我们可以将“找不着（到）北”的语义结构分析成这样一些组合因素：

状态：（I）有某个人存在（这在“找不着（到）北”的字面上是隐含的）；

（II）有某个位置存在；

关系：（III）这一位置是某个方向；

（IV）这一方向是北；

动因：（V）某人找某个位置；

结果：（VI）某人不知北在哪个方向。

这些因素也组成一个特定的认知模式，语义的变化也是在这个特定模式中转换的。它的核心因素是（V），而最容易扩散迁移的是（IV）。与上文的“浮出水（海）面”的语义描写相比照，可以发现对一个词语的语义显现和认知的动态过程的描述基本上是相近的，只是在具体构成要素的数量和性质上有所调整。这里，“北”指一个具体的方向，一旦不需要具体指明所找的方向时，“北”就可泛指任何方向，形如例【17】。泛化也是一种隐喻方式。当找方向这一行为脱离具体语境进一步抽象化后，“找不着（到）北”就会从抽象意义的“寻找不到位置、方向、前途”进一步泛化为“不知所以、不明其里、无法应对、模糊不清”之类的语义。再进一步，趋势、感觉、态度、理想之类都可以寻找方向了。“找不着（到）北”甚至还可以指忘乎所以，如下例基本可以用“忘乎所以”替换，只不过更形象化：

【18】如此看来，中国队胜面极大。结果却是瑞典老将乐得找不着北。不仅拿走了斯韦思林杯，老瓦还结束了对刘国梁6连败的历史。（耿振淞、肖尘《明天谁和中国玩乒乓》，《北京青年报》2000年2月28日第26版）

这样，“找不着（到）北”就可以完全脱离原初语境的影响而出现了。它也经常出现在标题中：

美国：传统新闻找不着北（《青年参考》1998 年 1 月 9 日第 1 版）

传媒时代找不着北（《北京青年报》1998 年 6 月 23 日第 18 版）

地铁复八线让人找不着北（《北京青年报》2000 年 4 月 20 日第 4 版）

搁到现在陶渊明也找不着北（《北京晚报》2000 年 6 月 1 日第 22 版）

有“找不着北”的，就有“找得着北”的。如例【13】的标题“找得着北”是与正文“找不着北”对比着说的。无论找着找不着，毕竟都是“找北”：

【19】再扮都市青年，王志文急着找北　演绎金融危机，万梓良忙着赚钱（标题，《北京青年报》2000 年 3 月 2 日第 7 版）

有“找不着北”的，还有“摸不着北”的：

【20】80 年代初，当十几个刚“下海”创办“联想”的书生还“摸不着北”时，“联想”总裁柳传志三顾茅庐，请出了倪光南，以技术立公司。(《科学家和企业家谁来掌舵高科技企业》,《报刊文摘》1999 年 9 月 23 日第 3 版）

这些仿用、变用、化用形式更显示了“找不着北”语义上的凝定简洁和语用上的鲜活生动。由于当前浮出水面的事物、现象、情感太多，纷繁复杂，变化无端，便时常让人一头雾水，实在找不着北。

三　关于词义的构成与性质

从上文对“浮出水面”和“找不着北”的语义结构描写可以看出，一个词语的意义就是一个由若干组合因素构成的特定认知模式。如果将某个词语的整个词义构成看成一个复合命题（proposition）的话，我们便可以通过语义提取的方式将这个命题分解为几个结构简单的子命题（sub-proposition）。上文对两则词语语义的描写正是这样进行的。由于每个子命题都由一个包含存在量词（existential quantifier）的主目语（argument）“某物／某人”和一个谓词（predicate）构成，这样每个子命题都可以用谓词逻辑刻画出来，即每个组合因素都可表述为一个逻辑表达式。如“浮出水面”的语义结构中有一个语义组合因素“某物存在于水面之下”，其中“某物”是含有存在量词“某个”的主目语，“存在于水面之下”是谓词，这样，它的逻辑式可以简单地刻画为：$\exists x\ F(x)$，意思是至少存在一个x（某物），它具有F这样的属性（存在于水面之下）。其他语义结构组合因素都可以依此进行刻画，最后通过各组合因素的合取整合为该词语的语义结构，构成特定的认知模式。这样分析的好处是，将笼统的词义分化为一个一个更小的、所指更明确、相互关联的语义单位，通过描写它们的关系能看到语义的组合方式和变化途径。而且这种分析实际还蕴涵着对现有使用语境的刻画，同时对可能出现的语境有一定的预见性。

通过上文对核心因素和非核心因素的比较发现，有的语义组合因素不容易变化，在词义结构中起核心作用；有的语义组合因素比较容易变化，预示着词义变化的方向。这种认知模式分析的一个目的就是尽可能预示词义变化的方向和内容。上文对“浮出水面”和“找不着北”语义结构组合因素及其认知模式的分析正是从这方面进行的探讨。我们正想通过这种语义分析来研究词语语义变动发展的过程，描绘其演变轨迹，使我们对词语的动态研究具有可操作性。由于语义结构的各个组合因素在语义变化过程中所扮演的角色、运动的方式、发展的方向有差异，这也使我们对语义关系、语义网络有了更具体的认识。凡事（当然包括所有词语）都有一个由新颖到稳定的演化过程，其间伴随着许多变化和协调，观察、描写、解释这种过程会使我们更清楚地认识语言运用的本质，认识语言的本质。

再者，我们还可以进一步对子命题进行分析刻画，即对各个子命题继续进行分解，这便是语义构成成分的分析了。通过对不同的主目语和谓词进行归纳分类，可以得到有层次的语义成分类型。笔者曾在《名词的描述性语义特征与副名组合的可能性》(《中国语文》2001年第3期）一文中将名词的语义结构成分分析为两大类：关涉性语义成分和描述性语义成分。关涉性语义成分指类属（领属)、构造、工具、材料、对象、时间、空间（方所)、数量等，主要用作广义的指称；描述性语义成分指属性、特征、关系、功能、动程、特定表现等，包含描写和陈述。这是对语义结构不同成分的性质和地位、作用从较高层面上所做的划分。这种语义结构成分分析是在上面的语义命题分析的基础上进行的，它完全可以推广到对动词词义结构和形容词词义结构的分析中去，建立一个一个特定的认知模式和确定该模式中不同成分的语义地位。关涉性成分容易发生迁移，迁移是特定模式中关涉成分的置换；而描述性成分相对比较稳定，主要是随关涉性成分的变化而发生调适性改变。如“浮出海面”中的“海面”及这个词语语义潜在关涉的冰山、海岛等是关涉性语义成分，而“浮出”是描述性成分；“找不着北”中的“北”是关涉性成分，“找（不）着”是描述性成分。在仿词过程中，关涉性成分仿拟、置换的自然和便捷都超过描述性成分。有时我们发现在词语不同字上加上引号，也说明使用者认为它应该在此发生迁移。例如：

【21】国家队无论如何也瞧不上对手，无论如何也打不起精神，无论如何也放不下架子，因此也就无论如何找不着“北”。(黄健翔《就这样被你征服》,《北京青年报》2000年6月16日第2版）

语言运用的状况必然体现一种潜在的生成和变化机制。由于关涉性成分之间往往属于不同的物类，因此这种迁移常被看成不同物类之间的隐喻。从根本上说，词语之间语义的引申就是一种隐喻关系，或隐或显的隐喻正是语用机制在起作用。

由于词语语义的演变是在特定认知模式中关涉性成分和描述性成分之间调节的，人们对语义的理解策略实际也是一个调节关涉性成分和描述性成分的过程，同样在潜意识和有意识中对语义构成成分的结构和性质进行分析。

基于上面的考虑，我们认为，有些词语即便出现的时间并不长，但仍鲜明地体现了常用词语的性质，而且其凝定的途径很明确，凝定过程比较短暂，那么，即便规范型的词典（我们并不完全赞同将词典分为规范型的和描写型的）也应收释。而且，在释义上应能很清楚地反映特定的认知模式及其语义构成和特点，反映词义的生长点和理解运用的突破口，体现词义认知的动态逻辑。

四　关于成语的性质

与“浮出水面”“找不着北”相类似的还有“尘埃落定、一头雾水、烫手山芋、帽子戏法、做蛋糕”等。当然，它们的特定认知模式有差异，如“尘埃落定、做蛋糕”与“浮出水面、找不着北”相近似，“一头雾水、烫手山芋、帽子戏法”相近似，可以分别将它们的语义认知模式和语义动程描写出来。这种认知模式描写的另一个目的就是通过对它们语义内涵的描写，可以进而探讨它们所属语类的性质，以加深对语义内涵的理解。我们对具体语类的认识也是建立一个个认知模式，并在此基础上探讨它的性质及与其他语类之间的关系。从上文的分析来看，这些词语的特点与成语基本相同，因此可以看成“新”成语、准成语。这样便可以“成语”的内涵为例对它们做出说明。将这些词语看作准成语，是基于我们对成语的分析和认识。《现代汉语词典》（商务印书馆，1996）是这样解释“成语”的内涵的：

【成语】人们长期以来习用的、简洁精辟的定型词组或短句。汉语的成语大多由四个字组成，一般都有出处。有些成语从字面上不难理解，如“小题大做”、“后来居上”等。有些成语必须知道来源或典故才能懂得意思，如“朝三暮四”、“杯弓蛇影”等。

这一解释基本反映了当前对成语内涵及性质的认识。作为一个词汇学概念，“成语”一直是作为一个特征范畴（feature-based category）来理解的，它是由这样一些特征构成的集合（set）：

（A）词组或短句

（B）定型的

（C）语义简洁精辟的

（D）长期以来习用的

另外还有两条通常情况下应具备的可选特征：

（E）有出处的

（F）四字组成的

只有具备了这样一些特征才算成语。然而，翻开任何一本成语词典，用这些特征来逐个对照，会发现存在着大量的“准”成语。这就告诉我们，从本质上说，作为一个语言学范畴，成语更应该被理解成原型范畴（prototype-based category）而不是特征范畴；若将成语的概念看作一个原型范畴则更容易揭示问题的实质，认清成语的性质。

所谓原型，指的是一个词语外延义所指的典型成员，与那些不典型的成员既相区别又相关联。这种原型是由一些充分必要条件决定的，如典型成语必须包含上面分析的六个方面的特征，每个特征都是典型成语的必要条件，合在一起组成的特征束（cluster）构成一个典型成语的充分条件。即作为原型的成语范畴是靠这样一组充分必要特征来下定义的。完全具备这样一些特征的是成语的原型，即典型的成语；不完全具备这样一些特征的是较典型的成语、不典型的成语。如“胸有成竹、守株待兔、明日黄花”都是成语范畴中的原型。根据这种认识，我们就可以更加辩证地看待成语的性质以及个别多字语发展到成语的过程。

另一方面，典型成语的各个内部特征在构成典型性范畴中并不是地位平等的，存在层次差异，有核心特征和较外围的、外围的特征之别。若将这些特征分层次的话，（C）是核心特征，是一个词组或短语能否成为成语的首要条件，（B）（A）其次。具备了（C）与（B）（A）这两个层次，就可以看成准成语了，否则就不能看作成语。（D）再次，（E）（F）又次。我们这里讨论的几则词语，具备成语的最基本的特征（C）与（B）（A），同时也具有辅助性特征（F），只是不具备特征（D）（E）。关于（D），没有一个明确的时间概念，但人们常指《红楼梦》以前的；对于辅助特征（E），对不少成语而言，是比较模糊的。如果特别强调（D）（E），则可以将符合其他特征而缺少这些特征的准成语叫俗成语。这样，具体到每个成语，这些特征具有的数量便有多有少。从这里的分析可以看出，一个成语的发展可能有一个或长或短的过程，从不典型向典型发展，只有具备了（C）这个特征才算过程的完成。正是在这个发展过程中，语义发生了变化和调整。上面分析的"浮出水面""找不着北"正是如此。当然我们也可以用"四字格"之类来指称这些准成语，但总觉得有些隔阂。研究新词新语对认识"新"成语是有启发性的。成语是进入到一般词汇中了的，我们认为这些"新"成语虽然"词龄"短一些，但也进入到一般词汇中了。

其实，无论是将它们看成准成语、俗成语，还是普通词语，都是为了更清楚地说明各个范畴的性质以及各个范畴之间的关系。通过对各个范畴特征的性质和地位的探讨，有利于认识词语及其意义的性质与关系，有利于认识个别词语的自身特征与变化的可能途径。其实，我们完全可以做进一步发挥，将词语的本来意义作为一个原型，这样词义也是一个原型概念，也是由一些特征构成的。词语释义从本来意义上说就是原型释义，我们可以以此来探讨词义的演变，这是原型观念在词义分析中所做的必然引申。

名词的描述性语义特征与副名组合的可能性 *

提要 本文从名词的语义特征这一角度探讨副词与名词组合的可能性问题。首先区分出名词的关涉性语义特征和描述性语义特征，并对描述性语义特征做了多角度的分析。接着讨论了名词的描述性语义特征的几种显现形式：语义断取、阐释性提取、语义浸染和语义场赋性。然后描写了对名词描述性语义特征进行提取的若干词法形式和句法形式。最后总结性指出名词的描述性语义特征是副名组合显现的客观基础，并对副名组合的类推等问题做了简单的说明。

目前“非常逻辑、太门外汉、很中国”这样的副词与名词的组合大量出现，组合的自由度在增加。人们研究的范围已从抽象名词与副词的组合拓展到具体名词与副词的组合了。本文从名词语义成分的特征分析入手，试图发现所有能进入副名组合框架中的名词在语义方面具有的共同特征，而这种共同的语义特征是形成共同分布的基础，从而力求对所有副名组合的依据做出一种解释。① 本文研究的是一种可能状态的“副 + 名”(这里的“名”既可指单个名词，也可指名词性词组，为简便起见，下文以名词统括)，虽然有的未必已经出现实例，但我们认为只要有条件，而且这种条件是一种可预知的现实性语

* 本文原刊于《中国语文》2001 年第 3 期，全文转载于中国人民大学复印报刊资料《语言文字学》2001 年第 8 期。

① 本文不讨论诸如“炕上净人”“今天已经星期六了”“都大学生了，还不知道怎么学习”这样的形式，因为它们都必须具体入句时才能成立，而且分布是黏着的，因而并不是真正意义上的副名组合。而“非常逻辑”之类组合通常可以起到谓词性作用，分布是比较自由的，可以作谓语、定语、状语、补语。

境（以区别于“小人国”这样的童话似的虚拟性语境），它们是完全可以显现的，而且并不造成交际的障碍。

一　对名词的描述性语义特征的多角度认识

1.1　名词语义成分的关涉性和描述性[①]

我们可以对名词的语义成分的内部组成进行定性分析，并粗略地划分出两类语义成分：关涉性语义成分和描述性语义成分。关涉性语义成分指对名词的内涵起到说明、限制等介绍作用的客观性内容，它显现出名词的关涉性语义特征，即具有关涉性，因而是名词语义特征中表示“要素”的部分，如类属（领属）、构造、原料、用途、数量、时间、方所等。描述性语义成分指对名词内涵起到描写、修饰等形容作用的评价性内容，它显现出名词的描述性语义特征，即具有描述性，因而是名词语义特征中表示性质的部分，如属性、特征、关系、特定表现等。例如：

【桌子】家具，上有平面，下有支柱，在上面放东西或做事情。[②]

“家具”（类属）、“上有平面，下有支柱”（构造）、“在上面放东西或做事情”（用途）都是关涉性语义成分，是说明“桌子”的“要素”的，而不是描写“桌子”的性质。一般而言，“桌子”本身没有什么显在的性质，因而它没有表现出什么明显的描述性语义特征，显现的是关涉性语义特征。

【权威】①使人信服的力量和威望。②在某种范围里最有威望、地位的人或事物。

---

① 这里没有用义项和义素这样的概念，主要是为了避免将这里的语义成分只理解成已有辞书中的某个义项和义素，本文所讨论的语义成分包括那些还未进入现有辞书而客观存在的语义内容。

② 除特别注明外，本文对词的释义均以《现代汉语词典》修订本（商务印书馆，1996）为准。

"力量和威望"、"人或事物"(类属)、"在某种范围里"(方所)是关涉性语义成分，"使人信服""最有威望、地位"是描述性语义成分，从关系、属性上描述"权威"的特点。

有的名词的描述性语义成分并不一定出现在辞书的释义中或并没有及时地出现在现有辞书的释义中。例如：

【骑士】欧洲中世纪封建主阶级的最低阶层，是领有土地的军人，为大封建主服骑兵军役。(《现代汉语词典》修订本以前各版，修订本未收此词目)

而下面的用法是不能用这样的解释来概括的：

【1】阿胡很骑士地让美芳在他背后坐好。(李肇正《石库门之恋》,《十月》1999 年第 2 期)

这里"骑士"的语义成分是骑士所表现的行为特征：有风度、讲义气，这种行为特征是名词"骑士"的描述性语义特征。

关涉性语义成分和描述性语义成分也不是可以一刀切的。有时两方面性质都有，但两方面的特点都不显著、不典型，表现出过渡性。例如：

【邻居】住家靠近的人或人家。

"住家靠近"既可指处所，也可指关系，因此"很邻居"可以说，但没有"很权威、很骑士"那么显豁。

1.2 名词描述性语义特征的强度分层

我们可以将名词的描述性语义特征分析为强、次强、弱三个层次。这不是说它们在理解上的难度不同，而是指它们与词义本身直接联系的紧密程度不同。

1.2.1 强描述性语义特征

指从词义本身(不完全是现有辞书的释义)能够分离出来的描写、修饰等描述性语义特征。下面三种情况有代表性：

名词本身是定中式偏正结构，而且偏的成分有明显的修饰性，则比较容易分离出描述性语义特征。像《现代汉语词典》修订本“花”字条中这样一些词，“花把式、花点子、花和尚、花花肠子、花花公子、花花世界、花架子、花腔、花头、花账、花招”。这类名词很多，基本上是抽象名词，再如“霸气、暴力、本色、悲剧、背运、纯情、低调、高潮、名牌、偏见、热门、热情、危机、喜剧、现代派、凶气、阴谋，臭棋篓子、低级趣味、古典色彩、农民意识、平民主义”“理性、诗意、土气、威风、野心、朝气，绅士风度，女人味、学生气”。有的整体组合是联合式，但其内部构成则是偏正式，如“高山流水、花拳绣腿、花容月貌、鸡毛蒜皮、诗情画意”。

具有某类典型特征的类别性名词比较容易分离出描述性语义特征。这样的名词也很多，以个体名词为主，如“恶煞、二流子、公仆、汉奸、军阀、愣头青、流氓、模范、内行、泼妇、强盗、权威、小丑、专家”“悲剧、基础、经典、精华、奇迹、诗歌、外交、戏剧、专业”。有的类别性名词具有强描述性语义特征是有交叉原因的（详见 3.3），如“贵族、男子汉、骑士、绅士、学者、英雄、才华、传奇”。具有某种典型意义、有代表性的专有名词也属于此，如鲁迅作品中的人物名称，“阿 Q、假洋鬼子、孔乙已、闰土、祥林嫂”；又如真实的人名、地名，“贝多芬、雷锋、希特勒，法国、上海、夏威夷”。

最能体现描述性语义特征的是名词的比喻义。比喻义揭示的是本体和喻体之间共同的描述性语义特征，因而凡是有比喻义的名词几乎都可以进入“副 + 名”的框架中。例如：

【玉】②比喻洁白或美丽。

【2】原以为跑步的都是一些胖子，没想到，路上跑步的都是一些“条很顺”的人，用柳清的话说，是一些很“玉”的人，真是好了还想好。（郁秀《花季·雨季》25 页，海天出版社，1996）

【泡沫】比喻外表好看而没有什么内容的、很容易消失的东西。(《现代汉语词典》没有此项比喻义）

【3】作为作家，名字与脸蛋广为人知，而作品真正的读者不多，甚至读过的人也说不出其意义与价值所在，那是一件滑稽的事。滑稽之处在于：成名的路千万条，为什么要当“作家”？你的作品太泡沫、太无聊，辜负了你的青春红颜，让我们说你什么好？（麦田《成名的“蜜月”》，《文汇报》1999 年 3 月 5 日）

1.2.2 次强描述性语义特征

指不容易从词义本身直接分离出某些描述性语义特征，但它是可以通过进一步描写而解释出来的，人们在理解时能够比较明确地把握它。例如：

【传统】时代相传、具有特点的社会因素，如文化、道德、思想、制度等。

“时代相传”是一个描述性语义特征，而“具有特点”的语义特征就不明确，具有什么时代相传的特点？根据其他知识背景来分析便能理解下面的表达：

【4】在对虞兮的艺术处理上，最传统与经典的，就是梅兰芳的京剧艺术。（匡立文《虞兮虞兮》，《天涯》1999 年第 1 期）

【5】小林的电脑房里新添了一张陌生面孔，是一个二十出头的年轻女孩，披肩发留得十分传统，眉眼很干净，笑起来微微露一点粉红色的牙床，红得像玛瑙，光亮可爱，让人觉得这女孩子本人也如玛瑙一般圆润腻手。（黄蓓蕾《玫瑰灰的毛衣》，《钟山》1999 年第 3 期）

【街坊】邻居。

“街坊”除了具有“邻居”所具有的语义特征之外，还有这样的描述性语义特征：普通平常，彼此亲近等。例如：

【6】“没有名的一样能炒，”老季来劲了，“比如你的女朋友秀秀，这名字太街坊了，既不香艳也不神秘，我们给她改一个名字叫纤纤……”（张欣《变数》，《大家》1999 年第 1 期）

秀秀原来叫区文秀，太大众化了，因为“既不香艳也不神秘”，改成了“纤纤”，就时髦了，不“街坊”了。

1.2.3 弱描述性语义特征

词义本身难以分离出描述性语义特征，只有借助于特定的语境才能分析得出。（详见 1.3.2 节特定语境）

1.2.4 描述性语义特征强度的相对性和理解上的同一性

对名词描述性语义特征从强度上划分三个层次具有相对性，有交叉段存在。各个层次的语义特征有的在语词性辞书的释义中就能看到，有的需要借助于百科性辞书和专科性辞书的释义，有的只是在具体的社会性、学术性论述中才能见到。但人们都能感觉到它们，把握住它们，是“不争议”地存在着的，在理解上具有同一性。我们认为这些都是词义的组成部分，语词性辞书释义只是语义成分的一种（虽然是一般性应用中最主要的一种）。我们这里分析的语义成分是不排斥通过非语词性辞书释义而认识到的语义成分及其描述性语义特征。而许多副名组合正是建立在这种可能性理解的基础上。

1.3 名词描述性语义特征显现的三种语境

语境的分别与交际双方的知识背景、文化背景、使用场景等有关，因此有长期语境和临时语境、公知语境和特定语境之类的区别。

1.3.1 公知语境

也可以叫大众化语境，还大致可以说成是辞书式语境。很难说有真正的全民语境①，只能看作是大概其的全民语境。一般而言，这种语境存在的时间相对较长。在理解和使用上，往往具有现实同一性。如《现代汉语词典》“阿（ā）”字条中的词“阿鼻地狱、阿斗、阿飞、阿猫阿狗、阿木林、阿 Q”，它们的词义中都具有描述性语义特征，在具体使用中都有可能进入“副+名”的框架中，人们理解此框架中的名词都基本抓住了它们的描述性语义特征。

① 当前人们理解的全民语境，主要是区别于方言语境的，而不是为所有人都能理解的语境，即指在普通话系统中是能够为人理解的，而不是必然地为全民理解的。

1.3.2 特定语境

都是临时语境。由于语境背景比较确定，因而对描述性语义特征的理解也基本上具有同一性。如著名作家贾平凹在长篇小说《废都》中用大量的方框来代替省略掉的有关性描写的内容，如果有某一位作者张三在描写时也效仿此法，那么人们就可以说："张三也太贾平凹了。"或"张三最近的作品已很贾平凹了。"这里只是特指贾平凹用方框代替有关性描写这一个方面，甚至可泛指用方框代替要描写的内容，而不是指贾平凹的文学才气等其他方面。"贾平凹"在这里提取的描述性语义特征只是指"用方框来代替省略掉的（有关性描写的）内容"这方面。这是社会性语境。又如：

【7】有人问到他（指贾平凹）对于中国传统文化继承较多，对于西方文化都受到哪些影响，他说受到影响最大的是《尤利西斯》，那种背景的复杂，意识流，意识流动，又要还原，不影响到主流，不停地转换。……我觉得贾平凹的作品一点儿也不尤利西斯，他大概把西方文化吞噬了、消化了，化出一朵民族文化的莲来。（王洪《难以破译的世界》，《中华读书报》1999 年 1 月 27 日）

这里的"尤利西斯"不是指作品中的典型人物，而是指这部作品表现出来的写作风格，这是通过上文的一系列说明来显示的。这是上下文语境。

1.3.3 局部语境

处于公知语境与特定语境之间的语境，与两者之间没有明显的界限，也有交叉段存在，主要是由于交际者的知识背景、文化背景的不同而在理解上形成的差异。它是一个过渡性语境。如果考虑到没有什么真正为所有人理解的全民语境的话，可以说绝大多数语言现象都在局部语境中起作用。

1.3.4 语境对语义特征的凸显作用

对语境的划分主要是从人们在脱离具体语境来单独理解语言表达时的难易程度而言的。其实，它们在生成"副 + 名"时有一致性：进入这个框架中的名词都具有某方面的描述性语义特征，而这种描述性语义特征是能够为人理解和接受的。语境对副名组合的显现与接受起到很大的作用。从这里也可看出，即便是特定语境赋予的弱描述性语义特征，也是名词本身所具有的，由于比较隐含而靠语境来揭示。某个名词若有多个描述性语义特征，在显现出其中的一类时，也往往靠语境来限定和凸显。从描述性语义特征的强度分析来看，语境不是生成描述性语义特征的根本原因，而是揭示、显现描述性语义特征的途径，有时对理解起到决定作用。也就是说，“副 + 名”框架的具体现实化并不是没有什么规章可寻的，它们是有严格的语言基础的。

1.4 名词描述性语义特征的发散性和集约性

1.4.1 描述性语义特征的细节呈现问题

在词义分析中，可以分出概念义部分和非概念义部分。[①] 名词的非概念义的内容，有人看成是细节，名词与副词组合的基础是在形成名词概念义时被概括掉的细节的重新显现。（储泽祥、刘街生，1997）其实能够显现出来的细节只能是体现为描述性语义特征的细节，而且还包含概念义中的描述性细节特征。描述性语义特征都是细节，但细节未必就是描述性语义特征，而且描述性细节是语言使用时的“本质的”细节。如在“很香港（很港）”组合中的名词“香港（港）”，除特别指明外，在描述上不怎么考虑其地理位置、人口、气候、语言、制度等，而是考虑到新潮之类的细节特征。细节很多，似乎缺少稳定性，也即名词的描述性语义特征具有发散性。而且描述性语义成分有多少之分，这样显现出来的描述性语义特征不但在质的表征上有不同，而且还有量的差异。这除了名词自身蕴含的特征有多有少外，还常常与组合的自由度以及出

① 就词义的概念义以及概念义以外的内容，有人区分出概念义和含蓄义，有人区分出本质意义和语义细节，有人区分出内在性质义和附加性质义。如谭景春（1998）指出“内在性质义是词义本身所具有的，是包含在词义之内的”，“附加性质义不是词义本身所具有的，而是词义所指的那类事物含有的性质”。

现的类的早晚有关，出现的早晚又跟表达的需要有关。有时副名组合给人感觉的陌生化程度也影响名词的描述性语义特征的显现和被认识。这些动态的过程也必然使名词的描述性语义特征呈现发散状态。

然而，由于人们的知识背景、文化背景、语用时的心理指向、语境限定等因素，名词的描述性语义特征的显现并不是发散的，而是集约的。而且这些有限的描述性语义特征是名词本身就具有的，是可以通过分析得到的，只不过通过一定的语境将这种可能性变成现实性。有的名词的描述性语义特征是单一性的，如“偏见、荣誉”之类；有的名词的描述性语义特征是多样性的，如“传统、艺术”之类。即便是多样性的，在使用中也是有所定指的，语境起到了选择和鉴别的作用。

1.4.2 名词描述性语义特征的理解问题

（1）如果一个名词的词义本身所显示的描述性语义特征就比较清楚的话，人们在理解上就比较同一。例如：

【8】后来田野回来了，田野六岁，长得结结实实，笑容灿烂的，它很绅士地对小雨说：“你好，阿姨！”（殷慧芬《吉星里》，《小说月报》1998年第12期）

【9】他径直走到温柔地融和在一起的殷红和她的老同学面前，用一种十分绅士的语气对那个男人说道……（刘广雄《有眼无珠》，《当代》1998年第1期）

【10】罪恶的热泪啊！即使是最绅士最道学的男子心里，是不是也期待过假想过一个潘金莲、一个荡妇和娼妓呢？（王蒙《踌躇的季节》，《当代》1997年第2期）

三句中的“绅士”的描述性语义特征是相同的：文雅的、有礼貌的、有风度的。而这不同于《现代汉语词典》释义中对“绅士”描述性语义特征的概括：

【绅士】指旧时地方上的有势力、有功名的人，一般是地主或退职官僚。

这个释义中的描述性语义特征是“有势力、有功名”，这只是过去某个时期的所指，而不能描述“绅士风度”中的“绅士”的特征。应该设立这样一个义项：泛指文雅的、有礼貌的、有风度的人。

（2）如果名词本身不能够通过词义来显示其描述性语义特征，然而现实中的描述性语义特征比较清楚，在理解上也是比较同一的。例如：

【11】二叔跑去理了发，又换上一件新罩衫，看上去显得格外青春。（转引自邓福楠等编著《汉语语法新编》52 页，湖南教育出版社，1985。书中批评了“青春”的这种用法）

【12】杂志越来越青春（标题，转引自任树宝《生猛“过了头”》，《光明日报》1995 年 7 月 24 日。文中批评了“青春”的这种用法）

有的由于特定语境的设置而比较清楚，在理解上也是比较同一的：

【13】皮秀英瓜子脸，吊梢眉，相当狐狸。（莫言《三十年前的一次长跑比赛》，《收获》1998 年第 6 期）

“狐狸”的描述性语义特征常常是“狡猾”，而这里是在外貌上描述，由上文语境所产生的语义指向，在理解上便没有歧解发生。

（3）如果名词本身不能够通过词义来显示其描述性语义特征，同时现实中的描述性语义特征也不够明晰，而且特定语境又没有对理解产生特定的指向性，则在理解上比较模糊。例如：

【14】我的样子很中国！（台湾著名歌手凌峰在中央电视台 1985 年春节晚会上摸着自己的光头说的话）

仅这句话观众就感受到了凌峰的风趣幽默，然而很多人对“很中国”的理解只是一个比较模糊的意象：一穷二白？朴素自然？……也许凌峰本身就是要创造一个多歧的形式，因为“中国”的描述性语义特征是多指的。由此可见出另一方面，即有时显现的不一定是一个细节（描述性语义特征），而是一类细节、一组细节，综合而成整体性的描述性语义特征。而下面这句话由于语境的衬托就有理解上的定向性了：

【15】我居农村甚久，受农民影响较深。农民的习惯是什么都不舍得丢弃，所以把各种相关资料都整合进一篇文章的写法实更“中国”，而且是接近中国不那么为人所看得起的农民习惯；不仅不“洋”，其实是“土”。（罗厚立《假作真时真亦假》,《读书》1999年第4期）

即便这里的“中国”我们难以用一个词语来描述，我们仍能准确地理解它。概括名词的描述性语义特征既可以用词语，也可以用短语。有时我们会觉得要用一个确切的表达来描述比较困难（尤其显现的不是一个细节时），然而这并不妨碍我们对描述性语义特征的把握。能否用现实化的词语或语句来描述语义的性质特征只是描述的一种途径和形式，我们还可以通过观念的描述来表达，而这种观念的描述一旦凝定下来就会表述为词或短语。

二　名词的描述性语义特征的显现方式

从上文对名词的描述性语义特征的分析中可以看出，副词与名词的组合实际是副词的语义特征与名词的语义特征的组合。副名组合中的副词以程度副词为主，其他的非程度副词在组合时也显现出程度义，如“不绅士”“不性感”。这样我们可以简单地将副名组合中的副词的语义特征记为【程度】。副名组合中的名词无论是抽象名词还是具体名词、专有名词，与副词组合时都体现为一个共同的语义特征，即描述性语义特征。由于这种语义特征的描述都是对名词所指对象的性质进行描述，因而这种语义特征可以简单地概括为名词所具有的性质义，记为【性质】。这些性质义在程度上包含着量度，这样这些名词也都表现出量度义，记为【量度】。名词的量度义在对程度副词的选择上就体现为“比较、相当、挺、很、太、非常、更”等程度差异，如“比较专业、相当专业、挺专业、很专业、太专业、非常专业、更专业”。

这样，副词与名词的组合也可简化为【程度】与【性质】和【量度】的组合。程度副词体现为程度义是显在的，而某些名词体现的性质义和量度义并不是显在的，需要通过一定的方式显现出来。

2.1 语义断取

前面说过，我们通过义素分析，可以将一个义项的语义成分分析为描述性语义成分和关涉性语义成分，从而提取出描述性语义特征和关涉性语义特征。例如：

【朋友】①彼此有交情的人。②指恋爱中的对象。

【淑女】美好的女子。

“朋友”有两个义项，其中第一个义项有描述性语义特征“彼此有交情”和关涉性语义特征“人”。“淑女”只有一个义项，可以分析出描述性语义特征“美好”和关涉性语义特征“女子”。又如：

【畜生】泛指禽兽（常用做骂人的话）。→【禽兽】鸟兽。比喻行为卑鄙恶劣的人。

“畜生”“禽兽”的比喻义也可分析成描述性语义特征“行为卑鄙恶劣”和关涉性语义特征“人”。

将“朋友、淑女、畜生、禽兽”放在一起考虑，就可发现它们都是属于具有某种特征的一类人或事物，它们的语义都由两个部分组成：一个表示性质，即描述性语义特征；一个表示类属，属于关涉性语义特征。它们的词义组成框架为：【性质】+【类属】。这种词义框架实际是定义的一种方式，这类名词的释义本身就是一种定义。这类词的数量很多，它们与副词的组合比较自由。例如：

【16】我赞同她的观点，但前提是：这个爱人非常爱你，这个情人也非常爱你，而爱人和情人之间又很朋友，很理解。（马莉《爱人与情人》，《当代》1995年第3期）

【17】她非常淑女也非常个性和城市化。（殷慧芬《上海爱情故事》，《小说月报》1998年第6期。）

【18】艾月说："……王自力连这一点都不懂，太畜生了！那么，咱们要求的赔偿价格就不应该是一般的价格了。"（池莉《小姐你早》，《收获》1998年第4期）

副词与这类名词组合之所以比较自由，其实是程度副词的语义特征【程度】与此类名词的语义特征【性质】及其表现出的【量度】组合比较方便，在组合时将名词的语义特征【类属】隐含起来，只让【性质】显现出来。也就是说，副名组合时断取了词义框架中的语义特征【性质】及其表现出的【量度】。【程度】不能与【类属】结合，只能与【性质】结合。断取的前提是这类名词自身就包含了性质义，使语义断取有了可能。人们在理解的时候正是按这样来进行的。[①]

具有强描述性语义特征的最易断取，因而最易进入副名组合的框架中。语义断取可以是一般义的断取，如"朋友、淑女"，也可以是比喻义的断取，如"畜生、禽兽"。比喻义断取十分容易，因为在比喻释义时往往都将用来作比的事物的特征揭示出来。

有时某个词虽然还没有进入"副＋名"的框架，但我们也可以从语义断取的分析中来推断它是可以自然地进入这种框架的：

【19】荣欣装潢请您谨防门外汉营业员乱点谱。（广告）

这里"门外汉"修饰"营业员"。"门外汉"指"外行人"，指对某种事情或工作不懂或没有经验的人。将"门外汉"与"营业员"组合时，隐去了类属"人"。这样我们可以推测"这个营业员非常门外汉"这样的表达是完全可以成立的。我们也可以从"豆腐渣工程"推测"这样的工程太豆腐渣了"这样的表达是完全可以成立的。

① 断取本是一种修辞手法，但又与修辞性断取有所不同，修辞手法的断取主要是从形式上截取，而语义上的断取是对语义成分性质义的截取；而且两者在理解策略上也有差别。

2.2 阐释性提取

能够进行语义断取的名词，其描述性语义特征比较显在，然而有些名词的描述性语义特征并不那么显在，需要通过进一步描写分析才能提取出来。这些经过提取显现出来的特征都属于名词本身所固有的语义特征。这些特征并不是处于一种不稳定的、模糊的状态，而是有基本的使用指向。其实名词描述性语义特征的断取也可看成一种阐释性提取方式。即“副＋名”的组合不是一种随机的句法形式，而是在语义上具有明显的选择性。这些选择性往往在不同的语体中有不同的表现倾向，我们可以从日常性、文艺性、科学性三方面来认识对名词的描述性语义特征的阐释性提取。

2.2.1 日常性语义特征的提取

名词的描述性语义特征在日常认知、理解、交际中就可以表现出来，人们通常比较关注这些特征有代表性的细节，而这些典型细节特征都是描述性语义特征而非关涉性语义特征，它们是名词进入副名组合的语义基础。日常性语义特征又可以分为自然性语义特征和社会性语义特征。

2.2.1.1 自然性语义特征

人们通过对名词所指事物自然特征的直接感受，能够认识到它在交际过程中看来“本质”的某些方面。也就是说，交际中不怎么关注名词所指的纯“物”的方面，而更多地关注“物”所表现出来的性质特征。“物”是属于关涉性的，性质特征才是描述性的。这样副名组合中的名词所指未必就是词语（所指事物）的内涵。如“苹果”，人们常关注的是它的颜色（红）、形态（圆）、口感（脆），所以如果形成副名组合，便是在这些描述性语义特征中定向选择性提取。“很磁石”，人们关注的是它的功能（有吸引力）；“太泡沫”，人们关注的是它的形态变化（聚集在一起的小泡好看而易碎）；“十分玫瑰”，人们关注的是它的美丽鲜艳。描述性语义特征都比较单一。因此，当人们不是把它们作为名物来使用这些词语时，就表现出描写性地使用而非叙述性地使用。只有在描写时，这些特征才凸显出来。进入副名组合本身就是一种描写。

2.2.1.2 社会性语义特征

人们对名物的社会性语义特征，往往是通过对名物的行为表现、社会关系的性质描写来认识的。如“军阀”的独断专行，“小市民”的格调不高、斤斤计较，“官方”的正经、严肃、摆样子。有些虽然可以从自然性语义特征来认识，但主要还是体现为社会性语义特征，如“非常油盐酱醋”指家庭生活非常普通烦杂，“太古董”指太陈旧。事物的比喻性都体现为社会性语义特征，如“挺老黄牛”指挺任劳任怨，“非常绵羊”指非常温顺，“太花瓶”指十分好看然而只用作摆设。

专有名词进入副名组合的用法实际都是这方面的原因。“雷锋”的大公无私、乐于助人，“江南”的秀丽柔美，形成了“很雷锋”“十分江南”这样的表达。

我们区分出自然性语义特征和社会性语义特征，仅仅是从使用的潜在条件来说的，其实它们在理解上往往是一种隐喻的方式。从根本上说，自然性语义特征和社会性语义特征在表现方式上是一致的，语义特征凸显的途径是相同的。

2.2.2 文艺性语义特征的提取

文艺性语义特征实际也是一种社会性语义特征，只不过这种社会性或体现在虚构的文学艺术作品中，或显现于文学性、艺术性的描写中。文学性不只存在于文学作品中，更不只是书面语的。

2.2.2.1 文艺形象呈现出的语义特征

文艺作品中创作的具有某方面特征的人、物、境，因其所具有的代表性而往往作为一种描述性语义特征的负载体而沉淀下来，继而进入副名组合中。例如：

【20】这一切等等，确是十分堂·吉诃德的了。（鲁迅《中华民国的新“堂·吉诃德”们》）

【21】在我不尽如意的时候，它们（指发表的文章）很“丘比特”地跑过来对我万分抚慰——如同应了那句“20年后又是一条好汉”的豪

言，我还觊觎什么呢！（陈飞虹《逍遥女子》,《散文选刊》1993 年第 6 期）

“阿 Q、保尔 · 柯察金、陈世美、东郭先生、空中楼阁、七宝楼台、世外桃源、唐老鸭、乌托邦、杨白劳、犹大、纸老虎”等都同“堂 · 吉诃德、丘比特”一样可以进入副名组合中。[①]

2.2.2.2 文艺性理解呈现出的语义特征

人们对有的名词的理解，不是局限于该名词的实际所指，而是通过语义游移、别解、歧解、望文生义、比喻等方式来理解。而这种种文艺性理解也不是无规则的，而是通过某种特定的途径来实现。例如：

【22】“不要以为中国人都这么小儿科，会为你这两百美金替你喝杯酒。”（阿成《回望古城》,《当代》1994 年第 1 期）

【23】柳清是个热心肠，不管对谁，都是有求必应，不过有点“ET”，就是外星人的意思。这是班上女生对她的评价。（郁秀《花季 · 雨季》9 页，海天出版社，1996）

2.2.3 科学性语义特征的提取

科学性也不是只出现在科学语体之中，而是指通过分析的方式来显示它们的性质特征。因此，我们有时不能直接从科学定义中来抓住它们的语用指向。对于这类名词，如“逻辑、规律、规则、经典”，人们在解释它们时往往在定义之后分析其特点，而这些特点的描写便成为进入副名组合框架的基础。有时其特点包含几个方面，因此在不同的语境中人们各有选择地使用某方面的特征。如“传统”，既有“本分、勤俭、尊老爱幼”等一面，也有“保守、迂腐、男尊女卑”等一面。由于具有某种规则、具有某方面“专业”的东西以及从事

① 新时期先锋派文学家艺术家中有否定创造典型人物、典型意境的倾向，主张消解“代表性”，因而其作品中的形象、意境的名物常不显示出强描述性语义特征，不容易通过阐释性提取而进入副名组合中。

某“专业”的人员具有较明显的“科学分析性”，因而它们可以比较成系统地出现在副名组合中。例如：

规则类：标准、策略、法规、法律、法则、公式、规格、规律、技巧、理性、原理、原则

“专业”类：八卦、道学、古典文学、化学、经典、历史、逻辑、诗歌、数学、文化、文物、文学、物理、修辞、学术、学问、艺术、语法、政治、职业、专业

“专业”人物：诗人、外交家、小说家、艺术家、哲人、政客、政治家、作家

2.3 语义浸染

由于较为固定地显现于某种场合而使某种性质附加到名物上，使表示该名物的名词也具有了某种性质，这便是语义浸染。

2.3.1 语境迁移

有的词语，现实指称由于经常用于某种语境中，因而自身就容易浸染上某方面的性质，经过凝定后便具有了描述性语义特征。《狂人日记》中有这样的话：“狮子似的凶心，兔子的怯弱，狐狸的狡猾，……”人们在使用中往往将狐狸与狡猾这样的特点联系起来，因而出现了“这家伙狡猾得很，太狐狸了”和“这家伙狐狸得很”这样的表达。中央人民广播电台小说联播节目 1999 年 6 月 1 日播的毕淑敏《红处方》中有这样的一句话：“他（秦炳）给我说了一个很天文的数字。”而原稿是“庞大的数字”。由于“天文数字”是个很大的数字，这样，这种描述性语义特征就附加到“天文”上了。又如：

【外交辞令】适合于外交场合的话语。借指客气、得体而无实际内容的话。

“外交辞令”的描述性语义特征浸染到“外交”上来，有时指客气、得体而无实际内容的或极具策略的话语或应酬。例如：

【24】很外交的语言，很纯真的表情。她说可以成为朋友，但不愿接受采访。（卢北峰《总理旁边的女翻译》,《北京青年报》1998年3月27日）

2.3.2 两面义的一面化倾向

有的中性名词的两面义通过语义浸染表现出一面化倾向。如“格局、布局、款式、速度、个性、情绪”都有两面义，然而我们能够见到“够速度、很款式”这样的用法，指速度快、款式新颖。它们实际上可以进行性质上的评价，体现出程度差异。这是因为我们的语用指向一般而言只有速度快、款式新颖才有新的信息价值。于是，“快、新颖”这样的描述性语义特征评价容易浸染到被评价的主体“速度、款式”上去，发生性质偏转。“很布局、很格局”也是如此。“有个性、有情绪”本身是描述性的，“有”是揭示性质的一种形式（于根元，1991），一旦脱落，“有个性、有情绪”的描述性语义特征“鲜明、不愉快的”就浸染到“个性、情绪”上去，再通过副词赋予这类名词特定的含义，使名词具有了一面的色彩。

2.4 语义场的赋性

前面分析的语义断取、阐释性提取、语义浸染三种形式是名词描述性语义特征显现的基本形式。副名组合中的所有名词本身就构成了一个大语义场，这个语义场的共同的语义特征就是都具有描述性。我们还可再具体地对这些名词进行分类，划出一个一个小语义场。能够构成一个相反或相对关系的语义场的名词，在性质上必然具有相反或相对的性质，这些名词之间也体现了性质上的量度变化。例如：“悲剧—喜剧、城市—乡村、荡妇—淑女、低潮—高潮、低调—高调、敌人—朋友、东方—西方、感性—理性、个人—集体（大众）、狗熊—英雄、官方—民间、贵族—奴隶、贵族—平民、豪杰—懦夫、奸臣—忠臣、口语—书面语、立体—平面、男子汉—小女人”。语义对举正体现了它们的语义区别性特征。

有的名词由于语用指向一般只需要强调相对关系的一面，因而不怎么出现对举性的固定词语，但其量度是显然存在的，如有的可以用“非”等描述性的方式找到它们的对立面。例如：“本能—非本能、惯性—非惯性、经典—非经典、逻辑—非逻辑、责任—非责任”。有的虽有对举性词语，但两者在语义范围或语法功能上有些差异，如：“暴力—非暴力（和平）、情感—非情感（理智）、专业—非专业（业余）”。它们也常常用“非”来揭示对立面，如：“非暴力（运动）、非情感（方式）、非专业（人员）”。

上面是从几个方面分别对名词的描述性语义特征的提取方式加以说明，实际上很多时候是综合作用的，只不过有时以某种方式为主。这些语义特征中有的虽在辞书中立了义项，只不过是对描述性语义特征提取后的凝定。我们不能反过来说因为辞书中有某种义项而认为这些名词才有此描述性语义特征。在任何情况下都是先有语义特征后有辞书释义中的义项。语义特征提取后的凝定是语义发展的一条重要途径，有的还同时伴随着语法功能的变化。

三　名词的描述性语义特征的形式表现

名词的描述性语义特征的显现可以从一些语法形式的表现上看出来，既可以通过词法形式来提取，也可以通过句法形式来提取。

3.1　词法形式对描述性语义特征的提取

主要是通过添加后缀（类后缀）的方式来提取名词的描述性语义特征。词缀本身是揭示相关名词性质上的共性的一种手段。它们与副词组合有两种情况，一是副词修饰“名词 + 词缀”，一是副词直接修饰名词。有时两种情况都出现。这里只指出几种描述性语义特征的强显示词缀形式。

名词 + 主义。加缀前后都是名词，都能进入副名组合中。例如：“霸权主义、布尔什维克主义、封建主义、个人主义、官僚主义、机会主义、极权主义、集体主义、教条主义、军国主义、科学主义、历史主义、马列主义、平民主义、人道主义、沙文主义、社会主义、形式主义、英雄主义、资本主义、宗派主义”。“主义”本身有明显的描述性特征，而能够与“主义”结合的名词也多具有明显的描述性语义特征。

名词 + 气 / 味。加缀前后都是名词，都能进入副名组合中。例如：“孩子气、流氓气、男子气、女人气、书呆子气、书生气、乡土气、小家子气，火药味、人情味、女人味”。这些名词加缀后都可进入“有 + ～气 / ～味”中，而这一框架对描述性语义特征有提取作用（详见 3.3 节），可见其描述性语义特征更加显著。

名词 + 化。加缀后是动词，但性质特征比较明显。这种形式比较多，如：“八股化、百科化、本土化、边缘化、标准化、程式化、传奇化、大众化、电器化、动物化、概念化、格式化、个人化、个性化、公式化、贵族化、货币化、机器人化、机械化、技术化、郊区化、教条化、科学化、口语化、理想化、脸谱化、漫画化、模式化、男性化、女性化、欧洲化、平面化、情绪化、区域化、全球化、沙漠化、商业化、神化、生活化、市民化、数字化、文化化、文学化、物质化、现实化、形式化、学术化、意识形态化、哲理化、知识化、制度化、中国化、专栏化、专题化、专业化”。“化”使名词所指转变成某种性质或状态。能够发生性质转化的是强形式，如“表面化、边缘化、形式化”，加缀前后一般都能进入副名组合中。不能够发生状态转化的是弱形式，如“电气化、水利化”，不加“化”比加“化”进入副名组合时对语境的依赖较强。

名词 + 式。加缀前后都是名词。能够加这个词缀的都是专有名词和个体名词（专有名词实际也是个体名词，只不过将计数看成一）。这种形式极其自由，能产性强。能进入这种格式肯定就具有某方面的特征，如：“柏拉图式、雷锋式、琼瑶式、施瓦辛格式、武大郎式，深圳式、世外桃源式、田园牧歌式、中国式，诗人式、同志式、哲人式，传奇式、国画式、史诗式、随笔式，教条式，别墅式、鸵鸟式”。加“式”后组成的副名组合要比能加而不加“式”的副名组合少得多，可以说，凡是能够加“式”的名词都可以直接进入副名组合的框架中。

3.2 句法形式对描述性语义特征的提取

“副 + 名”本身就是一种句法组合。我们可以通过其他的句法组合来看哪些名词可以进入这个框架中。对没有严格意义的形态变化的汉语来说，句法框架的分析性作用更加显著。这里只举几种名词描述性语义特征的强显示句法标志。

越来越 + 名词。这是一个强化的格式，显示的是动态程度。能进入这个框架的大多是具有强描述性语义特征的名词，而且大多是抽象名词，有的已经成为名、形兼类词。一些本身不是强描述性语义特征的名词，进入这个框架中也显示出了强描述性语义特征。例如：“标准、传奇、规则、教条、礼貌、理想、气派、诗意、专业，流氓、内行、绅士”。相对于静态的“很 + 名”，“越来越 + 名”中的名词的描述性语义特征、程度更显著了，其量度在时间或空间内具有可变性。

比 + 名词 + 还 / 更 + 名词。这个格式也体现了名词的描述性语义特征的动态程度，如“比八股还八股、比骆驼祥子还骆驼祥子、比艺术还艺术”。它对描述性语义特征的提取功能具有特别的鉴别力，可用“比 + 名词 + 还 / 更 + 形容词”来进行替换式鉴别（这里的形容词属于该名词的描述性语义特征）：

比词典还词典→比词典还严谨→很严谨（严谨的词典）→很词典

比葛朗台还葛朗台→比葛朗台还吝啬→很吝啬（吝啬的葛朗台）→很葛朗台

比文学还文学→比文学还生动形象→很生动形象（生动形象的文学）→很文学

像+名词+一样+形容词。与上面的格式相联系。这是一种可表比拟的修辞格式，它可以通过一系列的形式转化来使名词具有形容词所显示出的某种描述性语义特征。例如：像油一样滑（阐释性语义提取）→像油一样（语义浸染后凝定）→太油了→像张三一样油（具体使用）→像张三一样（油滑义在特定的语境中通过语义浸染而凝定到"张三"上）→太张三了。我们通过"像冰雪一样凛冽、像家人一样热情"使"很冰雪、很家人"显现出来，因为"凛冽"对于"冰雪"，"热情"对于"家人"，正如"滑"对于"油"一样，都是其本在的描述性语义特征。

有+名词。于根元（1991）指出："汉语里'有、是'+名有时不只表示具有或者确认，还表示程度。"这里的"有"揭示的是描述性语义特征，而不是揭示表示存在、领有之类的关涉性语义特征。它还能使某些中性名词发生语义性质的偏转（详见2.3.2节）。这里的名词多为抽象名词，如："本事、才华、道德、福气、感情、规律、规则、基础、纪律、礼貌、理想、理性、理智、耐性、能耐、权威、热情、诗意、水平、威风、文化、系统、野心、毅力、运气、知识、智慧、尊严"。这类名词中相当一部分很容易与形容词形成兼类。"够"的功能也是如此，如："够水平、够威风、够运气、够中央"。

另外，"名词+似的、名词+般"等一些标志也很容易揭示名词的描述性语义特征，从而形成副名组合的表达。

3.3 词法形式与句法形式的合力提取

有很多时候是通过词法形式和句法形式对名词的描述性语义特征进行合力提取的，通过双重程度显示来揭示其性质。这主要有两种情况：

一是对有的名词的描述性语义特征的提取既有词法形式，又有句法形式，如"教条主义、教条化、教条式，越来越教条、比教条还教条"。"像教条一样刻板"已没有"像马列老太一样教条"更易为人使用，可见"教条"的描述性语义特征已具有了形容词的语法功能。

二是词法和句法的双重提取同时进行。“很＋名词＋主义”“很＋名词＋气／味”“很／越来越＋名词＋化”都是对性质的双重提取，体现出双重程度。“有＋名词＋气／味”受程度副词修饰时，“有”可以不出现，“气／味”也可不出现，其原因就是其中的名词具有“名词＋气／味”的特征，如：“孩子气、男子气、女人气、书生气，火药味、人情味、女人味”。“很（有）绅士（风度）”也是合力造成的：有绅士风度—很有绅士风度—很绅士风度—很绅士。“有绅士、有孩子”在显示描述性语义特征方面不能说，因为“有”后要求跟抽象名词而非具体名词（个体名词），因此“很有绅士、很有孩子”也不能说。由此可见，“很有绅士风度”到“很绅士”是交叉原因造成的。

3.4 名词在句法功能上的表现及对副名组合形成的影响

名词在句法功能上的表现也是一种句法形式，但不是从形式标志入手，而是从分析性的视角来认识名词的语义特征。名词作主宾语时，基本上表现为名物（具体的或抽象的），因而实现句法功能的关键是其关涉性的语义特征。而名词作定语和状语时情况有些不同。可见，名词的句法分布在一定程度上是与其语义特征相联系的。

名词作定语有两种基本类型：一类是关涉性定语（或者叫限制性定语），如“泡沫玻璃、专业课程、天才的少年”；一类是描述性定语（或者叫修饰性定语），如“泡沫经济、专业作家、天才少年”。这样的分析与我们对语义成分的特征分析是完全一致的。由此可见，语义特征和句法分布是密切关联的，语义特征的差异制约了语法形式的表现。有时两种不同性质的定语出现相同的形式，这便构成了歧义。如“英雄的父亲”，这里的“英雄”既可以是关涉性的，“父亲”是某位英雄的父亲，英雄是定指；也可以是描述性的，“父亲”自身就是一位英雄，英雄是泛指。凡是可以作描述性定语的，只要有一定的条件，都可形成副名组合。而凡是具有描述性语义特征的名词，几乎都可以作定语。这样的名词有时容易组成系列的比较固定的组合，如：“泡沫合同、泡沫经济、泡沫名人、泡沫市场、泡沫图书、泡沫文化、泡沫现象、泡沫新闻、泡沫学问，经典曲目、经典物理学、经典作家、经典作品”。有的即便只有一种组合，如“肥皂剧”等，也可以出现“这个电视剧非常肥皂”这样的表达，肥皂的这种描述性语义特征目前还只在“肥皂剧”中出现。[①] 也就是说，描述性定语是名词的描述性特征的强显示形式，即便有的名词看来似乎没有某种描述性语义特征，可是进入定中框架后会显示出描述性语义特征。如“水晶品质，玻璃价格”(《文汇报》1999年5月18日房地产广告）中的“玻璃”借指“便宜的东西”，经过语义断取而使“便宜”这一描述性语义特征显示出来，它比“水晶”的高贵、纯洁、透明这类描述性语义特征要隐含得多。

有的具有描述性语义特征的名词还可以作状语，但相对于作定语，作状语时有很大的局限性，主要是实现一种方式、范围、依据，如“低调处理、高度评价、礼貌待客、热情服务、阴谋叛变、真心款待”等中的状语都是如此。有的名词既可以作定语又可以作状语，如“本能、根本、科学、局部、热情、诗情画意、艺术、原则、专题、专业、重点”，这些名词都可进入副名组合中。

四　余论

本文讨论的是所有的副名组合，从“副＋名”显现的方式和途径中可以看出，所有的副名组合中的名词都具有一个相同的语义特征。这种特征的显现从微观上说是受到不同的语境制约的，而从宏观上看，它们的制约因素又是相通的。同时指出，凡是进入了副名组合中的名词都具有描述性语义特征；凡是具

① 于根元主编的《现代汉语新词词典》(1994）将“肥皂剧”释为：“一种摄制成本低廉、轻松幽默的电视连续剧。因其早期在日间播出，以妇女等为主要对象，中间经常插播肥皂广告而得名。现在成为电视连续剧的别称，一些国家仍引用此名。”可见，“肥皂”的这种“摄制成本低廉、轻松幽默”的描述性语义特征是通过关联对社会性语义特征的阐释性提取而显现出来的，而且对汉语而言，是整体“进口”的。

有描述性语义特征的名词都能在一定条件下进入副名组合。而副词对名词的描述性语义特征有提取和显示作用。很多副名组合从表面上看是临时性的，但这种临时性又都具有现实性基础。由于语言要素的价值从根本上说是一种关系的价值，因此我们认为，副名组合中，语义特征决定语用状况，语用状况显示出语法分布。

有的名词的描述性语义特征已经从名词中独立出来，成为一个新的义项，实现了形容词的语法分布，这样就形成了兼类问题。有的名词自身的类属义最后隐退了，只剩下描述性语义特征，这就形成了转类问题。这些都值得研究，但我们并不因此就认为名词不能与副词组合，或者说名词与副词组合都是一种临时活用现象。本文通过副名组合的研究，可以看出词语之间的组合从根本上说可以看成是语义之间的组合，语义特征之间的组合是词语组合显现的客观基础。

有许多描述性语义特征是以关涉性语义特征为基础的，有的是从关涉性语义特征发展来的。本文还只是共时地研究描述性语义特征，因而没有细致分析它们之间的关系。而且名词的描述性语义特征也是可以划分出层次的，跟副词的结合能力和自由度也存在差异，还有待进一步探讨。本文的分析还多属例举性的。

对名词描述性语义特征的认识可以帮助我们解释名词的某些特殊用法。如名词与形容词的并列性使用：

【25】可不是人类又脆弱又野心的？尤其是女子！（茅盾《虹》）

【26】在纪念五四 80 周年的今天，它以喜剧的、幽默的形式再现一种科学精神，表现科学家的生活以及它们的生命体验。（孙小宁《是诗化的科学精神还是一场庸俗闹剧》，《北京晚报》1999 年 6 月 11 日）

【27】在自然语言中，模糊语言是绝对的、普遍的，而精确语言是相对的、特例的。（于根元主编《应用语言学理论纲要》21 页，华语教学出版社，1999）

“野心”与“脆弱”并列、“喜剧”与“幽默”并列、“特例”与“相对”并列，是以名词的描述性语义特征为基础的。名词带补语（如“绅士得很”）也是如此。由此也可见出，语义特征对语法表现有一定的制约作用。

最后简单讨论一下副名组合的类推问题。有人说如果“很苹果”可说，那么“很香蕉”也可说，并进而指出，这样下去语法规则就乱套了。我们说，类推不是无条件的，没有同一性的东西是不能类推的；貌似有同一性而实质上没有同一性的东西也不能类推。在副名组合中，类推的前提是其描述性语义特征是否具有同一性。这有三层含义：（1）是否都具有现实的描述性语义特征；（2）两者的描述性语义特征是否同一；（3）若无现实的描述性语义特征，那么其随语境而产生的描述性语义特征是否同一，即不一定已有显现形式，但不排斥可能的描述性语义特征的存在和同一。如表示顺序义的词一般不能进入副名组合中，但“教授”除了具有顺序义外，还有描述性语义特征“有学问，表达有条理，文质彬彬”等，是顺序义和性质义的结合体。因此“很教授”是可以出现的，其中的“教授”已不再表现为顺序义，而“很副教授、很讲师、很助教”就不容易出现，其中的“副教授、讲师、助教”仍主要表现为顺序义。“很苹果”可以选择性强调苹果的红、脆，而“香蕉”的描述性语义特征不在这些方面，故从这些方面说，“很香蕉”不能说。然而，当我们强调香蕉的弧形时，我们可以说“他这个球踢得太香蕉了”（有“香蕉球”的表达），这与“很苹果”选择性强调苹果的“圆”又有同一性了，此时则可类推了。这样的表达既生动形象，又简洁经济，而且并不造成交际的困难。

参考文献

储泽祥、刘街生（1997）“细节显现”与“副＋名”，《语文建设》第6期。

符淮青（1996）《词义的分析和描写》，北京：语文出版社。

桂诗春（1995）从“这个地方很郊区”谈起,《语言文字应用》第3期。
胡明扬主编（1996）《词类问题考察》，北京：北京语言学院出版社。
施春宏（1999）现代汉语规范化的规则本位和语用本位,《语文建设》第1期。
谭景春（1998）名形词类转变的语义基础及相关问题,《中国语文》第5期。
邢福义（1962）关于副词修饰名词,《中国语文》第5期。
邢福义（1997）“很淑女”之类说法语言文化背景的思考,《语言研究》第2期。
于根元（1991）副＋名,《语文建设》第1期。
于根元主编（1994）《现代汉语新词词典》，北京：北京语言学院出版社。
于根元主编（1999）《应用语言学理论纲要》，北京：华语教学出版社。
张谊生（1996、1997）名词的语义基础及功能转化与副词修饰名词,《语言教学与研究》第4期、第1期。
邹韶华（1995）试说语法里的临界现象，载《语法研究和探索》(七)，北京：商务印书馆。

试析名词的语义结构*

提要 本文从泛义分析的角度将名词的语义结构成分概括为两类：关涉性语义成分和描述性语义成分。然后分析了两者之间的语用关系和句法语义表现。最后指出这种语义结构成分分析的语言类型学意义。

义素分析法注重运用对比的方法，将同一语义场中词语的内部语义构成分解为若干义素，找到它们的关联和差异。它一般不对不同义素在词语中的地位和作用（尤其是不同义素对语法功能的制约差异）进行区分。另外，义素分析法主要着眼于静态的词义（即可归为语词词典中的词义），对动态的语义（如临时用法、一次性用法表现出来的语义内涵）很少涉及，而是将其放到个别词义的演变中去说明。本文试图运用泛义分析（pan-semantic analysis）的方法对名词的内部语义构成进行分析，它以义素分析为基础但又不局限于义素分析。我们所说的泛义，既包括可归为语词词典释义的内容，也包括词典义中没有及时概括甚至无法包含的内容，有时它并不在语义演变中体现出来，仅仅显现为一次性，而我们发现即使这种一次性的使用和显现也源于语义构成要素的促动，也是可观察的，可以通过分析加以刻画。即凡是语言使用中跟语言表达相关联的语义内容都在泛义分析的范围内。我们更多地关心那些对语义演变、语义用变、动态功能起直接影响的语义成分（虽然其中有些成分不是一般所说的义素）。

* 本文原刊于《世界汉语教学》2002 年第 4 期。

一 关涉性语义成分和描述性语义成分

1.1 关涉性语义成分和描述性语义成分的内涵

任何词语的语义结构都不是混沌的整体一块，而是可以对其语义构成成分进行划分。根据名词的不同语义结构成分之间的性质差异，可以大体将名词的语义结构成分概括为两类：关涉性（involved）语义成分和描述性（descriptive）语义成分。

具体而言，关涉性语义成分（下文称作关涉成分）指在名词的语义内涵中起介绍、指别、涉及等作用的内容，是名词语义结构中表示“因素”的部分，如类属（领属）、构造、工具、材料、对象、时间、空间、数量、性别、颜色等，可以看成广义的指称内容，显现出关涉性语义特征。描述性语义成分（下文称作描述成分）指在名词语义内涵中起描写、修饰、陈述等作用的内容，是名词语义结构中表示特性的部分，如属性、特征、关系、功能、动程、特定表现等，可以看成广义的述谓内容，显现出描述性语义特征。[①] 例如：

【小市民】①城市中占有少量生产资料或财产的居民。②指格调不高、喜欢斤斤计较的人。(《现代汉语词典》修订本 1387 页）[②]

其中，“居民”和“人”（类属）、“城市中”（空间方位）、“少量生产资料或财产”（对象）是关涉成分；“占有（少量生产资料或财产）”（关系）、“格调不高、喜欢斤斤计较”（特征）是描述成分，后者是“小市民”的典型行为表现所赋予的语义内容。又如“琼瑶”，可这样介绍：“当代台湾女作家，擅长写言情小说”，其中“作家”（类属）、“当代”（时间）、“台湾”（空间）、“女”（性别）、“言情小说”（对象）是关涉成分，“擅长写（言情小说）”（特定表现）是描述成分。

对名词语义结构成分整体而言，关涉成分是相对封闭的，而描述成分有相

① 施春宏（2001）中对这两种语义成分的内涵做了初步说明，本文稍有调整。

② 本文中凡释义后标注页码的均表示此义取自《现代汉语词典》修订本，1996 年版。

对开放性。因此，关涉成分的类型并不复杂，可以看成是对各种语义成分进行归类后得到的一些大类。而描述成分的类型要相对复杂一些。这与人们在义素分析时遇到的情况是一致的。由于对语义成分类型的分析有举例的特点，以至一些关涉成分和描述成分就可能一时没有提到，但我们可以从对其内涵的分析中找到理解的依据。

区分关涉成分和描述成分，是由于它们在结构、功能和语用表现等方面存在较大差异。从根本上说，这种区分是从功能角度来考虑的。关涉成分和描述成分在词法形式和句法功能方面有较为明显的对立。

1.2　名词语义结构成分的显现途径

关涉成分一定是词语本身所具有的（外显的或缺省的），是比较确定的，它虽然不一定收入语词词典的释义中，但可以通过对其词典释义和百科介绍的分析而获知。如“雷锋”，它的语义内容主要体现在百科词典中，包括“中国、士兵、男性、已经去世”这些关涉成分和“大公无私、舍己为人”这种描述成分。我们不难见到的“洋雷锋、学术界的雷锋、女雷锋、活雷锋”这类表达便是对其中某类关涉成分的语用偏离和对其中某类描述成分的语用凸显。

描述成分一般也是词语本身所具有的，可以通过语词词典的释义和百科介绍而获知，但有时不是那么确定，它还可以通过语境（包括广义的社会语用环境和狭义的交际环境、篇章内环境）临时赋予。外在附加的语义成分大体有三种情况：一是由社会交际赋予的特征义，有一定的稳定性和公知性，如“江南”的风景秀美，“科学”的严谨和形式化、规则化；二是在特定环境中形成的、为人所知的内容，它也有一定的稳定性，如某个突出历史人物的行为表现，某个文学作品中典型人物的典型性格；三是在特定场合下临时附加的，时效性明显，多表现为临时性、一次性，但同样为交际双方理解，如“比克林顿还克林顿”中“克林顿”表现出来的语义内容。我们将这些各个层次交际赋予的含义、内容也看成语义成分，这是描述成分，它对表达功能产生一定的影响。

这样，有些词语其语义成分既有本有的内容，又有语境赋予的内容。如“单身汉”的语词释义包括关涉成分“人、男性、成年”和描述成分“未婚”。但语言交际中往往还附加以“自由自在的、不注意整洁的”等社会含义，这种含义不能通过一般的语义分析揭示出来，但在一定的语境中可以显现出来，而且在语用理解上并不造成交际的障碍，在上下文中人们的理解基本上趋于一致，可见它也是有客观基础的。从泛义分析的角度看，通过临时语境而赋予的语义成分与语词词典释义和百科介绍中的语义成分具有同样的交际价值。

二　关涉性语义成分和描述性语义成分在语用中的相互关系

2.1　不同语义成分在语用置换方面的差异

语义成分置换（replace）从一个方面可以看作语义成分的提取形式或显现形式，它显示了不同语义成分在语用中的地位、作用和关系。这样，就可以通过语义成分的置换表现来分析关涉成分和描述成分的语用表现形式，探讨两者之间的语用关系。

所谓语义成分置换，就是某个语义成分从整个语义结构中析离出来被另一个外来成分替换，引起语义内容的变化。被置换的成分与置换的成分相关、相对、相反，处于同一语义聚合群中。如“智商”中的“智”（智力）被“情”（情感）置换后产生新词“情商”（情感商数），这是相关语义成分置换。“黑市”中的“黑”被“白”置换后形成“白市”（指公开的、合法交易的市场），这是相对语义成分置换。“热点”中的“热”被“冷”置换后出现“冷点”（指不为人关注的地方或方面），这是相反语义成分置换。

不同语义成分在语用中发生置换的可能性、方式和结果有显著差异。能够进行相关语义成分置换的基本上都是关涉成分；能够进行相反语义成分置换的基本上是描述成分；能够进行相对语义成分置换的则处于两者之间的过渡状态，表现为语义结构中的关涉成分，但这些关涉成分又常有隐喻的内涵，显示出某种描述性语义特征。比较而言，关涉成分被置换的可能性比描述成分被置换的可能性大，语义成分置换所析离提取的常见的是离散因子。无论是哪种方式的置换，在整个置换过程中，描述性语义特征在其中起到背景支持的作用，它是语义成分置换的基础。因而，名词语义结构与原子的结构有相似之处。关涉成分类似原子的外层电子，容易游离和置换。描述成分类似原子核，比较凝定，一般不易发生变化，如果出现游离和置换，常见的形式是采取矛盾构造法出现逆义表达。如“刀子”，它的一个描述成分是“硬”，而“软刀子”则并非真刀子，喻指一种手段，类似刀子具有的“切割”功能。“刀子”的属性“硬”表达时因默认而缺省（default），一般只是在与“软刀子”对举而需要特别强调时才通过语境激活（activate）出现“硬刀子”的表达。

2.2　不同语义成分在语用置换中体现的依存和变化关系

下面从一些常见的关涉成分入手分成几个大类分析其置换表现，以及它们对描述成分的影响，探讨两者的依存和变化关系，而将描述成分的背景支持作用放在行文的背景地位。同时，还对语义变化（演变和用变）、词和短语的构成过程做些探讨。

2.2.1　物类

任何一个名词，在语义分类体系中最终都可以将它归为某个物类，这个物类就是其最基本的关涉成分，而且是比较容易发生置换的语义成分。由于世界万物之间的相关性，某个物类的性质、功能等描述性特征很容易迁移到别一相关物类上。如“古董”的比喻义“过时的东西或顽固守旧的人”就是首先由其本义“古代留传下来的器物”（449 页）通过关涉成分的语义置换形成的。它的本义有关涉成分“器物”，比喻义有“东西”和“人”两个关涉成分，都属于物类，由器物到东西是泛化，由器物到人是转移。这里的描述成分“古代流传下来”由于关涉成分的改变而有一些调整，强调了其时间久远而表现出的“过时”或“顽固守旧”的一面，这种调整是由比喻义的特点决定的。

上面这种由物到物、由物到人的情况比较普遍，也有由人到物的情况，只是相对较少。如“土著”，如果关涉性特征【+人】淡化、淡出，描述性特征【+世代居住本地】强化、凸显，那么其关涉成分“人”便发生游离而被物置换形成“土著鱼”这样的表达。与“古董”的语义成分置换有所不同的是，“土著鱼”的语义成分置换在语形上即可见出，一旦离开这个词，“土著”仍然只表现为“人”。这样，可以将语义成分的置换区分为两种情况，一种是原有语形不变，只是关涉成分被直接替换，有时这种替换形成新的义项，原来的义项或存或弃。这是典型的语义成分的置换，这里称作隐性（covert）置换。这是多义词形成的一条重要的途径，常表现为演变（change of development）。一种是在原有语形或前或后加上表示关涉性的语义内容，原有语形的关涉性成分只是临时被替换，一旦离开此语言环境，原来的词语仍保有本身的意思，没有发生变化。这是典型的语义成分的游离，这里称作显性（overt）置换。这是语境关联的一条重要的途径，常表现为用变（change of application）。在隐性置换和显性置换之间还有多层次过渡情况存在。

2.2.2 工具、材料和对象

从大的方面来考虑，它们都可以看成物类，但将它们独立说明则更有利于了解关涉成分及其与描述成分的关系。

工具。分为具体工具和抽象工具。如自行车在有的方言区叫脚踏车。当人们把初次见到的摩托车称作“机器脚踏车”时，关涉成分便由人的脚替换成机器。“机器脚踏车”这一名称的出现从一个侧面透露了命名的一种途径：先有一个名称存在于交际中，当另一“相似”物出现时，在其前附上表示区别性特征的语言成分，两者结合成词或短语。这是比较具体的工具，还有比较抽象的工具，如方式就可以看成泛义的工具。“电子邮件”指通过电子网络系统来传送邮件；“劳务消费”指用劳务的方式而非金钱来换取消费。

材料。南方有一种铁制盛器，因“铁桶”在语言中另有所指并先行占位，便被叫作铅桶（为了防锈而镀锌，颜色似铅）。后来这种盛器改用塑料制作，但仍称“铅桶”（隐性置换）或称“塑料铅桶”（显性置换）。同样，“塑料铅桶”也没有简化为“塑料桶”，还是因为“塑料桶”在语言中另有所指并先行占位。为了与塑料铅桶相区别，铁制的铅桶又称为“铁皮铅桶”。[①]这种名称演化过程曲折而生动，对构词途径的理解富有启迪作用。

对象。描述成分所关涉的对象很容易发生游离，这是语义演变的特别重要的方式。如“红娘”，本是《西厢记》中崔莺莺和张生的牵线之人，后泛指媒人。如果婚事的关涉者游离出来，便可用其他需要通过媒介来牵合的事物去置换，如“人才红娘”。由于关涉对象发生了变化，描述成分也做了适应性调整。又如“托儿所”衍生出“托老所”甚至“托牛所”等。有时某个描述成分可以关涉多个对象，于是便形成系列表达，如由“文盲”到“科盲”“法盲”再到一系列的“～盲”。对象置换是比喻构词的常见方式之一，如“高速公路”由实体的“汽车”过渡到虚态的“信息”，构成“信息高速公路”。

2.2.3 时间和空间

时间包括绝对时间和相对时间。绝对时间指在时间流程中具体体现为时间点或时间段。相对时间是以某一时间为参照而表现出来的时间点或时间段。“奴隶主”关涉奴隶社会，但现代社会也有奴役他人或类似奴隶主对待奴隶那样对待他人的现象，人们便称之为“现代奴隶主”。语言生活中运用文学艺术里塑造的典型形象来指称现实人物时常用这一表达方式，构成“当代灰姑娘”“乳臭未干的堂·吉诃德”之类的表达。“诸葛亮”由个体的行为表现泛化为足智多谋、料事如神的人。对那些没有预见到事情发展过程而在事后多做评点的人，只能称之为“事后诸葛亮”。

空间。包括具体空间和抽象空间。地名、单位名作关涉成分的比较多。如

① 对“铅桶”的分析参见何伟渔《道是无理却有理》，《咬文嚼字》1998 年第 1 期。

从美国的“硅谷”到北京中关村的“中国硅谷”。还有用于人名的，如“英国琼瑶”“中国的比尔 · 盖茨”。抽象空间主要是不同行业、不同领域、不同范围里的相互借用，如“数学界的诺贝尔奖、精神维生素”等。一些专业术语也用这种方式构成，如“社会达尔文主义”。这些名词都具有某种典型性特征，构成它的描述成分，描述成分基本不变而用语义置换的方式进行类比表达，方便而又简洁。空间关涉中大多表示处所，关涉方位的比较少，如“空中客车”以及由“外宾、外资”而形成的“内宾、内资”等语用对称表达。

2.2.4 颜色

将颜色类单独列出，是因为表示颜色的语义成分常常既有关涉性特征，又有描述性特征。纯粹关涉性特征的，如“墨水”本指黑色的书写液，用于书写这种功能是其描述成分，黑色是其关涉成分。后来这一关涉成分淡隐下去，墨水有了泛化义，这样就出现了“红墨水、蓝墨水”，以至“黑墨水、蓝黑墨水”这样的叠架形式。这是单纯的颜色置换。有时颜色之间的转换标示不同领域之间的关联。“白条子”指作为付款凭证而又难以兑现的非正式单据，本来用于财务方面。后来邮政、政府方面也出现了类似现象，而邮政常以绿色为标志色、政府常与红色相关联，所以出现了“绿条子、红条子”。

颜色词常有隐喻（metaphor）的内涵。如“绿色”现在常与环保相联系，“跟环保有关”便成了其描述成分，在此背景驱动下形成“绿色冰箱、绿色科技、绿色汽车、绿色食品、绿色事业”等短语。这些颜色词常常成系列相关出现，协同为喻。如由“黑市”到“白市”，由“红牌、黄牌”到“灰牌”，由“红眼病”到“白眼病”到“绿眼病”，由“黑道”到“白道、红道”到“灰道”，等等。其中，“黑、白、红、灰”最为常见，“黑”与“白”相对，“红”又与“黑”或“白”相对，“灰”是过渡，处于中介状态。

2.2.5 其他

如性别、姓氏、身份、数目等。性别置换包括自然性别的置换，如“女张飞”；称谓性别的置换，如“男妈妈、女驸马”；职业典型性别的置换，如“男保姆、女作家”。其中，职业典型性别只是一定社会的默认值，如“保姆”的默认值是【+女性】，所以一般不说“女保姆”而常说“男保姆”。人的姓名是个指称整体，其中名人之“名”常蕴涵描述性特征，故可用换姓的方式描述相关人物，如从大汉奸“汪精卫”到“李精卫、张精卫”。同样，人的身份也是基本有定的，当把某个人的描述性特征移植到其他人上时，身份便发生了迁移，如“平民包公”。数目表达如称贝利之后的最伟大的球星马拉多纳为“贝利第二”。数目作为关涉成分以序数为主，如由“第三者”到“第二者”到“第一者”。有时里面还有转换。如“大锅饭”中的“大”指体积而非数量；由于它另有数量的含义，便可谐指序列第一而仿拟出“二锅饭”。

2.3 多个语义成分在语用置换中的合力作用

上面每类只是就一个方面来分析，属于单个关涉成分的置换，其实，几个方面同时发生变化的情况也是屡见不鲜的，这在分析思路和手法上与单个成分的置换没有本质的差异。如“当今画坛的李清照”从时间“当代”（区别于“古代”）和抽象空间“画坛”（区别于“词坛”）的置换来进行显性泛义分析。再如表示出租车义的“的”，既可以出现通过工具置换而形成的词，如“轿的、飞的、摩的、板的、马的、人的”，也可以出现通过动作对象置换而形成的词，如“残的、货的”。几种途径共同作用。

由此可见，关涉成分的游离与置换具有很强的能产性，在新词新语的形成、专业术语的泛化、语义关系的调整、不同语境之间的转化中起到重要的作用。而这一切语用表现，都是与描述成分的相对稳定的核心作用分不开的。由于描述成分在语义结构中的支配地位，使得关涉成分在语用中变得灵动而又有脉可循，显现出变化中的不变。而描述成分也在关涉成分的迁移转化中做出适境调适，体现出不变中的变化，“惰性”中的活性。

三　关涉性语义成分和描述性语义成分的功能表现

不同的语义成分与不同的词法句法结构在相互选择与适应方面有差异。有的词法句法结构揭示的是关涉成分，有的则揭示描述成分；有的关涉成分只能进入某个词法句法结构，有的描述成分则不能进入，反之亦然。更多的则是两者均可，体现双重性质。

3.1　关涉性语义成分的语法功能

关涉成分具有指称的性质，名词的典型特征主要作用于关涉成分所表现的形式，如通常而言，可作主宾语、可带定语、可受数量词语修饰；不能实现的句法功能，如一般不能作谓语、不能受否定副词“不”及程度副词“很”的修饰。名词的分类一般也是从关涉成分的角度进行的分类，如朱德熙《语法讲义》（1982）按照名词与量词的关系将名词分为五类：可数名词、不可数名词、集合名词、抽象名词、专有名词。朱德熙从一般名词大类中区分出处所词、时间词、方位词，这也是关涉成分在另一个层面上的反映。另外体词还包括数词、量词、区别词，也主要是从关涉成分所具有的指称特点来归类的。联系上文中讨论的名词关涉成分的类型，可以看出两者有某种同一性，只是这里的关涉成分的分析更多地从语言应用和理解的角度来考虑。关涉成分对名词功能分布的影响，人们已经讨论得比较充分了，这里从略。

3.2　描述性语义成分的语法功能

描述成分具有描写、修饰、陈述的性质，因此在使用中可使名词表现出一般场合不能实现的语法功能和结构意义。无论是将其看成一种临时的表达形式还是本用特性，都有语义结构作背景框架。下面举例性地分析两类描述成分的典型显现格式。①

3.2.1 形容词（+的）+名词、名词（+的）+形容词

这里的形容词所体现的特征是名词本身所具有的或日常语言表达中赋予的，通过这种格式将名词的描述性特征直接显示出来。如我们常见到“狡猾的狐狸、清高的知识分子、迂腐的孔乙己、险峻的华山”这样的表达，也能见到“狐狸的狡猾、知识分子的清高、孔乙己的迂腐、华山的险峻”这样的表达。这种表达方式实际是对名词描述性特征的揭示，有社会语言交际中的规约基础。又如：

【1】我们居住的地球是多么奇妙啊，有巍峨的高山，辽阔的平原，宽广的河流，浩渺的大海，有40多万种植物、150余万种动物在它的怀抱中孕育和生长。（赖吕近《揭示大自然的奥秘》，《中华读书报》2000年4月30日）

“巍峨的高山、辽阔的平原、宽广的河流、浩渺的大海”反映了人们日常交际中将“巍峨、辽阔、宽广、浩渺”分别作为“高山、平原、河流、大海”的描述性特征，这些特征是名词本身就蕴涵着的，通过一定的语境将其激活。

3.2.2 程度副词+名词

从关涉角度而言，程度副词不能修饰名词。目前程度副词修饰名词十分常见，成为提取和显示名词的描述成分的最典型的方式。其中名词的关涉成分被隐含起来，外显的只是描述成分，它通过语义断取的方式来实现。如鲁迅《二心集》中的杂文《中华民国的新“堂・吉诃德”们》中有这样一句话：“这一切等等，确是十分‘堂・吉诃德’的了。”其中“十分‘堂・吉诃德’”的形成基础和表达方式是与对“堂・吉诃德”的语义结构成分做出分析分不开的。联系

① 施春宏（2001）描写了几种显现名词描述性语义特征的固定格式：（1）名词+后缀/类后缀。如“名词+主义”“名词+气/味”“名词+式”“名词+化”。（2）特定提取格式。如“越来越+名词”“比+名词+还/更+名词”“像+名词+一样+形容词”“有+名词”。此不重复。

标题，“中华民国”和“新”从空间和时间两个方面进行置换，指的是中华民国中现在存在的具有堂·吉诃德特点的人；“们”用在专有名词“堂·吉诃德”后标志描述性特征的类聚特点。它从几个方面综合揭示名词语义结构成分的内在分层。受程度副词修饰的名词常在书面上用引号标示出来，也是由于凸显（highlighten）一种表达变化的需要。下面是多种类型的名词受副词修饰出现于一处的情况：

【2】我是个很中国的画家。我对于中国文化用极大的热情去理解，越接近于它越觉得其深不可测。……（虽然西方文化的）思想方法很科学，很透剔，然而我不能完全的认同，因为对我来说它太冷，太极端，太个人。虽以讲人性为其旨，却时时失去人性，因为太物质，太相信数目字。（袁运生《我这个人》，《北京青年报》2001年3月8日）

画线的地方除“科学”现在可以看成兼类词外，“中国”“个人”“物质”都是实在的名词，且各属不同的次类，这里都受到程度副词的修饰。

3.3 语法形式的语义双重性质

有的语法形式具有双重性质，既表示关涉性，也显示描述性。下面从三个不同的角度举例说明。

3.3.1 名词作定语

定语具有双重性质。像“桌子腿、电子邮件、技术产品、宠物医院”和“明代的徐霞客、美国硅谷、电脑驾校”等结构中的定语是关涉性的；“八卦新闻、明星产业、菩萨心肠、一分钟小说”和“南疆的江南、贾府的屈原”等结构中的定语是描述性的，大多有隐喻的内涵。有时同一个词在不同组合中性质也不同。例如：

贵族家庭　泡沫塑料　夕阳余晖　小农经济　马拉松长跑　垃圾

贵族习气　泡沫经济　夕阳产业　小农意识　马拉松会议　垃圾股

第一行中的定语是关涉性定语，第二行中的定语是描述性定语。有时一形兼二任，如“天才的少年、英雄的父亲”等，其中“天才、英雄”既可作关涉成分，又可作描述成分，视具体语言环境而定。

3.3.2 名词 + 了

名词后面带上表示动态的“了”作谓语，能表示推移性顺序义，如“春节了，该办点年货了”，“他讲师六年了，快副教授了”。（马庆株，1991）这里的顺序义体现的是一种关涉性。其实，名词后面带上表示动态的“了”作谓语时，还可以揭示名词的描述性语义特征，此时虽然仍有顺序义的内容，但不再表现关涉性，而主要揭示描述性。比较：

【3】a. 我们都大学生了。

b. 都大学生了，还不懂事。

两句中的“大学生”都可表示顺序义。句 a 具有关涉性；句 b 具有描述性，通过前后对比体现程度的差异。描述性显现与否，与语言使用的环境有关。下例只能揭示描述性特征：

【4】《大家》别象牙塔了（读者来信标题，《大家》2001 年第 1 期 4 页）

3.3.3 X +（不）是 + 名词

这种表示判断的句式既能说明关涉情况，如“我是安徽人、他是班主任”，也能揭示名词的描述性语义特征。如下面一则广告语：

【5】丈夫（对妻子）：“我又不是小孩子。”

儿子（对妈妈）：“我又不是小孩子了。”

丈夫话中从否定方面陈述了“小孩子”的描述性语义内容，儿子话中也是否定，但其自身有“小孩子”的描述性特征（至少别人这么看），故用动态性否定体现描述性语义内容。下面的例子则是比较集中的体现：

【6】天昏昏，地黄黄！我是“分子”！我是敌人！我是叛徒！我是罪犯！我是丑类！我是豺狼！我是恶鬼！我是黄世仁的兄弟、穆仁智的老表！……（王蒙《布礼》）

表面的肯定性判断"我是N"表示关涉内容，实际是否定性判断"我不是N"，通过语表和语里的反差来显示名词的描述性特征。这种格式有归类的作用。有类，则必然有类的特征。"分子、敌人、叛徒、罪犯、丑类、豺狼、恶鬼"都是具体名词。"黄世仁、穆仁智"都是专有名词，这里作定语，同样具有描述性特征。

3.4 语义特征的凸显情况

名词的关涉性特征一般没有强弱之分，而描述性特征有强弱之分，它的强弱、显隐、变化对词法句法功能有影响。无论是具体名词还是抽象名词，其描述性特征都存在强度的差异。关涉性特征在具体名词中表现得比较显在。由于抽象名词主要表现为描述性特征，故其关涉成分常常只表现为物类。当物类从抽象名词中游离出来以后，名词就发生了转类而成为形容词，原来的词形或兼类或转类。这就是抽象名词容易兼类或转类的基础。如"根本、标准、规则、规律、基础、机械、教条、热情、科学、人道、新潮、形式、形象、艺术"等等已经或将要兼类。而且有"知名度"的专有名词，其描述性语义特征很显著，但其关涉性语义特征也很显著，且对描述性语义特征有相当强的制约作用，所以它虽然可以通过某些词法句法形式将描述性特征凸显出来，但其转类或兼类的可能性很小。在专有名词和抽象名词之间的具体名词也不容易形成转类或兼类，但部分词仍有此可能。

四　余论

我们通过泛义分析的方式将名词的语义结构成分主要分成两部分：关涉性语义成分和描述性语义成分，并粗略地分析了它们在语义显现、词法构造、句法功能方面表现的差异。

这种分析在一定层面上具有语言类型学上的意义。汉语没有严格的形态变化，在有形态变化的语言里，名词描述成分的表现有时借助词法形式表现出来，有时也借助句法关系体现出来。如英语，N+ly、N+ish、N+y、N+ic 等可以将名词转化为形容词，而这些名词都比较明显地具有某些描述成分，而形容词义体现的正是名词本身所具有的描述成分，只是通过屈折形式将这种描述性特征彰显出来。如 coward、friend、king、love、man 后面缀上 -ly 后变成形容词 cowardly、friendly、kingly、lovely、manly。一般不具有描述性特征的名词是不容易加 -ly 变为形容词的，如 banana、pingpang、space、table、tree、water、window。又如 child、clown、flour、style、wolf、woman 后面缀上 -ish 后变成形容词 childish、clownish、flourish、stylish、wolfish、womanish。又如动物名称 fox 变成形容词 foxy，意思是狡猾的；专有名词 Don Quixote（堂·吉诃德）变成形容词是 quixotic，意思是堂·吉诃德式的、狂想家的、传奇的、不实际的。有时加上后缀并不改变词性，但同样揭示了描述性特征，如 hero、Marx 加上后缀 -ism 变成 heroism、Marxism，它与汉语“英雄、马克思”加上准后缀“主义”后成为“英雄主义、马克思主义”走的是同一条路。凡是能加 -ism（主义）的名词同样具有描述性语义特征。再如 She is a second Lei Feng 与汉语“她是第二个雷锋”在形成方式上是异曲同工的。而且，这些词法句法特点都具有很强的生成性。对它们的分析会有利于我们对语义演变、语用表达的理解。也许，不同语言在名词的语义结构的感知、分析、理解和运用上有共同的基础，只不过其语用表现根据不同的需要和系统制约而呈现不同的形式。

参考文献

胡明扬主编（1996）《词类问题考察》，北京：北京语言学院出版社。

蒋绍愚（1989）《古汉语词汇纲要》，北京：北京大学出版社。

马庆株（1991）顺序义对体词语法功能的影响，《中国语言学报》第 4 期，北京：商务印书馆。
沈家煊（1999）《不对称和标记论》，南昌：江西教育出版社。
施春宏（2001）名词的描述性语义特征与副名组合的可能性，《中国语文》第 3 期。
徐烈炯（1995）《语义学》（修订本），北京：语文出版社。
于根元（1999）《语言应用论集》，北京：北京广播学院出版社。
袁毓林（1998）《语言的认知研究和计算分析》，北京：北京大学出版社。
张　敏（1998）《认知语言学与汉语名词短语》，北京：中国社会科学出版社。
赵元任（1981）汉语结构各层次间形态与意义的脱节现象，《国外语言学》第 1 期。
朱德熙（1982）《语法讲义》，北京：商务印书馆。
Leech，Geoffrey（1983）*Semantics*. Harmondsworth: Penguin Books. 李瑞华等译《语义学》，上海：上海外语教育出版社，1987 年。
Levinson, Stephen C.（1983）*Pragmatics*. Cambridge: Cambridge University Press.

比喻义的生成基础及理解策略 *

提要 本文通过抽样分析发现，能够从本义引申出比喻义的词语基本上是名词和动词，且以偏正式名词和动宾式不及物动词为主。文章首先指出离散和连续的语义特征对比喻义的生成有一定的影响，然后着重分析了词语的语义结构成分的差异对比喻义生成所起的促动作用，指出描述性语义成分是比喻义生成的基础，关涉性语义成分的游移起到不同物类间相似链接的作用，并通过引入逻辑表达式分析了两者在语义框架制约下显现的几种关系，进而提出了一种词义变化过程假设。在此基础上提出对比喻义和比喻用法的理解需要的一些策略，并对词语的比喻义和比喻用法做了实例拟测。本文试图在百科知识语义化的背景下使比喻义或比喻用法的生成与理解具有一定的可操作性，并使语义结构的刻画简洁、系统。

比喻义（metaphoral meaning）的生成是语义演变中比较典型的现象，对它的分析刻画可以更清楚地揭示语义演变的轨迹。比喻义的生成和理解与语用者对语义结构及其成分间的关系的认知、分析和利用有关，语用者利用词语的本义（这里指可从其推衍出比喻义的词义，下同）及其相关语义知识推衍和理解比喻义。本文抽样分析了《现代汉语词典》(下文简作《现汉》) 1996 年修订本 A—C 母的所有词条（不含字头），发现有的词容易生成比喻义，有的词不容易生成比喻义；有的比喻义生成途径比较显豁，有的则比较曲折；有的比喻

* 本文原刊于《语文研究》2003 年第 4 期，全文转载于中国人民大学复印报刊资料《语言文字学》2004 年第 2 期。

义与本义在语义上对称性强，有的则显得不够对称。比喻义的生成与理解不仅与词义有关，还与词法、句法、语用条件有紧密的联系。有的词类、某个词类下的有些词容易生成比喻义，有的则比较困难。我们试图通过这样的分析使比喻义或比喻用法的生成与理解具有一定的可操作性，并藉此探讨百科知识语义化的方式和途径。

一　离散与连续的语义特征对比喻义生成的影响

据统计，《现汉》修订本 A—C 母中标有比喻义的词语共 336 条，其中：A 母 15 条，B 母 162 条，C 母 159 条。[①] 若按每个词语所含字数的多少（儿化不计入字数）细分的话，则得：两字组词 146 条，其中：A 母 9 条，B 母 63 条，C 母 74 条；三字组词 51 条，其中：A 母无，B 母 26 条，C 母 25 条；四字或四字以上的多字组词 139 条，其中：A 母 6 条，B 母 73 条，C 母 60 条。这种按词语所含字数多少来划分的方式有利于我们的分析，如可考虑字与字之间的语义关系和层次关系、字数不等的不同字组之间的异同等。我们后面会发现，词语所含字数越多，含有比喻义的词语其内部构成越相近，本义与比喻义的对应性越强。本文以分析两字组词语的比喻义为主，同时涉及非两字组的词语。需要说明的是，本文不从修辞的角度分析被喻词的指称物特点，因为这与比喻修辞手法对本体的要求相一致，如指称对象的具象性、鲜明性等。这里的分析是将这种要求作为前提的。本文主要探讨本义到比喻义的引申、推演过

① 这里只统计《现汉》释义时明确标示“比喻”的义项（含“多用于比喻”“有时用来比喻”的义项，这样的词语只有几个），每个词语计入一次。对实际是比喻义而《现汉》未做比喻义处理的、有比喻义而《现汉》未能列入的、释义中未明释而只在举例中用“◇”标示的，统计时暂时忽略；对实际是泛指义或其他而《现汉》做比喻义的（如“不刊之论”），统计时仍依从《现汉》的处理。因为我们觉得这样的处理方式显得相对客观。

程。由于本义所指对象与比喻义所指对象存在类的距离间隔，这种类的陌生化（defamiliarization）正是比喻义生成的前提。

现在将所有两字组的词语按整体语法功能及其内部构成做一初步分类并列表如下：

两字组词	名词（N）			动词（V）			形容词
类别	偏正	并列	专名及其他	动宾式不及物	非动宾式不及物	及物	
A 母	6		阿斗			1	肮脏
B 母	17	14	辫子、八股、伯乐、棒喝	16	6	6	
C 母	21	13	长城	27	8	4	
小计	44	27	6	43	14	11	
合计	77			68			1

上表反映出显著的概率差异，能生成比喻义的词语基本上只是名词和动词，且名词和动词的比例大体相当。形容词只有“肮脏”一例。根据石毓智（1992）的分析，名词、动词、形容词之间存在一个从离散（discrete）到连续（continual）的连续统（continuum）。这里的名词都是典型的具有离散性特征的词语。这里的动词，也全部能与“没”结合，可见同样具有离散性特征；虽然它们也能与“不”结合而呈现出连续性特征，但其离散性特征较显著。而形容词主要体现为连续性特征，虽然有的能与“没”结合而体现出离散性，但其连续性特征更为凸显。大体上可以这样说，具有离散性特征是生成比喻义的基础。

我们再从字组内部组构的字所体现的语义特征来看。为了使问题显得更直观，我们先将所有的两字组的词例分列出来，并对释义有疑异的地方在附注中说明：

N11（偏正式）：

安澜、暗潮、暗礁、暗流、鳌头[①]、傲骨；霸王[②]、败絮、半路、包袱、宝库、宝座、悲剧、本钱、鼻祖、彼岸、敝屣、边幅[③]、标兵、冰山、病根、病魔、步调；苍龙、草包、草刺儿、草鸡、插曲、柴门、长河、长龙、长线、愁云、长舌、迟暮、宠儿、出路、创伤、闯将、垂涎、春风、春晖、春雷、春梦

N12（并列式）：

把柄、板眼、膀臂、堡垒、本末、秕糠、庇荫[④]、壁垒、壁障、臂膀、冰霜、冰炭、波澜、伯仲；材料、苍黄、草芥、豺狼、潮流、城府、疮疤、疮痍、窗口、椿萱、唇齿、唇舌、唇吻

N13（专名）：

阿斗；八股、伯乐；长城

V11（不及物动词中的动宾式）：

扒皮、把关、搬兵、帮腔、保皇、抱腰、曝光、逼命、比肩、闭关、闭口、避风、变天、变种、并肩、补课；猜谜儿、插脚、插身、插手、插足、超生、彻骨、掣肘、撑腰、成材、成器、赤身、冲天、抽风、出轨、

① 《现汉》“鳌头”的释义（13 页）与“独占鳌头”的释义（310 页）有重复之处。从现在使用情况来看，在“独占鳌头”词目下释义更合适，也与我们后文的分析相合；“鳌头”可作为参见条。

② 《现汉》“霸王”的释义是：“①秦汉之间楚王项羽的称号。②比喻极端霸道的人。”（21 页）这就指出此比喻义是从项羽的特定表现而凝定下来的，那么“霸王”应列入专名类。但我们觉得这个词语更宜理解为字面义的组合。而且，即便第二项义从专名而来，也宜理解为语义泛化而非比喻生义。如“陈世美”就是这样释义的：“……用来指地位提高而变心的丈夫，也泛指在情爱上见异思迁的男子。”（154 页）实际还可进一步泛化，类型化。

③ “边幅”（73 页）与“不修边幅”（109 页）在《现汉》中均立条释义，且“不修边幅”释文中用括号注明“边幅”的词义。其实“边幅”表小量只用于否定表达，这样就可以只在“不修边幅”词目下释义而立“边幅”为参见条。

④ “庇荫”在《现汉》1978 年本释为动词，在 1996 年本释为名词：“①（树木）遮住阳光。②比喻尊长的照顾或祖宗的保佑。”（70 页）从本义与比喻的语义关系来看，释为动词义似更合理。这里仍归入名词组，主要是考虑它们也可看作事件的名物化。

出笼、出圈儿、出山、出台、出血、出阵、触礁、穿线、传灯、闯关、吹灯、催命

V12（不及物动词中的非动宾式）：

拜倒、蹦达、鼻酸、冰释、并茂、搏斗；蝉蜕①、沉淀、沉浮、沉积、沉浸、沉醉②、重演、蹉跌

V13（及物动词）：

熬煎；摆平、报销、鞭策、鞭挞、哺育、步武；蚕食、澄清、冲击、传染

特殊词语：

肮脏；棒喝、辫子③

N11组基本上是前一字修饰、限制后一字，后字全是名字，前字有的是名字，有的是形字、动字。N12组前后字都是名字。N13组将专有名词单列。V11组前字是动字，后字是名字，前字从广义上讲都可看成支配后字。V12组与V13组数量较少，内部关系比较纷杂，但其中至少有一字是动字，且是结构的核心（V13组主要是并列式）。特殊词语中“肮脏”的性质后文再说明，其他两词已在附注中指出其特殊之所在。可见从内部构成来看，能生成比喻义的词语主要还是以离散性特征的字为中心。我们将专名单独列出，因其生成途径与其他类型有一定差异。

再看三字组的词语。三字组的词语只有名词和动词。由于词语内部字与字之间的层次制约，使得名词基本为偏正式，动词全为动宾式。由于词语数目不

① “蝉蜕”《现汉》释为：“①蝉的幼虫变为成虫时蜕下的壳，中医入药。②〈书〉比喻解脱。”（136页）从本义难以推衍出比喻义。其实在本义上应加入“成虫的蝉脱皮”，形如“蚕食”“鲸吞”的本义与比喻义的关系。

② “沉浸”“沉醉”及“拜倒”在使用中一般后面跟介词“在（于）”带宾语。

③ “棒喝”是两个动字结合成名词，是事件名物化。《现汉》又立“当头棒喝”条（250页）。“棒喝”前面用“一声”来量化，可见已非两个动作的组成，而是整合为一体了。“辫子”《现汉》释义为：“①像辫子的东西：蒜～。②比喻把柄：抓辫子｜揪住辫子不放。”（81页）同时又立条目“揪辫子”（674页）、“抓辫子”（1647页）。其实“辫子”与动作合起来才能形成比喻义。所以可放入三字组“揪辫子（抓辫子）”中讨论。

多，全部分列如下：

N21（偏正式）：

八斗才、白眼狼、百宝箱、败家子、半边天、半瓶醋、绊脚石、包袱底儿、保护伞、爆炸性、背水阵、比翼鸟、避风港、变色龙、并蒂莲；冲击波、出气筒、传声筒、吹鼓手、瓷公鸡、粗线条、醋坛子

N22（专名）：

拜物教、白骨精

V21（动宾式）：

白费蜡、摆擂台、摆摊子、抱粗腿、抱佛脚、背包袱、背黑锅、不成材、不成器①；拆烂污、擦屁股、插杠子、拆墙脚、唱主角、炒冷饭、炒鱿鱼、扯后腿、成气候、吃独食、吃皇粮、吃偏饭、吃小灶、吃鸭蛋、穿小鞋、吹喇叭、吹法螺、吹冷风

上文对两字组 N11 与 V11 的分析完全适合三字组，且比前者显得更整齐。如 N21 字面上的修饰关系更显在，V21 字面上的支配关系更典型。汉语词语中三字组处于两字组与四字组之间，大多有惯用语特色。

由于四字以上的多字组除名词性的外，一般是从某个事件（event）凝定而成，所以都是离散性的。从具体事件到一般事件，很容易泛化。尤其是语源的事件性很强的词语，如“拔苗助长、成竹在胸”，更易迁移。所以多字组的词语生成比喻义相对要容易些，以致在数量上几近两字组。若考虑到有比喻义的词语在该字组中所有词语里所占的比例，多字组所占的比率远高于两字组。这里以 C 母中直接释比喻义而未释本义的多字组为例：

N31（偏正式）：

初生之犊、吹灰之力、池鱼之殃

① 《现汉》已立“成材、成器”，似不必再立“不成材、不成器”，虽然“成材、成器”常用于否定的场合，但也用于肯定的场合，与“不修边幅”不同类。这正如立了“成气候”而不立“不成气候”。

N32（并列式）：

残渣余孽、粗枝大叶；魑魅魍魉

V31（动宾 + 动宾→并列式）：

藏垢纳污、藏龙卧虎、称孤道寡、抽肥补瘦、穿靴戴帽、穿针引线、吹灯拔蜡；拆东墙，补西墙

V32（动宾式）：

唱独角戏、唱对台戏、唱空城计、吃大锅饭、穿连裆裤、重见天日、重温旧梦、初出茅庐、初露锋芒、初露头角

V33（方式或处所 + 动宾）：

趁热打铁、赤膊上阵、蟾宫折桂

V34（主谓式）：

唇齿相依、豺狼当道；长江后浪推前浪

多字组的离散性特征是十分明显的。N31 组与 N11 组没有本质的区别。N32 可以看成 N11 或 N12 自身结构的合成。V31 是 V11 自身结构的复叠。V32 与 V11 尤其是 V21 实际是同一类型，很多有惯用语的特性。V33 与 V11 相近，V34 与 V11、V12 相关。

离散性特征显著的一个原因就是从本义引申出比喻义是在不同物类之间的迁移，物类与物类之间要有感知上的距离。具象性、鲜明性等特征便使离散性更为突出。本义与比喻义之间的概念距离正是实物类距离在认知上的象似（icon）反映。

二　语义结构成分的关系对比喻义生成的影响

上文从离散性的角度来说明，宽泛地指出了比喻义生成的一个条件，但是有离散性特征的词并不都能生成比喻义，有的根本就不能生成比喻义。所以还需要对它们进行进一步限定。下面从被喻词的语义构成做进一步分析。

我们曾从功能的角度将名词的语义结构成分（semantic structural components）分为两大类：关涉性（involved）语义成分和描述性（descriptive）语义成分。[1]如“长河”的意思是：“长的河流。比喻长的过程”（139页），其中“河流”和“过程”是关涉性语义成分，“长”是描述性语义成分。这种语义结构成分分析方法可以扩展到对动词、形容词上来。如“曝光”本指使照相底片或感光纸感光，比喻使隐秘的事显露出来，其中“照相底片或感光纸”和“（隐秘的）事”是关涉性语义成分，“使……感光”和“使……显露出来”是描述性语义成分。又如“暗淡”指“（光、色）昏暗；不光明”（10页），其中隐含所指的“光”和“色”是关涉性语义成分，“昏暗；不光明”是描述性语义成分。大体说来，关涉性语义成分是使名词之所以成为名词的核心功能义素，描述性语义成分是使动词和形容词之所以成为动词和形容词的核心功能义素。通过分析发现，这种语义结构成分的分析对比喻义的生成与理解起到关键性的作用，由它们构成的语义框架在比喻义生成中起到导引和制约作用。

在比喻义结构中，有两个组成部分，一是描述性成分，一是关涉性成分，这与本义的语义结构相对应。由于比喻是要求在不同的关涉对象（物类）之间构成联想和对应关系，所以，这里的关涉性成分主要是描述性成分所关涉的对象。这样，关涉性成分虽然有不少类别，但与比喻义有直接关联的只是关涉对象（类属从根本上说也是关涉对象）。实际上这是描述性语义成分所关涉的对象发生了变化。施春宏（2001）指出：“最能体现描述性语义特征的是名词的比喻义。比喻义揭示的是本体和喻体之间共同的描述性语义特征。”这种以名

① 参见施春宏（2001）。文中曾举例性地做了初步说明，后在施春宏（2002）中做了一些调整：“具体而言，关涉性语义成分指在名词的语义内涵中起介绍、指别、涉及等作用的内容，是名词语义结构中表示‘因素’的部分，如类属（领属）、构造、工具、材料、对象、时间、空间、数量、性别、颜色等，可以看成广义的指称内容，显现出关涉性语义特征。描述性语义成分指在名词语义内涵中起描写、修饰、陈述等作用的内容，是名词语义结构中表示特性的部分，如属性、特征、关系、功能、动程、特定表现等，可以看成广义的述谓内容，显现出描述性语义特征。”

词为例的语义结构成分分析同样适合动词、形容词的比喻义分析。动词主要是陈述关涉性对象之间的关系，形容词主要是对关涉对象加以描写。动词的关涉对象有的在词形中就体现出来，如 V11、V21 及多字组的动词短语组的关涉对象就很显在；有的在词形中没有体现出来，但不需要借助语境就能指出它的关涉对象，也即它们的关涉对象因默认（default）而缺省了，可以在语境中激活（activate），如 V12 和 V13 组。

抽样中形容词只有“肮脏”一词有比喻义项，主要是“肮脏”的关涉对象即环境物（如衣服、屋子等）比较具体、明确，迁移到抽象物（如灵魂、交易等）比较自然顺畅。这种自然迁移使表达特别方便，如从“美丽的风光、阳光灿烂”到“美丽的心情、心情灿烂”。又如还有四个形容词（“暗淡、敞亮、炽烈、炽热”）《现汉》未释比喻义但在举例中用“◇”标示用的是比喻用法，它们的本义关涉对象都很具体而明确，都能迁移到人事上来，而且也自然顺畅。形容词的关涉对象相对来说比较宽泛，因而形容词更多地体现为泛化义而不是比喻义，故在释义中用“形容”而不是“比喻”标示。

从比喻构成的基本要求来看，本体和喻体要关涉两个不同的认知对象，属于不同的物类，实际就是要求两个指称对象在类属上处于“隔”的状态，彼此不能有直接的类属上的关联。而且，本义的关涉对象一般比较具体。这就说明了名词、动词中 V11、V21 组和三字组、多字组（它们在词形上都直接显示了本义关涉的对象）的比喻义比较容易生成的原因。撇开三字组和多字组，仅以两字组为例，如果将 N 与 V11 两者合起来，其所占比例达到【（77+43）÷（77+68）=】82.8%。再看 V12 组和 V13 组，V12 组的“鼻酸、冰释、蝉蜕”、V13 组的“蚕食”也与此同，其他词语的关涉对象从语义来源上看也很明确。这样，生成比喻义的两字组词语按可能性大小排列基本上是：

偏正式名词与动宾式动词＞并列式名词＞非动宾式动词＞其他词语

三字组和多字组依此类推。有意思的是，除专名和 V34 组外，偏正式名词中大多以物事为本义，动宾式不及物动词中大多以人事为本义。

那么，两个不同的认知域的关涉对象又是如何联系起来的呢？这就是描述性语义成分与关涉性语义成分之间的关系的相对稳定性，这种关系体现为这样的语义框架（semantic schame）：

{描述性语义成分 + 关涉性语义成分}

可以用 D 代指描述性语义成分，用 R 代指关涉性语义成分，则这个语义框架可以符号化为：

{D + R}

在整个比喻义生成过程中，描述性语义成分一般不发生根本性变化，而关涉性成分则从一个对象迁移到另一个对象；由于关涉对象的变化，描述性成分也做了相应调适。

关涉性语义成分与描述性语义成分在语义框架制约下显现的关系主要有以下四种形式。

（一）关涉性语义成分与描述性语义成分在词语的字面上就能同现且都比较显著。语义框架为：{D + R}。例如：

【敝屣】破旧的鞋。比喻没有价值的东西。（70 页）

【搬兵】搬取救兵，多比喻请求援助或增加人力。（33 页）

"敝屣"的"屣"和"搬兵"的"兵"是关涉对象。当关涉对象发生变化时，"屣"泛化成一般的东西，"兵"迁移成能起帮助作用的力量（其中"能起帮助作用"又是"兵"这一名语素中所蕴涵的描述性成分），物类发生了变化。而"敝屣"的"敝"是描写性成分，"搬兵"的"搬"是陈述性成分。从破旧到没有价值，从搬取到请求提供或增加（人力），它们的基础意义并没有根本性变化，主要是受所指对象语义搭配的制约而做了相应调整。如"敝屣"的语义衍化过程可以表述为：破旧的鞋 →"破旧"的东西 →没有价值的东西。两种语义成分在本义和比喻义中的关系没有发生变化。偏正式和动宾式、主谓式合成词比喻义的形成一般以此为基础。这在三字组中表现得尤为明显。如三字组的 V21 动宾式，其中大多数动词是与其后的名词有选择性搭配关系，因此对整个词语的语义分析实际就是对后面名词进行语义分析，而这里的名词又与两字组的 N11 组基本相同。

（二）词语字面上没有明确的关涉性语义成分，而主要显现描述性语义成分，但其关涉性语义成分实际蕴含其中而为交际所默认。语义框架为：{D（+R）}。例如：

【并茂】比喻两种事物都很优美：图文～ | 声情～。（92 页）

【澄清】②使混浊变清明，比喻肃清混乱局面：～天下。③弄清楚（认识、问题等）：～事实。（163 页）

“并茂”的关涉性语义成分虽不在词中，但所指是很明确的，指两种植物，移之于人事，便可形成比喻义。《现汉》在“椿萱”下举例就是“椿萱并茂”（比喻父母都健在）。“澄清”的关涉对象是混浊的水，意指使不清的水变清，借指人事便成为使不清的人事变清，第二三两个义项就很明确了。V12 和 V13 基本上属于此类。

（三）通过词语内各字的特定表现显现出描述性语义特征，有的是各自显示共同的描述性特征，有的是各字间有成一种相对待的关系。语义框架为：{（D+）R}。例如：

【把柄】器物上便于用手拿的部分。比喻可以被人用来进行要挟或攻击的过失或错误等。（19 页）

【唇齿】比喻互相接近而且有共同利害的两方面。（203 页）

“把柄”中的“把”和“柄”都是在使用中被人用手拿住的器物构件，“器物构件”是其共同的关涉对象，“在使用中被人用手拿住”是其共同的描述成分，通过关涉对象的迁移就很容易生成比喻义了。这是共同的功用在起作用。“唇齿”中的“唇”和“齿”是在同一个整体（“口”）中连在一起相互依存的人体器官，“人体器官”发生迁移，而“在同一个整体中连在一起相互依存”没有根本性变化。这是相互之间的关系在起作用。并列式合成词的比喻义的生成一般以此为基础。这有些类同于合并同类项，因其有共同特征而得以同类，项所指可大可小可具体可抽象，而其类征没有发生根本性变化。

（四）通过社会交际赋予关涉对象特定的含义并凝定而成描述性语义成分。这是日常经验语义化的典型体现。语义框架为：{（D +）R}。这种语义框架与上面第（三）类相同，但来源不同。例如：

【阿斗】三国蜀汉后主刘禅的小名。阿斗为人庸碌，后来多比喻懦弱无能的人。（1 页）

【长城】指万里长城，也用来比喻坚强雄厚的力量、不可逾越的障碍等。（139 页）

“阿斗”指为人庸碌的某个人，由具有典型特征的专人泛化为其他人是很自然的，这是类型化。①“长城”由一道具有特定功用和特点的墙比喻其他具有此特征的类似的“墙”是很自然的。专名和一些具有特定社会内涵的词语（如“八股、鳌头”）大多通过个体的具体表现而为社会认同最终凝定到语言中，成为比喻义。这就基本上解释了我们上文归类中的特殊类。

由此可见，以上描写的比喻义生成的四类途径具有共同的特点，即词义的变化就是词义结构中两个不同性质的语义成分发生互动，而在整个变动过程中它们之间的关系（性质和地位）相对不变。比喻义的产生是一般词语的语义引申的特殊表现，因此我们可以就此更进一步，对词义变化过程的规律提出一种相对可操作性的假设，这里称作词义衍化过程假说（Semantic Changing Process Hypothesis，简作 SCPH）：

在词义框架中，词义变化开始是关涉性语义成分发生迁移，描述性语义成分随之发生调适性变化。

三　比喻义的理解策略

从上文的分析可知，对比喻义的理解实际上就是对本义与比喻义各自内部

① “阿斗”实际是类型化的泛指而不是典型意义上的比喻。

语义成分的分析和本义与比喻义两者之间关联的分析。能作为被喻词的，其描述性语义成分比较显在，是一个相对常量，关涉成分容易游移，是一个相对变量。人们在不同物类之间通过相似链接来生成比喻义，理解比喻义也就是对相似链接过程进行分析。相似原则区分同和异，常和变。描述性语义成分是相似链接的基础，是相似点。比喻义主要是在相同语义关系的制约下不同关涉对象之间发生游移和置换。临时性的比喻用法也是由相同的机制生成的。由于描述性语义成分具有述谓性，为了使这种关联过程和两种不同语义成分的性质和地位能更清晰地表现出来，可以进一步将上文的语义框架 {D + R} 表述为：D(r)，这里用 r 来替换 R，看成 D 的变项（variable）。这正是谓词（predicate）的逻辑表达，我们引入到语义结构成分的刻画中。这样，从本义到比喻义的生成过程就是：

$$D(r_1) \rightarrow D'(r_2)$$

从 D 到 D' 是语义内涵随语义对象的变化做一定程度的调适，而从 r_1 到 r_2 是语义对象的改变。"→"指示比喻义的生成过程，可以看成是本义到比喻义的映射（mapping）。

由于本义关涉对象的范围是明确的，我们不妨进一步用 r_0 来表示，显示比喻义生成的起点，同时便可用 r_x 来表示 r_0 演变的可能的对象范围，既有方向性，又有某种程度的范围的非限定性。那么，我们可以引入存在量词（existential quantifier），对变量进行约束，进而对这种生成与理解过程进行更详细的逻辑刻画，即：

$$\exists r_0 D(r_0) \rightarrow \exists r_x D'(r_x)$$

将谓词的逻辑表达式引入词义的分析中，可以加深对词义成分间关系的认识和对词义的生成基础及变化过程、理解机制的探讨。

这样，对比喻义或比喻用法的理解需要有下面这样一些策略和步骤：

（一）对被喻词的本义进行语义结构成分分析，区分相对常量（描述性语义成分）和相对变量（关涉性语义成分）。这种分析有时可以直接通过对被喻词的字面语义进行分析而获得，有时则需要借助于百科方面的知识。如“初生之犊”指刚出生的牛，可以分析出“刚出生”（D）和“牛”（r_0）；又根据通过社会交际而赋予的百科知识而分析出“大胆，不知畏惧”（D）。①

（二）在本义和比喻义之间建立相同的语义结构框架，确定两类语义成分在语义结构中的关系。例如：“刚出生的（+大胆，不知畏惧）”+牛→“刚出生的（+大胆，不知畏惧）”+r_x。

（三）对相对变量的关涉对象的变化做出说明，确定相对变量的替换过程。比喻义的演变途径基本上是由物到人，由物事到人事，由具体人或事件到抽象的人或事，由某一领域中的人或事到其他诸多领域的人或事；有时则有相反的过程。“牛”是物，可以移之于“人”。这样得出：“刚出生的（+大胆，不知畏惧）”+r_x→“刚出生的（+大胆，不知畏惧）”+人。

（四）分析相对常量中有哪些方面发生了调适性变化。“刚出生”指年纪小，年纪轻；“大胆，不知畏惧”可以重新转述为敢作敢为，无所畏惧（D’）。也就是说：“刚出生的（+大胆，不知畏惧）”+人→“年轻的（+敢作敢为，无所畏惧）”+人。

（五）进行比喻义语义结构成分的合成，即“敢作敢为、无所畏惧的年轻人”。

上面的一系列过程是先对具体词义进行抽象化再由抽象化内容还原为另一层次的具体内容的操作过程。这样的理解在偏正结构特别是动宾结构的词语生成比喻义时尤为便捷。如“退”字头下的“退潮、退磁、退色”与“退烧、退休”在《现汉》中均未立比喻义或泛化义，而它们都是很容易取得比喻义的。

这种生成方式与理解策略同样可用来说明比喻用法的生成与理解。如“资产缩水、网络瓶颈、电脑病毒、豆腐渣工程”等新兴表达以及“感情在水土流

① 如何对百科知识进行刻画是语义学中需要进一步探讨的课题。认知语言学／认知语义学试图对此做出系统的刻画。其实，不仅语义学，百科知识在语法表达中的作用，也受到了广泛的重视。

失、婚姻保鲜、科技市场严重‘缺钙’、香港政府机构进行‘瘦身’运动”等临时性表达，都可利用语义结构成分的分析自然而便捷地推导出它们的比喻义或比喻用法。

四　实例拟测：可以生成比喻义的词语及心理词库的语义构造问题

根据上文对词语的语义成分及其性质的分析和刻画，我们可以推测哪些词容易生成比喻义和可有比喻用法。如下列词语在《现汉》中均未释比喻义，但我们认为可以有比喻义或很便捷地作比喻使用，并能描写出其意义：

八哥、拔节、靶子、霸主、掰腕子、白开水、百灵、败笔、斑点、板块、伴侣、绊马索、绊子、保护色、保鲜、保险箱、北斗星、崩溃、变戏法、冰点、病变、病毒、补血、不倒翁；残杯冷炙、残羹剩饭（残羹冷炙）、草台班子、颤音、潮水、尘封、充磁、充电、触角、磁石、磁铁、催化剂、萃取

同时，由于有的比喻义延用已久且在现实中又十分常见，语用者对本义的关涉对象感知便不那么强烈，这样的比喻义就有可能不再作为比喻义而被当成一般义处理了。如《现汉》对下面两个词语的释义：

【成熟】①植物的果实等完全长成，泛指生物体发育到完备的阶段。②发展到完善的程度：我的意见还不～｜条件～了。（159 页）

【锤炼】①磨炼：在艰苦的环境里～自己。②刻苦钻研，反复琢磨使艺术等精炼、纯熟：～艺术表现手法。（200 页）

“成熟”本指植物体发育完备，比喻某种情况发展完善。本义和比喻义在日常语言生活中都比较常用。“锤炼”本指锤打、冶炼铁器使成型适用，比喻反复推敲琢磨使完美。本义主要用于专业用语，比喻义用于日常用语。词典中没有明确指明是比喻义，也许是因为比喻义已经泛化而不必指明了。

有时日常经验的语义化程度对比喻义的生成也很有影响。如“冰山、爆炸性”容易有比喻用法甚或出现比喻义，而“冰川、爆破性”比喻义生成的可能性很低，主要是人们对前者百科知识凸显度（the degree of salience）的认知强于后者。但这不意味着后者绝对不能生成比喻义或比喻用法。

可见，百科知识通过日常经验而语义化为语言中的要素有一个调节过程，且有程度上的差异。对语用者来说，心理词库（mental lexicon）呈一种动态平衡，不断地调整其词项的内容和分布。它除了包含词项的语义、句法、音系的特征外，还对各种语义成分的不同性质及其关联做出标记。从语用角度看，心理词库的语义构造类似一个链接百科知识和语义系统的加工装置，使语义生成自然有序，语义理解准确便捷，并使我们对语义演变（semantic change of development）和语义用变（semantic change of application）的处理简明而系统。使用语言就是链接内容和方式的显现。

五　余论

我们将从本义到比喻义看成一种结构隐喻（structural metaphor），两者的认知域不同，但结构关系保持不变，其结构成分之间有规律性的对应关系，其生成过程是一种关系的映射。这为理解和把握比喻义提供了便捷之路。而且，从语义衍化的过程来看，从本义到比喻用法到比喻义是个连续统，本义与比喻义的关系跟本义与比喻用法的关系是相似的。因此，本文对比喻义的生成与理解的分析也可看成对比喻用法生成与理解的说明。比喻就是将客观上的远距离相似在心理上近距离地联系起来。对本义生成基础的分析可以使语用者把握比喻义，并能解释比喻义的生成途径和方式，同时可以推测某些词语的比喻义的产生和比喻用法的出现。这对人们的语义感知与学习、语言理解与使用有一定的帮助。

比喻义与本义的关系体现了语言世界与现实世界的关联。比喻义的本义本身有一种外张力，外张力的大小会引导比喻义生成的趋势。这种“势”倘若与语用的“情”相契合，便能使可能化为现实。这种迁移也可看成从源点到目标的运动过程。因此，本文分析的比喻义生成基础只是一种促动（motivate）因素，而非决定因素，还有其他条件协同运作，相谐生义。对这种促动因素和过程的认识还可以进一步引导我们分析语义发展变化的轨迹，探讨语言使用中的语义认知过程。如果将比喻义理解得很宽泛，泛化义也可看成比喻的弱形式。从语义感知的距离来看，从本义到泛化义到比喻义也是一个连续统。如科技术语的日常化使“低谷、地震、短路、断层、辐射、惯性、互补、滑坡、激活、免疫、软件、硬件、细胞、同类项”大多有了新的义项。而日常词语的专业化以及一个专业的术语转用到另一个专业，也常与此相关，如引入到电脑术语的“菜单、窗口、杀毒、防火墙”等。从具体的比喻用法到比喻义的凝定，从特定领域到一般领域的泛化，以及不同领域的过渡，它们在生成途径上是相似的，在理解策略上也有相同之处。对这些现象的分析都能深化对百科知识语义化问题的认识。

参考文献

陈　平（1991）《现代语言学研究：理论、方法与事实》，重庆：重庆出版社。

陈保亚（1999）《20世纪中国语言学方法论》，济南：山东教育出版社。

戴浩一（1990—1991）以认知为基础的汉语功能语法刍议，《国外语言学》1990年第4期至1991年第1期。

符淮青（1996）《词义的分析和描写》，北京：语文出版社。

蒋绍愚（1989）《古汉语词汇纲要》，北京：北京大学出版社。

沈家煊（1995）“有界”和“无界”，《中国语文》第5期。

沈家煊（1999）《不对称和标记论》，南昌：江西教育出版社。
施春宏（2001）名词的描述性语义特征与副名组合的可能性，《中国语文》第3期。
施春宏（2002）试析名词的语义结构，《世界汉语教学》第4期。
石毓智（1992）《肯定和否定的对称和不对称（增订本）》，台北：台湾学生书局。
王艾录、司富珍（2001）《汉语的语词理据》，北京：商务印书馆。
王希杰（1996）《修辞学通论》，南京：南京大学出版社。
徐烈炯（1988）《生成语法理论》，上海：上海外语教育出版社。
徐烈炯（1995）《语义学（修订本）》，北京：语文出版社。
徐通锵（1997）《语言论》，长春：东北师范大学出版社。
袁毓林（1994）关于认知语言学的理论思考，《中国社会科学》第4期。
张　敏（1998）《认知语言学与汉语名词短语》，北京：中国社会科学出版社。
张永言（1992）《语文学论集》，北京：语文出版社。
Lakoff, George & Mark Turner（1980）*Metaphors We Live By,* Chicago: University of Chicago Press.

【附文】

用用看 *

笔者有个习惯，文章发表前常呈送给一些好朋友看。朋友们也都无所顾忌地提出批评，使我获益良多，谨此再次表示无限的感激。当然，也有一些问

* 本文原刊于电子期刊《中国语言生活》2011年第6期，署名：安青阳（即施春宏）。

题，由于理解上存在一些差异，便需要跟朋友做进一步的沟通。如笔者在论文《论语言规范化的基本原则及策略》(《汉语学报》2009 年第 2 期）中有一段话对当前的语言生活做了一个概括：

当前的语言交际环境有一些明显的不同于以往的特点：民间话语的市场扩大了，从而使交际的群体更加多样化；在主体表达仍然是主流的前提下，社会方言的层次更加丰富；语言的交际功能得到进一步深化的同时，语言的游戏功能也有了新的体现；经典作品在语言交际中的引导作用有所下降，而适合中等文化层次的通俗作品的表达形式在语言交际中的影响力则在增强；语言规范的观念有所刷新，对自己不理解不好接受的语言现象多了一些宽容。也就是说，现在正处于一个话语狂欢的语言交际时期，也是一个语言消费的时期。在这种交际背景下，新的交际层次时有出现，新的表达方式时有翻新。

发表前有一朋友指出，其中的“刷新”似乎用得不够妥帖，不妨改为“更新”。我想了想，“更新”当然可以，但“刷新”似乎也没有问题。“刷新”本身算不得一个新词，如用作本义的“房子已经刷新了”和用作比喻义的“再次刷新世界纪录”；但在当下的语境中，上面的用法还是有些新意。凡是常常上网的人都知道，网页上“查看”的菜单中有一项功能叫“刷新”，点一下它，屏幕就更新一次。有时屏幕上出现了问题，刷一次还不行，得刷好几次才能“新”起来。如果电脑的内存比较小，屏幕内容比较杂乱，或者网速比较慢，刷新的速度便很慢，有时甚至刷几次都“新”不了，只好重新启动。上面的用法就来自于这样的背景支撑。由于我觉得这样的使用是可以接受的，而且有比较高的交际价值，因此也就没有替换成别的词了。我的朋友后来也支持了我的说法。

最近（2010 年 12 月 19 日），河南省平顶山学院一位本科三年级的朋友来电邮，问我最近的一篇文章《网络语言的语言价值和语言学价值》(《语言文字应用》2010 年第 3 期）中某个词是否用得不好。我的原话是这样的：

有先生曾说“语言发展不能靠流行语推动”，这种认识有一定的普遍性，但却是值得商榷的。流行的未必就是一定要沉淀到未来的语言交际之中才有语言价值。“粉丝”已经广为使用了，而相关的“凉粉（张靓颖迷）、粉笔（周笔畅迷）、盒饭（何洁迷，‘饭’是fans的另一种音译形式‘饭丝’的缩略）、玉米（李宇春迷）、荔枝（黄雅莉迷）、钢丝（郭德纲迷）、乙醚（易中天迷）”毫无疑问只能流行一时，但它们都各有自己的交际价值，而且“凉粉”等等的出现，既使“粉”这个潜词素成了一个新的构词词素（惠天罡，2006），又提供了一种非常有效的构词模式。可以想见，还会有更多类似的词语相继粉墨登场。

朋友用商量的口气说，“粉墨登场”是个带有贬义色彩的词，用在这里不妥吧？这个朋友对“粉墨登场”的感情色彩的语感没有问题。我当初在用这个词的时候也考虑到了这一层，但我觉得在特定的情景中调整一下色彩也是可以的。“粉墨登场”本来指演员化妆（“粉墨”）上台演戏（“登场”），后来比喻坏人、见不得人的事经过一番包装后又正式露面活动（多指登上政治舞台）。这样，一个中性的表达就含有了贬义。只是我觉得，在当前的语境下，这种贬义又有逐步淡化的势头。于是我就来用一下，推动一下。我不敢肯定这种想法和做法就是对的，便把这个意思跟给这位朋友交流了一下，她说谢谢我的解答。

我写文章时有个想法，如果我根据交际值判断认为有可能会发生变化的现象，我就试着用用。我当初用“刷新”时如此，现在用“粉墨登场”也是如此。笔者近些年对词语、语法的用变现象和演变现象及其关系比较关心。自己也来试着用一用，这不但是一种语言生活，也是一种新的学术生活吧。有时还冒昧地对语言生活做一些预测。如我在一篇文章（《比喻义的生成基础及理解策略》，《语文研究》2003年第4期）中曾根据自己的理论分析来判断，《现代汉语词典》增补本（2002年版）B母和C母中一些词虽然还没有释比喻义，但它们是可以有比喻义或很便捷地做比喻使用的。这些词是：

八哥、拔节、靶子、霸主、掰腕子、白开水、百灵、败笔、斑点、板块、伴侣、绊马索、绊子、保护色、保鲜、保险箱、北斗星、崩溃、变戏法、冰点、病变、病毒、补血、不倒翁；残杯冷炙、残羹剩饭（残羹冷炙）、草台班子、颤音、潮水、尘封、充磁、充电、触角、磁石、磁铁、催化剂、萃取

后来，到了《现代汉语词典》第5版（2005年版）中，“板块、不倒翁、草台班子、充电”增加了比喻义项，“靶子”增加了比喻义的用法，“潮水”增加了比喻用例。至于那些暂时没有出现比喻义或比喻用例的，并不表示逻辑上不能出现；更不意味着只有出现了才能说明预测是成功的。即预测并非要求所预测的现象必然出现，而是逻辑上达到：不出现则罢，如果出现，则必然如此。当然，上面这些词，引申出比喻义的可能性是有很大差别的，但这是另一个层面的问题。“未为”和“不能”有天壤之别。

这样就可能引来一个问题：你是个语言工作者，而且是一个写过很多规范理论文章的人，为什么不讲究规范了呢？其实，我恰恰认为上面两例是规范的用法，否则我就不会用。我们认为：交际值是判断语言现象规范与否的根本标准。这就牵涉到规范的本质了，进一步说就牵涉应该拥有怎样的语言观了。

说来话长，不说也罢。不过，有个基本的想法还是可以提一提：对语言，对语言生活，还是少皱眉头好，能积极地参与其中则更好。您说呢？

说“界”和“坛”*

提要 本文试图在揭示“界”和“坛”两者功能分化的基础上，探索词语的空位问题和占位问题及其制约因素，进而指出语义关系就是语义的时空分布，词汇学研究应该加强词语显隐及语义关系的动态描写和分析。

本文分析的“界”和“坛”只限于现代汉语中作为类似词缀的语素。作为类词缀，它们的虚化程度不及“性、化、度”等，而且组合上也不及它们自由。但是“界”和“坛”在使用中折射出的一些词汇学、语义学问题很值得探讨。本文试图在揭示其功能分化的基础上，探索词语的空位问题和占位问题及其制约因素，进而指出语义关系就是语义的时空分布，词汇学研究应该加强词语显隐及语义关系的动态描写和分析。

一　构词中的音律问题

这里暂时撇开现有辞书对“界”和“坛”的释义。我们认为，在附缀于代表某一行业、领域或表示具有同一特征的某一社会集群之类的字眼后时，“界”

* 本文原刊于《汉语学习》2002 年第 1 期，全文转载于中国人民大学复印报刊资料《语言文字学》2002 年第 7 期。该文发表后，学界有所争议，这些认识给人以新的启发，但也有值得商榷的地方。此将乔刚《“界”“坛”词缀化辨》(《修辞学习》2007 年第 2 期）收作附录，同时还将笔者的《“操坛”一词的是与非》(《中国语言生活》2012 年第 4 期）也一并收作附录。

和“坛”的所指基本相同。对于它们在语用组合上的差异，我们最容易感受到的是它们在构词上受到的音节限制不同而形成不同的分布。

“界”基本上与双音节或多音节语素组合构成三音节词或多音节词。这样的词很多，举例暂从略。可以说，只要有表达某一社会成员的群体的必要，就可以在相应的称说后面加上“界”，形成“～界”的词形。还有这样比较复杂的形式：

【1】我知道要想抹去我的历史那是不可能的了，因为这些喂养我培育我的人亲眼目睹了我的过程，甚至在科技、医学和新闻界我也同样有很大的名声，不过这名声都以一个基调为基础，那就是怀疑我是不是一个人。（陈家桥《克隆人》，《钟山》1999 年第 2 期）

“坛”基本上与单音节语素结合构成双音节词。属于体育界的如“体坛、棋坛、足坛、篮坛、排坛、网坛、乒坛、举坛、射坛、羽坛、跤坛”（只要有体育项目，就有可能出现“～坛”的词形）；属于文艺界的如“文坛、艺坛、乐坛、词坛、剧坛、歌坛、杂坛、画坛、译坛”。其他如“邮坛、政坛、医坛、教坛、印坛、娱坛、选坛、学坛、科坛、股坛”。

“界”所附缀的语素也有单音节的，如“政界、学界、商界、军界、诗界、译界、书界、警界、业界、报界”。

“坛”所附缀的语素偶尔有非单音节的。例如：①

【2】日本新倾向的文艺批评坛中又一个重要人物（标题，《陈望道文集》第一卷 435 页，上海人民出版社，1997）

“界”和“坛”在音节组合上的分化有个此消彼长而最终共现的过程。从与类词缀的语素义相关的语义来看，“坛”出现比较早，唐宋时即有相关词语出现（后文再分析）。“界”的出现要晚得多，如清末黄遵宪提出“诗界革命”。

① 沈孟璎（1986）说：“‘～坛’一般同单音节结合，同双音节以上语素结合，是不符合常规的。不过，报纸上也曾出现过‘冰舞坛’的说法，这是比较罕见的。三个音节有否发展趋势，还要从今后的语言实践中去印证。”

20 世纪前半叶，“界”的使用比较普遍，常与单音节组合成双音节词。大体可以这样说，现在使用中的“界”与单音节构成的词语基本上都是那个时候就出现了的；与双音节或多音节语素组合成词也很容易，但有时以临时组合为主，或具有幽默的色彩，如“恋爱界、老太太界”之类。此时，“坛”仍有使用，但没有“界”普遍。此后，“坛”与单音节语素组合渐渐占了上风，而“界”则与双音节或多音节语素组合了。当然，“界”与单音节组合仍有一定的生命力，但总体而言只是偶尔为之了，而“坛”与双音节的组合更是难得一见了。

由于音节组合方式的分化，从造词法的角度看它们在生成能力上便有了差异：

“双音节＋界”成词比较容易，但成词的凝定性不十分强。① 新时期的类词缀大多附于双音节后，这样便于显现、理解和使用，编码和解码之间的语感差异较小。因此，一般而言，只要有一个表示特定的领域、范围的双音节语素，就可以在其后附上“界”来表示这种范围，如“读书界、克隆界”之类。尤其是与多音节的组合，便成为“界”的专利，如“出版发行界、社会科学界、儿童文学界、对外汉语教学界、中文信息处理界”等。

“单音节＋坛”自身有成词意味，与汉语词汇发展的双音节化相一致。这就要求“坛”前的单音节语素能够自足表意。而现代汉语中表示某种领域、范围的词语基本上都是双音节的，甚至是多音节的，这样，这些双音节或多音节词与“坛”组合时必须简缩成单音节语素，即必须有合适的简称形式，有的便需要进行强行简化，然而强行简化的效度是有限的，有时很不容易，对原义损伤较大，而且给解码带来不便。尤其是像“科技、医学和新闻（界）”这样并列叠加的形式，便无法用“～（坛）”来表示了。

由此可见，两个具有相同所指的词缀是不容易同时存在于语言交际中的，

① 新时期汉语三音节词大量出现，但大多是双音节语素加类词缀构成的，它仍以汉语词汇发展的双音节化为基础，像“短平快”这样的完全由词根语素构成的三音节词还是不太多的。

它不符合语言交际的经济原则。语言交际的经济性是语言对其内部关系进行最佳调适的反映。于是它们就会出现两种可能，一是其中的一个退隐下去，它的全部或部分功能由其他的来承担；一是两者发生分化，各有其适用范围。很多异体词的语用发展也是如此。“界”和“坛”在组合音节上的不同便是走逐渐分化的路子。音律制约只是语用功能分化的一个因素。

二 语用色彩的分化问题

色彩也是一种功能，色彩的不同自然体现分布的差异。从感情色彩来看，“界”和“坛”的使用本来都是中性的，甚至偏向于褒义，很少用于贬义。现在也大体如此。然而，我们发现，它们在使用中有一种潜在的微妙的色彩分化。

在没有比较的场合时用“～界”和用“～坛”没有体现出感情色彩的差异，即都体现为中性。如“文学界／文艺界”和“文坛”，“政治界／政界”和“政坛”，“教育界／学界”与“教坛”，“足球界”和“足坛”等。它们常可换用，虽然有的内涵有些细微差别，但表达上差异不大。然而，当它们对举出现、需要有所侧重时便呈现出不同：

【3】前些年南方有家出版社出版了一部外国通俗小说，译者为增加“原作的刺激性”，增加了大段的有关性的描写，成了译界的一个笑柄。好在这样的例子是特例。考察目前的译坛，读前段时间复译之风出笼的一些质量低劣的翻译本子（谈不上译作），发现有的翻译将所谓的“主体意识”发挥到了“私我意识”的极端地步。（杨能武《寂寞的丰碑》，《文汇报》1997年11月2日第7版）

【4】去年秋天，应台湾文学界之邀，十名祖国大陆作家去了宝岛台湾。……初读这篇文章（按：指张承志《撕名片》）时，我觉得有点怪诞，可是这几年内，不断看到文坛掮客，做出有失自重的“时装

模特”表演时，我倒是对张承志的行为，有了完全的认同。（从维熙《文人的名片》，《读书人报》1999年10月18日第1版）

例中的“译界”与“译坛”，“文学界”与“文坛”，都是不能换位的，褒“界”贬“坛”，情感分明。

这样，我们虽然可以说“文坛巨匠、艺坛双星、影坛金童玉女”，但在说“足坛流氓、政坛险恶、在歌坛江湖上”时是不便于说成“足球界流氓、政治界险恶、在歌唱界江湖上”的。除非为了特殊的目的，如讽刺、反语等。这样，可以分析出它们的感情色彩使用规律：

“～界”基本上用于褒义的场合，尤其是严肃、庄重的场合。如中国人民政治协商会议北京市第九届委员会委员名单所分各领域：经济界、农业界、文学艺术界、科学技术界、社会科学界、高等教育界、职业技术教育界、基础教育界、成人教育界、体育界、新闻出版界、社会福利界、宗教界。（《北京日报》1997年12月30日第2版）

“～坛”一般是中性，常用于体现为一阵风似的出现、变化迅速的场合，因此用于“文学界（文坛）”和“体育界（体坛）”的场合比较多。还可出现于轻松、随便、戏谑的场合和贬义、讽刺的场合，如“烟坛、胖坛、吃坛、麻坛（麻将界）”。

由于感情色彩的差异，人们便可利用这种差异来构造新词以达到特定的效果。如“扒手界（扒界）、吃喝界”等便利用色彩反差达到特定的效果。反语大多是用正的、褒义的色彩表达反的、贬义的内涵，这在“界”与“坛”的成词语用中也能看出。

从语体色彩来看，它们基本上都用于书面语，只是“坛”带有一些口语色彩。新的类词缀大都具有书面语色彩。

由此可见，色彩的表达是相互制约的，色彩的差异正是语用分化的结果，同时又丰富了语言运用的表现力。对色彩的认识不能非此即彼，还要考虑到交叠状态、过渡状态、或此或彼状态，考虑到典型的和不够典型、不典型的情况。“界”和“坛”的褒贬色彩的关系即如此。对色彩表达的制约因素我们研究得还不是很透彻。

三　词语的空位问题

由于音律的相互制约，“坛”附着于单音节语素之后，这样，某些“双音节+界”的词语便不易出现“～坛”的形式，如“新闻界、读书界、出版界、探险界、航空界、思想界、学术界、产业界、经济界、电信界、电视界、梨园界”。尤其是“多音节+界”的形式。这些“～界”的形式一时没有“～坛”的形式与它们相对应，在表达上形成了空位。有时我们能感受到这种空位的存在：

【5】我认为这不仅是导演界的问题（按：指男导演借机要挟、骚扰女演员），而是一个社会问题。任何领域、任何层次都有可能存在这个问题。（金枪鱼《中国演艺界　一言难尽性骚扰》，《作品与争鸣》1999年第5期第74页）

如果“导演界”“演艺界”有合适的“～坛”(如“导坛、演坛”)，由于感情色彩的分化，作者恐怕更乐于使用“～坛”的。空位的存在使作者不得不使用一般场合含有褒义但也可以用于中性的“～界”。这也说明，空位的存在还表现为一般先出现“～界”的形式，有了合适的简称形式后才逐渐过渡到“～坛”。如果没有合适的简约指称形式，便一直存在着词语空位，“～坛”便一直作为潜词语而存在于潜语言中。如“新闻界”是不便于出现“新坛”“闻坛”的。也就是说，空位的存在既有节律问题，也有语素义的代表性问题。

空位还有另一种表现，即有了“单音节+界”的形式，有时便使“单音节+坛”一时没有显现出来。这又牵涉下文要讨论的占位问题。当然，这种空位往往强制性不强，因为“单音节+坛”已经成了强显示形式，这种空位有被填补的可能，如“政界（政坛）、报界（报坛）、译界（译坛）、书界（书坛）、印界（印坛）”等。有时我们不能分清它们出现得谁先谁后。

有时我们还发现，有的“单音节＋坛”的形式先出现，然后才有“双音节+界”的形式，或者甚至不出现“双音节+界”的形式，如有“箭坛”尚无“射箭界”。它不是不能出现，且“箭”作为“射箭”的代表性义素也比较明确，而主要是“箭坛”对色彩区别的要求不明显。这便是“～界”的空位了。

与之相关的是对语体色彩区别的强制性要求也在某种程度上制约了别一色彩词语的显现。如“法律界”不大用“法坛”，虽然“法”已经取得了“法律”的语义代表资格，“法坛”从构词和语义上都是合理的，但现实语境往往制约着它的出现和使用。“军界”的语体色彩也制约了“军坛”的显现。

还有一种情况，即相关的“～坛”的形式都已出现，可是某一种词形总是不出来，而人们已经感受到它的存在。如由“科学界”而“科坛”应该是顺理成章的事，可是“科坛”却姗姗来迟，正如各种“～星”都出现了，可是“科星”长时间处于待显状态。① 这是受到社会因素的制约的。

表示总括的多用“界”，如“各界、外界、界内人士”，也没有相应的“各坛、外坛、坛内人士”的形式出现。

还有可有可无的情况，也就是现实还不大需要，便可以空位形式出现。如作为一项体育运动，“跨栏”并不普及也不易成为谈论热点，虽然“跨栏界”和“跨坛”显现的条件都具备，但都还未见使用。不出现也同样是规范的。

可见空位是由多种因素造成的，某个词的显现与否，有时受制于某一方面的原因，有时则受制于某几方面的综合原因。关注空位可以使我们发现词语显现和演变的过程。词语的显现有一个过程，有的待显状态很短，有的待显状态

① 于根元主编的《1991 汉语新词语》（北京语言学院出版社，1992）在“科星”条目下说：“在中国的确极少有说‘科星’的，因为科学家不容易著名，不容易产生轰动效应，不容易被人们普遍了解而成为公众人物；此外脑体倒挂长期没有很好解决，社会上还没有真正形成重视知识、重视知识分子的风气。此说由迟迟不见出来到有人开始提倡，反映了一种社会现象。”

持续的时间较长，甚至一直处于待显状态中。待显状态也应看作语言存在的一种方式，值得我们去研究。分析显化的条件和过程对我们的词汇学研究和对语义发展及语义关系的认识很有价值。

四　词语的占位问题

词语的显现常有个“先入为主”的现象，如果想“后来居上”，除非有特殊的表达效果，或者与同形的“先入者”不在同一个语境中出现。这就是词语的占位问题。词语的占位问题是历时与共时交互作用的结果。占位现象在“～坛”的组合中表现得特别集中和显著。由于“～坛”主要指体育界和文艺界，而体育界和文艺界内部的表现又是丰富多样的，因而，占位问题就比较明显。占位问题往往是与语义语音的区别度相联系的。主要表现在以下几个方面。

占位常与空位相关联。表示某一方面的词形出现后抑制了表现另一方面的相同词形的出现，使其只能以潜词语的形式存在，或以其他词形、其他方式出现。如，“体坛”指体育界。体育界中的足球界、篮球界、排球界、摔跤界、田径界之类分别有“～坛”的表达形式，然而体操界一直没有以“体坛”的形式出现。这是因为作为上位的概念的表达“体坛”（体育界）先占了位，抑制了作为下位的概念的表达“体坛”（体操界）的显现，形成空位。当出现“田坛、足坛、篮坛、泳坛及体操界人士”这样的场合时，总觉得有所不妥。由于“体坛（体育界）”的制约力量太强，使它让位几无可能，这样，如果体操界以“～坛”的形式出现，只有以“操坛”的形式出现以填补空位。我们相信“操坛”迟早会顺理成章地出现的。这是由于词义上下位的关系制约而使后来者寻找另一种形式来表达的结果，否则就必须以另一种方式（即“体操界”）来表达。

表示并列而相关的概念在表达上也要注意语义的区别度。如跳水界、跳高界、跳远界，如果都以“～坛”的形式出现，又要有足够的区别度，就比较困难。我们见到有将跳水界用作“跳坛”的，可是这种占位其力量不强，无法排除用它来指称跳高界、跳远界的可能，从而让出一些空间，这样，理解时就得借助上下文中的说明。也就是说，作为能表现三个相关的平行概念的“～坛”，要想用同一形式来占位且又能无交际障碍地加以区别，是很困难的。那么，为了增加区别度，能否用“水坛、高坛、远坛”来表示呢？实际也有困难。如用于指称水球界的“水坛”已经出现（且只有这一种可能形式）而占位了。也就是说，泛指性的代表性语素构成词后，不能排除歧解的可能性，当然有时语境的制约限制了可能的现实化。从这里可以看出语义关系的错综复杂。

与“跳坛”有所区别的是，“射箭”“射击”项目虽然都可以用“射坛”，然而我们发现它们在“～坛”的占位上有分工，“射坛”常用于射击，而“箭坛”用于射箭。当然，这种优势区分带有某种程度的强制性，不能完全排除将“射坛”用于射箭的场合。由于“箭坛”用于射箭，可是人们又用“剑坛”来指击剑，这样，“剑坛”与“箭坛”，在语音上就没有了区别性，也容易造成混淆。这种交叉占位相互制约。如果我们将它们可能的“～坛”形式写出来，就更能看出占位的复杂了：

射箭：射坛　箭坛

射击：射坛　击坛

击剑：剑坛　击坛

它们实际就是代表性语素的语义语音区别度问题。由于“射击”中的两个语素的代表性都比较低，因此无论采取哪种形式，无论在书面上还是口语中，它的区别度都很小，因此用于射击的“射坛”和“击坛”，其占位的稳定性都很低。而“击”的语义代表值更低，“击坛”的语义明晰性便也很低。

占位问题还影响到词语显现的频率差异。如“商界、学界、业界”之类的存在，反而使“商坛、学坛、业坛”不够彰显。

还有的是别一语境词语的占位会影响此一语境词语的显现。如“杂坛”，既指杂文界，又指杂技界，一形二用，虽语境相隔甚远，不会引起误解，但有时在语感上有些隔阂。这就是人们不断批评同形词的原因之一。

由此可见，空位、占位、让位是相互制约、磨合、调适的。

五　词缀的语用泛化问题

“界”“坛”开始都是实指性语素（词），“界”指地界、边界、界限之类的意义，“坛”指祭台、庭院之类的意义。这些意义后来泛化，直至出现了词缀化倾向。而它们的基本意义仍作为底层存在于词缀化形式中，因而仍有一定的实指性。它们与由于翻译外来词语而形成的词缀化形式（如“性、化”）有区别。

“界”和“坛”的语用泛化与社会分工越来越细密有关。社会分工既给人分群分层，也给工作分领域分范围，使类群的层次越来越多，类群之间的关系越来越复杂。这便使“界”和“坛”的出现越来越频繁。

一般辞书常认为“坛”用于文艺界和体育界，属于“界”内的某方面。释义时便用“～界”来对释相关的“～坛”。《现代汉语词典》便是这样释义的①：

【界】职业、工作或性别等相同的一些社会成员的总体：文艺～｜科学～｜妇女～｜各～人士。

【坛】指文艺界或体育界：文～｜诗～｜影～｜球～。

可见，“界”有范围，重在“领域”，可大可小。“坛”像舞台，重在“表演”，一般不会太大。“坛”很早就可用于指称文艺界。唐陆龟蒙《奉酬袭美先

① 《现代汉语词典》从1965年的试用本到1996年的修订本关于“界”和“坛”的释义都是如此。

辈吴中苦雨一百韵》:“文坛如命将，可以持玉钺。”宋欧阳修《答梅圣俞寺丞见寄》:“文会忝予盟，诗坛推子将。”金元好问《寄英禅师》:“家无儋石储，气压风骚坛。”其中的“文坛、诗坛、风骚坛”都属于文学界，且有比喻的内涵。这里“坛”的意义还比较实在，但虚的成分已很明显，这为“坛”词缀化提供了可能。由于文艺界与体育界在表演、“作秀”的方面有共同的地方，因此，“坛”的所指由文艺界渗透到体育界是很自然的事。由于我国发展体育事业是近几十年的事，这样，用于体育界的“～坛”也就在这几十年（尤其是这十几年）蓬蓬勃勃地发展起来。

然而，与此同时，现在它的适用范围已经大大扩大了。可以这样说，如果条件允许，只要能用“～界”的地方，就能相应地出现“～坛”。这就是词语在使用中的语义渗透问题，也可以说是语义的扩散问题。表达抽象意义的词缀其语义渗透或扩散比具体词语更加显著。凡是能够表现为变化快的领域，都可以用“坛”，这就是“坛”使用的共性，是“坛”语义的核心部分。其实，所有的语义扩散，都是在核心义的支配下使用对象的扩散。还有的甚至并不表示什么“界”的地方：

【6】我后来说了几个地方，梅朵都不满意，梅朵说看样子你初涉情坛，嫩点，你不要在这巴掌大的小城里打圈圈，到郊区的某一个地方，那儿没有熟人，安全。（余述平《为什么把草帽戴在我头上》,《山花》1999 年第 3 期）

这里的“情坛”与“情场”义近，但语感、色彩有差异。

六　余论

从上文对“界”和“坛”的语用分化的分析来看，语义从根本上说就是语言要素之间的关系，语言运用就是这种关系的联结和调整。语义关系反映了社会现实关系，但又不等同于社会现实关系，即它既是现实经验的临摹，又不表现为摄像。语义是在某一时间里占住着一定空间的，词语间的语义或彼此分离，或彼此相交叠，在语言使用中分配语义空间。语义空间是个动态的空间，在时空的运动中体现不同的语用价值。相关词语的使用是相互制约的，在消长显隐中体现合适的时空交会。这种时空的制约因素就是现象的条件。“界”与“坛”体现的词缀化倾向与构词能力的差异，正是语义关系相互调节的结果。

我们的词汇理论更多地从结构上去分析，而这往往还不够。而且结构的分析还是以静态为主。如何进行动态的分析，如何在动态分析中揭示词语使用的规律，如何描写词语之间的关系，如何对新的语言现象进行预测，是新的词汇学研究必须探讨的问题。本文对“界”和“坛”的比较分析只是一种小小的尝试。

参考文献

北京师范学院中文系教研组（1959）《五四以来汉语书面语的变迁和发展》，北京：商务印书馆。

陈光磊（1994）《汉语词法论》，上海：学林出版社。

符淮青（1985）《现代汉语词汇》，北京：北京大学出版社。

蒋绍愚（1989）论词的“相因生义”，《语言文字学术论文集——庆祝王力先生学术活动五十周年》，北京：知识出版社。

刘叔新（1990）《汉语描写词汇学》，北京：商务印书馆。

刘一玲（1993）寻求新的色彩寻求新的风格，《语言文字应用》第1期。

浦　吉（1996）说“友”，《语文建设》第3期。

任学良（1981）《汉语造词法》，北京：中国社会科学出版社。

沈孟璎（1986）汉语新的词缀化倾向,《南京师大学报（社会科学版）》第4期。
施春宏（1999）语言调节和语言变异,《语文建设》第4～5期。
王铁昆（1988）新词语的规范与社会、心理,《语文建设》第1期。
王希杰（1992）《这就是汉语》，北京：北京语言学院出版社。
于根元（1995）语言的潜、显及其他，载李晋荃主编《修辞文汇》，南京：江苏教育出版社。
于根元（1997）词语的时空分布,《世界汉语教学》第4期。
周洪波（1996）新词语的预测,《语言文字应用》第2期。

【附文一】

“界”“坛”词缀化辨*

一 引言

在现代汉语中，“界”“坛”的构词能力很强，作为合成词的一部分，其位置非常固定，以致已经有研究者称之为“类词缀”。

一般而言，相对于词根，词缀的语素意义较弱，语法意义较强。本文试以“界”和“坛”两个语素为例，论述语素合成中不可忽视的语言现象，解说现有一些观点的不足，进而证明一些“类词缀”的语素意义虽弱但并非可有可无，在具体语境中使用和区别时既要关注其语素意义，也应关注其修辞意义。

* 本文原刊于《修辞学习》2007年第2期，作者：乔刚。

二 “界”“坛”的语素意义是鲜明的

“界”“坛”的语素意义相当实在，因此是可以明确加以区分的。《现代汉语词典》就是这样释义的：

【界】③职业、工作或性别等相同的一些社会成员的总体：文艺～丨科学～丨妇女～丨各～人士。

【坛】④指文艺界或体育界：文～丨诗～丨影～丨球～。

本来这样的解释并无大碍，基本反映了中国经济改革开放之前两千多年的社会现象。但是，随着20多年来多元文化的渗透以及数字化生存方式带来的社会巨大变化，把“坛”类词缀化的现象层出不穷，“科坛”“网坛”的说法也日渐耳熟，甚至还有将某经典著作研究专门化的“易坛”。这就突破了《现代汉语词典》的释义范畴。

因社会发展而“界”“坛”构词能力日益增强，但是其语素本质还是词根，这些在合成词中位置非常固定、语素意义逐渐泛化的语词引起了语言学界的注意，施春宏先生在《说“界”和“坛”》（收入张博主编《汉语语言学文萃（词汇卷）》，北京：北京语言大学出版社，2004。以下简称施文）就正确地指出：“‘界’和‘坛’开始都是实指性语素（词）……这些意义后来泛化，直至出现了词缀化倾向。而它们的基本意义仍作为底层存在于词缀化形式中，因而仍有一定的实指性。”但是施先生同时又不正确地将这种泛化无限拓展，称：“可以这样说，如果条件允许，只要能用‘～界’的地方，就能相应地出现‘～坛’。”（P389）

将“界”“坛”的“类词缀”现象推向“词缀”地位，将“界”“坛”的语用无限泛化，事实上，这样的推论是不合实际的，因为“界”和“坛”语素意义的区别是显而易见的，“界”由“界限”本义出发，生发出的其他义项不外乎领域、系统和类别等。“坛”（壇）由“祭台”本义出发，其生发的其他义项则基本离不开一些具有展示意义的组织和平台。因此，与“界”和“坛”构成的合成词是不存在通用可能性的。例如：

【1】中共中央宣传部、中华全国新闻工作者协会7月23日在京隆重集会，表彰全国新闻界抗击非典宣传工作的先进集体、优秀记者和优秀新闻作品。（人民网《2003中国新闻界十大新闻》之七）

【2】中国队今天首次在世界杯赛上亮相。香港文艺界人士出于对中国队的热爱之情，大都看好中国队；而香港足球界人士则凭借专业知识，冷静地预测中国队凶多吉少。激情的热和专业的冷，形成鲜明对照。（东方网2002年6月4日）

【3】新学者融入世界科坛（书名）（何毓琦，清华大学出版社）

新闻界、文艺界和足球界，是泛指这些行业的人士；科坛，是指中国有关师生崭露头角的学术舞台，他们在国际学术界发表高质量的国际期刊论文和参与国际学术活动。必须指出的是，这里都不存在“界”“坛”通用的可能性。如果将“新闻界”“文艺界”和“足球界”相应地置换成“报坛”“影视坛”“文坛”“足坛”，那么其表彰、其热情、其持论就缺乏群众性和典型性，许多有关从业者就被剔除在外。而将“科坛”置换成“科学界”的话，则从根本上剥夺了大批科学家研究人员原本的学者身份，因为他们原本欠缺的仅仅是成果和美誉度，作者之意显然是指这些“新学者”取得了成就，走上了世界性的科学舞台。又如：

【4】2004年，余××（按：引用者隐）郑重宣布，他的自传《借我一生》将是他最后的绝版书，他将永远告别文坛，此谓二度封笔。（《北方新报》2006年8月4日第26版）

斯人可以选择退出频繁的文学舞台亮相，但不可能改变其学者身份和学者生活。斯人可以告别文坛，但不可能告别文学界。由此进一步可见“界”“坛”语素意义的鲜明与毫不含糊的区别所在。

此外，“界”“坛”语素意义的区别还要求与之组合的其他词根构成元素相应不同，即：与“界”组合的词根应当是具有完整意义的全称词；与“坛”组合的词根应当是具有指代意义的简称词。试比较下列各组语词：

【5】足球界、足坛；教育界、教坛；乒乓界、乒坛；演艺界、艺坛。

“界”“坛”语素意义的区别如上所述，因此上述各组合成词所表述的意义是很不一样的。不仅如此，上述语言现象还昭示着“界”“坛”这样的词根性语素，还要求与之合成新词的另一词根或全称，或简称，构词要求绝不含糊。它们对组合“配偶”非但不附缀，甚至还具有强烈制约性，这就鲜明地证实：“界”“坛”的词根属性并没有改变，其构词能力的增强，只具有“类词缀”表象，而不具实词缀地位。

三 “界”“坛”的语用色彩是中性的

语用色彩是汉语的一大亮色，其潜台词意义大大丰富了社会生活。但是一些语词的语用色彩并不是必然的与生俱来的，“界”“坛”的语用色彩就是中性的。施文从泛词缀化出发，认为“界”“坛”的使用“本来都是中性的，甚至偏向于褒义，很少用于贬义。现在也大体如此。然而，我们发现，它们在使用中有一种潜在的微妙的色彩分化。”(P382）并举下列两例说明“褒‘界’贬‘坛’，情感分明”(P383)。

【6】前些年南方有家出版社出版了一部外国通俗小说，译者为增加“原作的刺激性”，增加了大段的有关性的描写，成了译界的一个笑柄。好在这样的例子是特例。考察目前的译坛，读前段时间复译之风出笼的一些质量低劣的翻译本子（谈不上译作），发现有的翻译将所谓的“主体意识”发挥到了“私我意识”的极端地步。（杨能武《寂寞的丰碑》,《文汇报》1997年11月2日第7版）

【7】去年秋天，应台湾文学界之邀，十名祖国大陆作家去了宝岛台湾。……可是这几年内，不断看到文坛掮客，做出有失自重的“时装

模特”表演时，我倒是对张承志的行为，有了完全的认同。（丛维熙《文人的名片》，《读书人报》1999年10月18日第1版）

事实上，由“界”“坛”的语素意义本质属性出发，如果没有刻意的色彩意义转用，它们都是中性的。这里的“界”只是客观地泛指某一领域的从业人士（全称）；而“坛”则是泛指个体（单称）或群体（特称）所活跃于的某一展示性舞台。例【6】译者为增加“原作的刺激性”而增加大段性描写，只会成为译界的笑柄，因为译界翻译工作所遵行的通用基本准则是信、雅、达。译坛则不然，展示者不免良莠不齐，不免扮相争鸣。译界译坛本来都有行规，也都该遵守行规，区别只在译界重主流，译坛重个体。例【7】同理。这里的译坛、文坛本身不具有贬义，只是由于“私我意识”译者或者掮客的出现，才使得译坛、文坛好像出了什么问题。

细细品味一下“界”“坛”，两个语词的语用色彩意义，其区别是清晰可辨的。“界”是一个客观存在，在语用中不因人们褒贬而独立存在，它自坚守中性；“坛”在语用中则具有褒贬的潜在意义，活跃于“～坛”的人物要展示自我，生发兴事，就都须要有血有肉、有情感。当“文坛”与“掮客”一搭配，则文坛不得不附带着背上了贬义的重负；当“文坛”与“巨星”搭配，则文坛也就乐颠颠地好像承担起历史赋予的使命。

由语用色彩出发，“界”“坛”的出现是有分工和有规律的。

“～界”基本上是大类泛指，由于它无需涉及具体的人事现象，因而可以始终保持中性本质，它也由此常常作为业界全体人士的代称词。

“～坛”基本上是个体或部分的泛指，作为展示性舞台，它必然地涉及具体的人事现象，因而它的泛化趋势最强，构词发展变化最大。人们可以说“网坛”“情坛”，但不能说成“网界”“情界”。由于与“坛”搭配的另一个词根语素意义常常带有表述者的思想感情，因而“～坛”也就随之可能具有一定潜在的情感色彩，如“情坛”“烟坛”一类就带有一些戏谑的感情因素。而能够与

“～界”对应使用的“～坛”，其基本属性仍然是中性的，其语用色彩只来源于与其组合的其他语词所具有的色彩。（见例 7）

四 结论

“界”“坛”是当今社会构词能力很强的一对语词，其语素意义鲜明实在，而且其语素意义区别界限是清晰的。由于它们在合成词中的位置非常固定，且泛化趋势日益增强，被赋予“类词缀”称号，但是其语素意义并未被削弱，不仅自身独立存在，而且还对其他搭配组合的语素发挥着制约作用。由于历史局限性的原因，《现代汉语词典》的释义有所滞后，尤其对“坛”显得语焉不详；而施文立论则有失偏颇。在社会发展中研究词语之间的关系，归纳总结新的语言现象，这是词汇学研究的必要任务，本文“界”“坛”词缀化辨是一次尝试，也是一次商榷。

【附文二】

“操坛”一词的是与非 *

北大中文论坛（www.pkucn.com）的专题讨论区“汉语词汇学”中，一位名叫“CS 之 AK-47”的坛友于 2003 年 6 月 14 日发了一个帖子《“操坛”这个词将会出现吗？》，内容是关于《汉语学习》2002 年第 1 期上发表的《说“界”和“坛”》一文中有关“操坛”一词能否出现的讨论。帖文如下（词语下的着重号为笔者所加，下同）：

* 本文原刊于网络期刊《中国语言生活》2012 年第 4 期，署名：安青阳（即施春宏）。

作者眼光独到，敏锐的发现“界”和“坛”的用法在很多场合相近，当然同时也有差别。比如作为构词语素，用“界”的有：学术界、学界、出版界、IT界，等等。用“坛”的有：体坛、乒坛、田坛、诗坛。

作者又提到二者有冲突，比如关于“体操”就不好说，他举到一个例子，“田坛、足坛、篮坛及体操界人士”，“体操界”似乎是个例外，用“体坛”是不好的，因为“体坛”已经用来指体育界了，所以作者大胆地预言“操坛”必将出现。

作者的这个预言让我大吃一惊，“操坛”会出现吗？太惊世骇俗了吧？大家认为呢？

有坛友“在山”于当日跟了一帖：

我觉得不可能，“操”这个字听起来太不雅。

恼的时候有时我会说“我操”，一般还是用“我靠”。

该文发表至今已10年余了，坛友发帖至今也快9年了。《说“界”和“坛”》这篇文章主要是借助由两个类后缀“界”和“坛”构成的词族所出现的现实性和可能性，“试图在揭示‘界’和‘坛’两者功能分化的基础上，探索词语的空位问题和占位问题及其制约因素，进而指出语义关系就是语义的时空分布，词汇学研究应该加强词语显隐及语义关系的动态描写和分析”(引自该文摘要)。文章基于作者分析的模型而对某些词形能否出现及在什么条件下出现做了一些预测。如在文章第三节“词语的空位问题”中说：

由于音律的相互制约，“坛”附着于单音节语素之后，某些“双音节+界”的词语便不易换成“～坛”的形式，如“新闻界、读书界、出版界、探险界、航空界、思想界、学术界、产业界、经济界、电信界、电视界、梨园界”，尤其是“多音节+界”的形式。这些“～界”的形式一时便没有“～坛”的形式与它们相对应，在表达上形成了空位。……如果没有合适的简约指称形式，便一直存在着词语空位，“～坛”便一直作为潜词语而存在于潜语言中，如“新闻界”是不便于出现“新坛”“闻坛”的。

也就是说，空位的存在既有节律问题，也有语素义的代表性问题。

又如这样的预测：

有时我们还发现，有的“单音节＋坛”的形式先出现，然后才有“双音节＋界”的形式，或者甚至不出现“双音节＋界”的形式，如有“箭坛”尚无“射箭界”。它不是不能出现，且“箭”作为“射箭”的代表性义素也比较明确，而主要是“箭坛”对色彩区别的要求不明显，这便是“～界”的空位了。

与之相关的是对语体色彩区别的强制性要求也在某种程度上制约了另一色彩词语的显现。如“法律界”不大用“法坛”，虽然“法”已经取得了“法律”的语义代表资格，“法坛”从构词和语义上都是合理的，但现实语境往往制约着它的出现和使用。“军界”的语体色彩也制约了“军坛”的显现。

文章第四节“词语的占位问题”也做了很多这样的预测，其中与“操坛”相关的一段是（下画线为笔者所加）：

占位常与空位相关联。表示某一方面的词形出现后抑制了表现另一方面的相同词形的出现，使其只能以潜词语的形式存在，或以其他词形、其他方式出现，如，“体坛”指体育界。体育界中的足球界、篮球界、排球界、摔跤界、田径界之类分别有“～坛”的表达形式，然而体操界一直没有以“体坛”的形式出现。这是因为作为上位的概念的表达“体坛”（体育界）先占了位，抑制了作为下位的概念的表达“体坛”（体操界）的显现，形成空位。当出现“田坛、足坛、篮坛、泳坛及体操界人士”这样的场合时，总觉得有所不妥。由于“体坛（体育界）”的制约力量太强，使它让位几无可能，这样，如果体操界以“～坛”的形式出现，只有以“操坛”的形式出现以填补空位。我们相信“操坛”迟早会顺理成章地出现的。这是由于词义上下位的关系制约而使后来者寻找另一种形式来表达的结果，否则就必须以另一种方式（即“体操界”）来表达。

在这10年时间里，实际交际中的情况又是如何呢？我们在互联网上用关键词“操坛”搜索了一下，发现了不少用例，这里摘取几处，按时间顺序列举如下：

【1】陆老有幸参加了苏联同行的体操表演，苏联教练看后表示，中国人的身体很适合练体操，过不了多久，就能登上世界操坛。（www.cnarts.net，2004-03-05）

【2】本届世锦赛代表德国出战的丘索维迪娜在1991年世锦赛上代表苏联出战获得了女子自由体操的金牌，是那个时代苏联独霸操坛的见证人。（gb.cri.cn，2006-10-22）

【3】操坛雏鹰　笑迎奥运（标题，www.hcshiyou.com，2008-03-31）

【4】程女绝招惊世界　操坛异卉吐芳菲（为中国奥运军团体操冠军程菲而撰的对联，blog.gxsti.net，2008-08-05）

【5】李小鹏因为前两年的伤病困扰，一度以为他会退出“操坛”，可是今天，他为我们诠释了“顽强拼搏”这个成语的含义。（www.gochinago.sports.cn，2008-08-12）

【6】众小花操坛鏖兵闯关怒放　群雏燕奥运竞技折桂凌空（世侨会人士慰问中国奥运冠军对联，blog.voc.com.cn，2008-08-29）

【7】少年邹凯，髫发励志，操坛拼搏，北京奥运，力压群雄，勇夺三金，堪与1984年的体操王子李宁比肩。（www.daynews.com.cn，2008-08-26）

【8】庆功宴上，高健、黄玉斌、白远韶举着小邹家乡的泸州老窖，爽吟畅谈，操坛老人陆恩淳激动地话音有些发颤，看着小邹的三块金牌感叹道，“这几天我像在过年。”（www.daynews.com，2008-09-26）

【9】足坛黑、赌呈蔓延之势，篮坛、排坛、操坛、水坛……有相继沦陷之势。体育局总揽全局，不失时机地祭出“爱国”大旗，先拿周洋当靶，后用王奉春作羊。（www.4ucode.com，2011-03-10）

【10】祖国操坛六小丫，吾都喜得一奇葩。三牌闪亮家乡奋，热土弥开七彩霞。（广州市花都区文学艺术界联合会赋诗，www.huadu.gov.cn，2011-06-14）

上列各句中的“操坛”都是指“体操界”。其中，第一例是笔者目前见到的最早用例（当然，如果有更早的用例，甚至在该文发表之前就已存在相关用例，也是不足为怪的），而“操坛”大规模出现则是在2008年北京奥运会前后，其时中国体操界的表现相当抢眼。可见特定词语的闪亮登场和广泛使用有其时空性，既有语言自身条件的制约，更与特定交际时空相契合。词汇学和语义学的研究，只有对此做出精细化的说明，才能更深入更系统地刻画出词汇系统和语义系统的动态性和层次性。

“操坛”一词，不仅民间在用，官方也在用。北京体操协会在北京奥运会那年曾举办了一次新春庆祝活动，中国体操协会官方网站的报道“北京体操协会恭祝08新春 献精美年历体操画卷”中有这样的话：

【11】用历界奥运的吉祥物、火炬、金牌镶嵌的花边，更增添了奥运气氛。可谓：诗画聚全、情趣盎然、雅俗共赏、愉悦操坛。（www.cga.net.cn，2008-02-15）

从《说“界”和“坛”》的理论分析来看，“操坛”一词完全可以出现；从以上实例的交际来看，“操坛”一词已经取得了词籍。

就学术研究而言，精致的描写、充分的解释和有效的预测是最基本的三项目标，也是义不容辞的基本任务。在该词未出现之前，研究者根据特定的分析模式做出有效的预测，是理论分析的必然要求。做研究需要建模，建模的目的除了系统说明既已存在的语言事实外，还需要预测尚未出现的语言现象。笔者曾在《语言事实和语言学事实》(《汉语学报》2010年第4期）一文中将已经出现并为人所观察到的语言现象称作“语言事实”，而将研究者根据自己的分析策略所预测的语言现象（包括可能出现的和绝对不能出现的两个方面）称作“语言学事实”。语言研究既要关注语言事实，也要关注语言学事实。当然，基于特定理论背景而预测的所谓的“语言学事实”，在未来的交际生活中可能有两种结局，一是预测得到了事实的验证，一是预测跟后来的语言事实相背离。前者证实了理论的有效性，后者则说明该理论存在着问题，因而需要调整甚或放弃。

再回到“操坛”。两位坛友提出的问题是很有价值的，已经牵涉到词语显现的某些制约条件了。在日常交际中，“操”的一个义项所表达的概念“含草量”极高，若用于交际中则在污言秽语之列，因此用这种概念通过语素整合而构成的“操坛”自然也是一个含草量极高的词语。基于此，两位坛友对该词形的显现可能性做出了自己的预测。显然，这种含草量极高的“操坛”与表达“体操界”之概念的“操坛”是同形异义的表达。这种同形异义而且色彩迥别的词语表达如果同时出现在交际系统中，自然容易引起不当的联想，从而影响作为“体操界”的“操坛”一词的交际值的发挥。这正是两位坛友预测的现实基础。当然，现实的交际中还有其他更强的力量的制约，从而推动了“操坛”（与体操界相对应）的显现。关于词语由潜到显的过程中若干作用力的权重和协调过程，这是一个需要专题探究的话题。

词语搭配中的语义认知空间问题 *

一 “吃什么”和“怎么吃”

语言表达系统中有一个有趣的不对称现象（例子前面加 * 的表示不能说）：

【1】a. * 吃羊—吃羊肉

b. 吃鸡—吃鸡肉

c. 吃泥鳅—* 吃泥鳅肉

从这三对例子来看，有的动物和它的肉都能被“吃”，而有的只是肉能被“吃”，有的似乎不是肉被“吃”，而只能是动物整体被“吃”。为什么会有这样的差别呢？

就这几个例子来看，人们会很容易发现，是“吃 + 动物”还是“吃 + 动物肉”，似乎跟动物形体的大小有关。因为羊比较大，只能吃“肉”，不能吃整“羊”；而泥鳅比较小，常常整个吃（虽然我们吃泥鳅就是吃“泥鳅肉”，整体代指部分）。至于鸡，大于泥鳅小于羊，因此两种吃法都可以。也就是说，动物形体的大小决定了食用的方式，而食用方式的不同决定了词语搭配的合格与否。

可是，如果我们扩大一下实例的范围，就会发现这样的理解并不充分。例如：

【2】a. 吃烤全羊—* 吃烤全羊肉

b. 吃烤鸭—* 吃烤鸭肉

---

* 本篇包括三篇各自独立发表的短文:《“吃什么”和“怎么吃”》原刊于《中国语言生活》2011 年第 3 期;《“出位”之搏》原刊于《语言文字报》2011 年 6 月 1 日第 2 版;《说“件套”的用法和意义》原刊于《辞书研究》2012 第 4 期。

我们无法说例【2a】中的“烤全羊”比例【1a】中的“羊”大。例【2b】中的“鸭”和例【1b】中的“鸡”大小也似乎没有差别，可是这里的“吃烤鸭肉”却不怎么说。在能不能接受方面，例【2】跟例【1】相应的说法正好相反。

如果我们搜集更多的例子，就会发现，到了“涮羊肉”，又只能是“吃涮羊肉”而不能说“吃涮羊”了，似乎又跟例【1a】相同。有所不同的是“涮羊”是不能说的。

还有“狼吃羊”，也不大说成“狼吃羊肉”(不是指“狼喜欢吃羊肉”中的“吃羊肉”)，虽然狼吃羊时确实是将羊肉撕成块而一块一块地吃下去的。这倒跟人“吃烤全羊”在表达方式上一致。同样，我们可以说“几只东北虎深夜闯进了村子，吃掉了两头牛、五只狗、六只鹅”，一般不说“几只东北虎深夜闯进了村子，吃掉了两头牛的肉、五只狗的肉、六只鹅的肉”，虽然吃的确实就是这些动物的肉。

另外，《水浒传》中有“人肉包子”，《中山狼传》中东郭先生遇到的是“吃人的狼”，这里的“人肉”和“人”是不能互换的。同样的道理，像“吃人的旧社会”这样的比喻性说法，也是不能换成“吃人肉的旧社会”的。这又该如何解释呢?

其实，现象虽然纷繁复杂，但这种杂乱的表象之后有很强的一致性规则在支配着语言的使用，而且这种规则还跟人类怎样看待世界，怎样在世界上生活、生存有关。

“烤全羊、涮羊肉”是很有启发性的例子。吃“烤全羊”时，固然要一块一块地切着吃或撕着吃，但在吃之前，有个加工的过程：将整个羊拿来烤，等烤熟了以后再吃。而这种加工的方式是我们关注的焦点。因此可以“吃烤全羊”，而不怎么“吃烤全羊肉”。同类的如“烤鸭、烤乳猪”，都是如此。“涮羊肉”则不然，吃之前涮的是“羊肉”而不是“羊”，因此只能“吃涮羊肉”。“烤、涮”都是动物或动物肉做食物时的加工方式。

原来，“吃 + 动物”或“吃 + 动物肉”的搭配合格与否，跟人在吃食物时加工的方式有关，加工的方式决定了“吃什么”搭配的可接受情况。

用羊做食物时，一般不会将羊整个来加工，而是先将它切成肉块再炒、烹、煮、烤，因此可以说“吃羊肉”，而一般不会说“吃羊”。突出的是分割成块式加工的方式。

用泥鳅做菜时，一般不是先把泥鳅切成肉块再做菜，而是整体炖煮，因此一般说“吃泥鳅”，不怎么说“吃泥鳅肉”。突出的是整体加工的方式。

而用鸡做菜时，既可以用整鸡炖汤，也可以将鸡切成肉块来炒，即两种加工方式都存在，因此既可以说“吃鸡”，也可以说“吃鸡肉”。不同表达突出的是不同的加工方式。

由此可见，动物大小不是决定“吃 + 动物（肉）”搭配合用与否的根本原因，虽然常常是吃大的动物时就是吃它的肉。

同样可以说明“狼吃羊、老虎吃牛”，因为老虎在吃之前根本就无所谓加工不加工了，虽然吃的时候也是一块一块撕咬的。既然不需要加工而直接吃，于是就直接采取“吃 + 动物”。

《西游记》中各种妖魔鬼怪所向往的“吃唐僧肉”，四五十岁以上都很熟悉的表达“吃人的旧社会”，都是如此构成的。而这两种表达都形成了比喻性的用法。

这就能够预测，如果加工方式改变了，语言中的搭配方式也就会发生变化。当我们说“这个动物园的老虎每天都要吃牛肉”时，实际上也是从动物管理者加工虎食的角度来考虑的，而不是从老虎撕切啃咬等食用方式这个角度来说的。这时就不能说“这个动物园的老虎每天都要吃牛”。

也就是说，决定“吃什么”表达合格性的，是“怎么吃”。其实，只要到饭店里翻翻菜单，就能看到许许多多的例子。

由此可以看出日常生活经验是如何影响及在什么层次上影响我们的交际方式的。这里可以说明，人类的语言世界是个“人治”的世界，而不是纯粹客观的世界，人的生活体验、注意范围和观察视角使外在世界以不同的方式在语言系统中被凸显出来。

二 “出位”之搏

我们所处的这个时代，是个试图越来越彰显个性、越来越凸显超群之处的时代。“出位”一词的现实理解和使用就是这一时代气息的鲜明反映。

“出位”是个说新不新、说旧不旧的词语。就字面而言，“出位”指的是从某个位置上出来，越出某个位置。这个词已经有些历史了，首先是跟“位”有关。《说文解字》中说“列中庭之左右曰位”，指的是群臣在朝廷上所处的位列。如《孟子・离娄下》中说：“礼，朝廷不历位而相与言，不逾阶而相揖也。”位阶不同，不可逾越。这实际上已经蕴涵了这样的意思：如果出位、越位，都是不适当的，甚至是禁止的。由此可见，初始的语义结构及其语用条件对后来的语义发展方向和方式有所影响。

从官员所立之位到一般所处的位置，是个很自然的引申。这种比较实的用法一直延续到清代。如清代小说《说唐全传》有这样的句子：“咬金见狄仁杰气概不凡，连忙出位逊坐。”而交际生活中的“位”，有实有虚，词义由实而虚地引申同样也是很容易的事。只要“位”所涉及的范围、领域一调整，就可以推演开去。这样，“位”就很容易从官位引申到职位、地位、名分，乃至一般所处的某种情况、某个范围。《论语・宪问》中孔老先生要求“不在其位，不谋其政”，弟子曾参接着老师的话说“君子思不出其位”。思都不出位了，就更别说行了。这应该是“出……位”的比较早的用法，虽然两个字还没有黏在一块。这一“不出位”的要求，一直延续了下来。只有“别其等，正其位”，才能“各就各位”，无论是行为还是思想。历史上凡“出位”之用，除了指出列、离位外，大多引申用于“思不出位、无出位之思”和“出位妄言、嫌其出位”之类，对出位的表现基本持否定态度，所做的工作大多是“绝出位之渐”（《旧唐书・列传第一百二十一》）。但现实未必都能如此，未必都会如此，未必都必然如此，于是就有了“出位”之思之行之态。但凡用“不”来标记禁止的，实际上都是存在着非“不”的情况。而且，做不该做的事，固然出位；做该做的事，也完全可能出位。如武则天的孙子、大唐宰相武元衡在上朝路上被刺杀，白居易上书请求查案，结果“权贵有嫌其出位”，以致被贬江州司马。这是别人认为他出位了。又如苏轼是个好进言的人，在一份奏议的最后说到：“臣受恩至深，不敢不尽，出位妄言，罪当万死。”这是自己觉得出位了（虽然只是字面上的）。可见，“出位”是多么不易、不妥、不被允许和接受。

然而，某个“位”被人占长了守久了，也就容易逐渐地带上程式化、保守、框框等的社会附加属性，于是，既有之“位”便可能固定着人们的思想、生活、言行。于是，要想变，就得“出”传统与现状之“位”。这时“出位”的色彩就渐渐发生倾斜了。贴近生活的词语是容易沾染现实的气味的。可不，这些年，时风大变，“出位”大多似乎成了一种主动的追求，既追求出位之思，更展示出位之态。

其实，凡“出”者，都有特殊之处。为了“出风头”，做“出头鸟”，有“出头之日”，使自己的言行更加“出彩、出色、出众、出名”，各种“出偏、出奇、出线、出界、出境”乃至“出轨、出格、出丑、出洋相”的手段都可以“出笼、出炉”，只有这样才能够“出其不意、出人意料、出类拔萃、出人头地”，进而达到“出神入化”的境地，终于在主观上或客观上成功“出位”了。可见，“出位”实际上是“出～”族词中带有新色彩的旧词。无论通过什么方式“出”，总的目标只有一个，就是“出新”。而新与奇、异、怪等常常联系在一起，因此出新的目的也就是试图“出奇制胜”。上面这些词语在语义结构上具有高度的一致性，虽然具体表现的侧面有差异。语言会利用不同的词语或调整既有词语的语义成分或色彩来表达不同的交际视角和交际重点的。这是个越来越追求出位的社会了。只要反常态，翻规矩，颠传统，惊人心，都在出位之列。韩寒、郭敬明出位了，余秋雨、于丹也出位了；西单女孩出位了，芙蓉姐姐也出位了；范跑跑出位了，甚至连洗澡女干露露也都出位了。只要让人有种“反”了的感觉，便已经出位了。

当然，虽然对出位充满无限期待，但出得了位也不是一件容易的事。这是一个追求眼球经济学的时代，为了抓住眼球，就得放手一搏。“出位”需要胆量、胆识，“搏”则昭示要出位就必须具备一定的力气、勇气、才气、豪气。于是“搏出位”这个词就跟时尚一样流行开来。搏的是特殊，搏的是个性，搏的是凸显程度。在人人都想出位的时代，已经到了不搏不行的时候了。从最容易夺人眼球的“搏出位”的领域来看，演艺界、时尚界、娱乐圈首当其冲。例如：“霍思燕出席剪彩活动，内衣外穿造型出位”，“尚雯婕拍环保时装大片，前卫造型出位”，“女星夸张出位爆炸头引领时尚潮流”，“赶潮流搏出位，英国少女流行断背吻”，“相亲节目竞争白热化，话题生猛搏出位”，“越‘色’越出位，撞色小空间给你新鲜感”，等等。真可谓，志在出位，誓不出位死不休。因为大家深知：“不出位，就出局。”思想出位难度大，于是更多地在观感出位上一搏。出格的言语、夸张的行为、奇异的着装，都是出位的常用方式。既然如此，今天出位的，明天就可能奥特（out）了，结果还得奋勇拼搏。想想改革开放之初，穿个喇叭裤，烫个狮子头，就已经相当出位了，而现在演员穿露点装，主持人剃阴阳头，都不算怎么出位了。可见，出位之搏，搏得十分热烈、激烈、壮烈乃至惨烈。这是一个跟着感觉走的时代，这是一个有太多的感觉以致没了新感觉的时代，这是一个没有新感觉却要制造新感觉的时代。出位！出击！出发！只是为了存在——实体的存在，符号的存在。

从开始越出队列之“出位”，到现今超过一般、突破常规的“出位”，词义的基本结构一脉相承，变来变去的是社会现象；其实社会现象的本质也没怎么变，变来变去的只是社会现象的表象。就此而言，“出位”是个旧瓶。但从“出位”乃至“搏出位”的常用领域和场景来看，从它们所具有的鲜明的时代色彩和新颖程度来看，这个旧瓶里装了不少新酒。其实，对不少人来说，这个词还比较陌生，虽然各种出位现象已经琳琅满目了。词语尤其是新词语的使用有个领域的适用性问题，词语色彩的浮现和潜隐、新颖程度的涨落有个动态的过程，而对这些方面，我们还缺少系统的认识。

生活的色彩有多丰富，语言的色彩也就有多丰富，甚至还要丰富，因为它会使你不停地思考为什么会如此丰富。

三 说“件套”的用法和意义

汉语量词中有一类复合量词，是由两个或两个以上量词复合而成的，如“人次、架次、秒立方米、吨公里”和“部集、篇本、台件、台套”等。一般的语法书按它们内部语义关系的差异将它们分为两种类型。第一类是相乘（或相乘后再相加）的关系，如：1个人参观1次，是1人次；1架飞机飞1次，是1架次；1秒钟流过1立方米，是1秒立方米。这样，“16人次”既可能是4人每人4次，也可能是2人每人8次，还可能是2人每人2次、3人每人4次的总和，当然也可能是其他。第二类是选择不同量词后的相加关系，如：书1部或1集，是1部集；文章1篇或书1本，是1篇本；物品1台或1件，是1台件。这样，“16部集”既可能是8部书加8集书，也可能是11部书加5集书，或者其他。

但是，“件套”则是个比较特殊的复合量词。很多现代汉语教材和对外汉语教材都将它归入上面的第二类，认为1件或1套就是1件套，这样10件套就可以是4件加6套，也可以是9件加1套，等等。然而，实际语言交际中并非完全如此。“件套”实际上有两个含义。除了上面这种含义外（如“高档针织服装60余万件套、3000多件套军事装备、收藏文物120余件套”等中的“件套”），还有另外一种含义。如我们去商场买床上用品时，“件套”指的是有若干件构成的1套。如3件套的床上用品指的是由被单、被罩、枕套各1件构成的1套；4件套的通常包括1个床罩、1个被套和2个短枕套。5件套、6件套，甚至10件套或更多件套的都有。如“10件套”可以是：大被子套、小被套、床单、枕头套、枕巾各2件，大枕头套、大枕巾各1件。再添上一些抱枕或者靠枕之类就可以组成更大数目的件套。也就是说，这里的“件套”是套内各件的加合关系，而不是套或件的选择之后的加合关系。又如“两人都穿了两件套的黑色泳衣、6件套化妆品十分畅销、特等奖是价值万余元的黄金3件套、一套8件套的精致长柄葡萄酒杯、丁工牌8件套双头呆扳手、那套清仿明48件套旧红木家具、三星牌6件套搪瓷厨房设备”中的“件套”都是如此。大体说来，凡是以一整套为着眼点、一套内又有 X 件东西构成的用品器物，往往可以用“X 件套”。意在套，但又强调套内的组合数量。这也就是日常生活中“件套”多用于衣饰用品的原因。像“我们在北欧市场上专门注意了一下价格，他们的 3 件套零售价一套大约 15 ～ 20 美元之间”这句话中，明确指出“一套”的价格，更能显出其中“件套”的含义了。

既然“件套”有两种用法，交际中是否有分工呢？我们从用例中发现，从生产、装备的数量角度看，“件套”基本上指选择不同量词后的相加关系，因为它们着眼于总量；从消费、使用的角度看，“件套”基本上指由件构成的套，因为它们着眼于分量。这样的语义空间分割倒是挺有意味的。每个义项或用法都占据着特定的交际空间。描写语义，实际上就是刻画语言交际的空间关系。

如此看来，“件套”有收入辞书加以解释的必要。然而，目前《现代汉语词典》《现代汉语规范词典》各版本均未见收录。

“件套”的这种用法和含义，不光汉语交际中如此，英语交际中也是这样的。如西装套装（suit）分为两件套（two-piece suit）和三件套，两件套西装套装包括上衣和裤子各 1 件，三件套西装套装包括上衣、裤子和背心各 1 件。按照传统的观点，比起两件套西装来，三件套更显正规。现在女性的三件套则包括西装、背心、裙子。

在汉语复合量词的语义系统中，“件套”的内部语义关系有比较特殊的地方，可以看作汉语复合量词系统中的例外或特例，但它们有特定的使用条件。可见，即便是特殊现象，也是特定的条件使然。此所谓条件一定，现象一定。

【附记】北京语言大学 2014 级博士研究生林君峰同学在笔者开设的《语言学的观念和方法》课程（2014 年秋学期）作业中对这三类复合量词的内部关系提出了新的认识，兹录如下：

笔者觉得可按具体的合成方式来分类。第一类是叠加，从不同角度看要使用不同的量词，这些量词再合而为一，如“架次”，从飞机本身看要用“架”，从飞行（动作）看用“次”，叠加在一起作为计算飞机飞行的单位，不能区分组合层次顺序。第二类是相加，一批物品属于一个大类不同的小类，则分别使用不同的量词再相加，如3本书加3篇文章为6篇本，组合时不分层次顺序。这些物品一般是同类，但未必有搭配关系。第三类是嵌套，如1个茶盘1个茶壶8个茶杯组成的“茶具10件套”，先有10“件”，再组成一“套”，是有层次顺序的组合。这些物品一般可以相互搭配。

林君峰同学还对书稿中的其他地方提出了很多富有启发性的意见和建议，未能一一标注，谨此致以诚挚的谢意。

下　编

词语调节和语义用变研究

词语调节过程中的语义关系分析 *

提要 本文以鲁迅作品中“纪念”和“记念”的使用为例来探讨词语调节过程中的语义关系问题。文中首先详细描写了鲁迅作品中这两个词语的分布规则和交叠使用情况；接着借此说明语义关系对词语调节过程的制约作用，指出词语调节必须放在具体的语境中进行；最后探讨词语调节过程中词频差异的本质所在及如何利用词频统计来反映语言使用的现实状况。

一 引言

鲁迅《南腔北调集·为了忘却的记念》一直被收入高中教材并作为重点篇目去教学。对标题中的“记念”一词，常见的解释是作“纪念”讲。一般参考书或持此说，或避而不谈。2001 年 12 月 19 日发布、2002 年 3 月 31 日试行的《第一批异形词整理表》也将“记念”作为“纪念”的异形词而主张规范掉。那么，仅就鲁迅此文的标题而言，似乎应该说成“为了忘却的纪念”了。倘若对鲁迅作品再多熟悉一些就会发现，鲁迅时而用“纪念”，时而用“记念”；有时同一篇文章中既出现“纪念”又出现“记念”，如《且介亭杂文·忆韦素园君》中“纪念”用了四次，“记念”用了两次;《且介亭杂文二集 · 后记》中各用了一次。这样，给人的印象似乎更是它们只是同一异形词的不同写法了。可

* 本文原刊于《汉语学报》2007 年第 4 期。笔者对鲁迅先生的作品非常热爱，曾怀着无限崇敬的心情在本科阶段、读硕期间、读博期间先后三次通读《鲁迅全集》中所有小说、散文和杂文。本文的写作主要是在 2006 年（鲁讯先生逝世七十周年）完成的，写作此文是为了表达笔者对鲁迅先生的纪念和记念。

是，如果真的如此，那就“违背了异形词运用的最低要求：各别语境的相对同一性”（施春宏，2001）。

根据通常的理解，“异形词是指社会上并存并用、同音、同义而异形的词语。异形词的这几个条件必须同时具备，缺一不可”（高更生，1993）。[①] 归纳起来，除了词形的差异以外，需要具备其他方面的同一性（identification）：语音的同一性；语义的同一性；使用的同一性。其实，对语义上的同一性，并不好理解，操作起来也有一定的难度，它可以具体化为使用的同一性，再进一步具体化为共时平面上使用语境的同一性。如果两个词并存并用且可以自由替换，当然就意味着它们对语境的要求或者说在各种语境中的表现是一致的。也就是说，这两个词形等同分布。这是严格意义上的同一性，实际上很少有人在整理异形词时能严格遵守，而且它的可操作性也不高，但我们又似乎并不放弃这种理解。那么，我们就按照这样的理解来看看鲁迅作品中对“纪念”和“记念”这两个词的使用情况。可是，在通读《鲁迅全集》（《两地书》除外）的基础上，我们发现它们并非等同分布，而是有同有异，它们之间的语义关系似乎是交叠的而不是重合的。如果语义重合且同音异形的话，就是异形词（可以看作绝对等义词）；如果语义交叠的话，就只能看作近义词。通过梳理其中的语义关系，我们觉得至少在鲁迅的作品中，这两个词似乎不宜看作异形词。

对此，学界已有所探讨。吴辛丑（1986）指出，鲁迅作品中“纪念”表示的意义与一般词典的释义基本相符，而“记念”则可以分为四个义项：（1）思念、挂念；（2）记述事迹以表示怀念；（3）记述事迹、表示怀念的文章；

① 其实，对异体词（异形词）内涵的理解，学界存在一定的争议，现在倾向于将它看作一个原型（prototype）范畴。具体分析参见施春宏（2001、2005）、苏宝荣（2002）、余志鸿（2004）。高更生（1985）所定义的异体词只是这一原型范畴中的典型成员，而根据坚持异体词范畴的原型性这一观念的学者的考察，这种典型的异体词并不多见，我们整理的异体词当中也并非都是这种典型的异体词。只不过由于高更生（1985）中的定义为一般人所了解和接受，因此这里姑且以此为起点来讨论。

（4）用作留念或表示怀念的物品或活动。其中义项（4）跟“纪念”用法相同，而义项（1）（3）根本不能用“纪念”替换；义项（2）虽可以认为与“纪念”同义，但只是相近，并不等同：“记念”一定是通过写文章记述事迹来表示怀念，而且怀念的对象只能是人，“纪念”则不一定，可以用各种方式，对象可以是人，也可以是事等。李新华（2001）也分析了两者之间的差异，归纳为四点：（1）在表示对生者的怀念时，只用“记念”而不用“纪念”；表示对死者怀念时，多用“纪念”，也有不少用“记念”，但比“纪念”内涵更丰富；（2）表示对在世的人或物牵记、思念，系心不忘的意思，用“记念”不用“纪念”；（3）对去世的人或过去的事表示怀念、回顾可用“纪念”，但如果表达记述事迹以表怀念的意思时，则只有“记念”能当此任；（4）指记叙事迹以表怀念的文章时，只能用“记念”。除了义项（2）实际上可以归入义项（1）外，跟吴辛丑（1986）没有根本的差别，但更侧重“生者”“死者”这个角度。

这两篇文章的观察是比较细致的，但我们通过对鲁迅作品中这两个词语的使用语境的全面分析，觉得还有不小的探讨空间。一是可以对“纪念”和“记念”这两个词的分布规则描写得更系统一些；二是可以描写得更细致、深入一些（他们对这两个词的交叠使用情况的描写都不充分）；三是可以尝试对这种分布提出较有概括力的解释；最后就是可以借此探讨词汇描写中的一些理论和实践问题。这样，本文便在立足于“存在就是合理的”这一基本理念的基础上，首先重新分析鲁迅作品中“纪念”和“记念”这两个词的分布情况，然后借此探讨词语调节（主要是异形词整理）过程中词义空间分割以及词形和词义之间的关系等问题。由于词义描写是对词语使用过程中词语之间关系的抽象，而这种关系只能在特定语境中实现，因此本文特别关注词语使用的特定语境以及词语使用频率的差异所反映出来的语境本质。

二 鲁迅作品中“纪念”和“记念”的分布规则

“纪念”和“记念”的共同之处是都表示想念、怀念、惦念、挂念，“念”的对象或者已经过去了（包括去世了的人或过去了的事），或者不在眼前。从语义空间关系来说，这也是各种“～念”的相同点。但是，“念”的方式可以不同，有的主要是在心里怀念，有的用某种物来寄托一种怀念，有的则通过举行活动来表达一种怀念。当然有时有交叠的地方，但大体上还是能分清的，进而形成不同的“念”的类型。不同的交际方式、交际类型是交际中不同的事件结构（event structure）的具体表现①，而事件结构实际上又来源于交际中的不同的语境结构（contextual structure）。这些现实交际中的事件结构经过概念化过程后投射到语言系统中来，便形成特定的语义结构（semantic structure）。这是一个逐层结构化的投射过程。鲁迅作品中“纪念”和“记念”的区别使用正是这种交际类型的分化在语用中的体现，而交际类型的分化实际上体现了语境类型的分化以及语境结构的差异。这样，我们就需要利用语境分析来刻画相关词语的分布情况。

总体而言，鲁迅的作品基本上是遵循“心有所念”“事有所念”和“物有所念”的区别来使用这两个词的。

（一）心有所念

【1】但是新青年的编辑者，却一回一回的来催，催几回，我就做一篇，这里我必得记念陈独秀先生，他是催促我做小说最着力的一个。（《南腔北调集·我怎么做起小说来》）

【2】他爱他的故乡，终身记念着。（《译文序跋集·〈战争中的威尔珂〉译者附记》）

① 由于“纪念”和“记念”都是动词，代表的是现实生活中的事件，因此这里主要讨论事件结构及其类型。其实，还有其他结构类型，如名物结构、状态结构等。而且它们之间有交叉的情况。

【3】对于我们，却是值得记念的青年，因为他在默默中支持了未名社。（《且介亭杂文·忆韦素园君》）

【4】记念几个死者和生者和未生者（《野草·淡淡的血痕中》副标题）

这三例都是表示在心里系念某人或某物，所以用的都是“记念”。而且，如果系念的人还活着，如例【1】；系念的物还存在，如例【2】，则根本不能用“纪念”。即便现在的作品，也必须用“记念”。例【4】记念的对象不但有死者，还有生者，甚至包括未生者，由此可见“记念”跟“纪念”之别。

（二）事有所念

【5】这于我们是很可庆幸的，我想，在纪念黄花节的时候便可以看出。（《而已集·黄花节的杂感》）

【6】但我都恳切地希望：“请愿”的事，从此可以停止了。倘用了这许多血，竟换得一个这样的觉悟和决心，而且永远纪念着，则似乎还不算是很大的折本。（《华盖集续编·“死地”》）

这两例都是指通过举行某种活动来怀念某件事，而不仅是心之所记；有时甚至并非用心行事，而只注重于形式上的表达也可。这种情况下只能用“纪念”。这种纪念往往有周期性，如每年举行一次，重点是在举行活动这一事情的本身。这样，由政府或某个组织、团体确定的“纪念日、纪念周、纪念会、纪念展、国耻纪念、周年纪念”以及“隆重纪念、举行纪念活动”等一般情况下都只能用“纪念”而非“记念”。例如：

【7】那军阀从前是压迫民党的，后来北伐军势力一大，他便挂起了青天白日旗，说自己已经信仰三民主义了，是总理的信徒。这样还不够，他还要做总理的纪念周。（《而已集·魏晋风度及文章与药及酒之关系》）

【8】看报，是有益的，虽然有时也沉闷。例如罢，中国是世界上国耻纪念最多的国家，到这一天，报上照例得有几块记载，几篇文章。（《准风月谈·礼》）

下面一例似乎属于“心有所念”，应该用“记念”，而文章中却用了“纪念”。其实，细细分析就会发现，这里的“纪念”某某人，指的是通过举行纪念活动来纪念，仍然是“事有所念”，而非“心有所念”。

【9】前年纪念爱迪生，许多人赞颂电报电话之有利于人，却没有想到同是一电，而有人得到这样的大害，福人用电气疗病，美容，而被压迫者却以此受苦，丧命也。(《伪自由书·电的利弊》)

毛泽东的《纪念白求恩》也只能用“纪念”而非“记念”，因为这种纪念是作为一种号召而发出的，不但要记念，尤其应该有活动，要学习。而上文凡只是或只为了“心有所念”的，则只能用“记念”。

（三）物有所念

这里的情况稍微复杂一些，但大体可以分作两类。先说第一类：

【10】临末我还要记念镰田诚一君，他是内山书店的店员，很爱绘画，我的三回德俄木刻展览会，都是他独自布置的。(《且介亭杂文二集·后记》)

【11】单将这些文字，过而存之，聊作今年笔墨的记念罢。(《且介亭杂文二集·序言》)

这些句子表达的内容都与文字记述有关，而写文章的目的是为了思念、怀想，所以偏于“心有所念”，用“记念”。例【10】中的“记念”作动词用，指用文字记述其人其事来表达思念;【11】中的“记念”作名词用，指记述其人其事来表达思念的文字。再说第二类：

【12】可是结果总是一个“差不多”；也总是只留下一个纪念品，就是当神像还未抬过之前，化一文钱买下的，用一点烂泥，一点颜色纸，一枝竹签和两三枝鸡毛所做的，吹起来会发出一种刺耳的声音的哨子，叫作“吹都都”的，吡吡地吹它两三天。(《朝花夕拾·五猖会》)

【13】他所改正的讲义，我曾经订成三厚本，收藏着的，将作为永久的纪念。(《朝花夕拾·藤野先生》)

这两例都是把某个外物存放起来，用的是“纪念”。强调的是外物的客观性，留作纪念，甚至不需要掺杂心里所想的。例【12】就是一个鲜明的例证，看表演而得到一个物品，这只能是“纪念品”，是这次活动的纪念，而不能是“记念品”。其实例【13】也是将存留讲义作为曾经听过课这件事的纪念，强调的是当时“收藏着的”，到写作此文时实际已经丢失了。因此，“纪念品、纪念册、纪念刊、纪念碑、纪念馆、纪念堂、纪念章、纪念照片、纪念邮票”等一般都只能用“纪念”。

下面的这句，虽然所“念”的也是文字作品，但“念”的主体有别，别人是否永远记着自己的作品，殊未可知，也不宜揣测，因此只宜作“纪念”，何况这纪念终将“从人间消去”呢。

【14】惟愿偏爱我的作品的读者也不过将这当作一种纪念，知道这小小的丘陇中，无非埋着曾经活过的躯壳。待再经若干岁月，又当化为烟埃，并纪念也从人间消去，而我的事也就完毕了。(《坟·写在〈坟〉后面》)

从这里的比较来看，鲁迅作品中对“纪念”和“纪念”的使用大体是这样分工的：当偏重在“心有所念”时，用“记念”；当偏重在“事有所念”时，用“纪念”。至于“物有所念”，也根据具体情境下的语义表达重心来决定是用“纪念”还是用“记念”。这正是语用系统中不同交际类型在语义结构中的反映。

如果这里的分析大体准确的话，我们就能较为清楚地说明鲁迅在同一部作品中为什么同时使用“纪念”和“记念”了。比较下面《且介亭杂文·忆韦素园君》中的两句：

【15】现在有几个朋友要纪念韦素园君，我也须说几句话。

【16】我不知道以后是否还有记念的时候，倘止于这一次，那么，素园，从此别了！

例【15】是朋友们要举行活动来怀念韦素园君，所以用了“纪念”；例【16】

是“我”不知以后是否还有可能写文章来怀念韦素园君，所以用了“记念”。这是不能调换使用的。

其实，鲁迅作品中关于“纪念”的说明就透露了两者之间的差别所在。如下面这句话就道出了某些“纪念”的实质：

【17】我于是得了新的启示，凡纪念，“礼”而已矣。(《准风月谈·礼》)

为什么“事有所念”用“纪念”呢？原来，纪念是注重于形式的，讲的是个“礼”字。哪有心之念讲究形式的道理？而《为了忘却的记念》显然系个人之行为，注重的是默默地牵挂、记念、怀念，是不能掺杂形式的。“为了忘却”而“记念”，矛盾中蕴藏着愤怒、悲痛、缅想。下面三句是该文中的句子：

【18】他的心情并未改变，想学德文，更加努力；也仍在记念我，像在马路上行走时候一般。

【19】我早已想写一点文字，来记念几个青年的作家。

【20】不是年青的为年老的写记念，而在这三十年中，却使我目睹许多青年的血，层层淤积起来，将我埋得不能呼吸，我只能用这样的笔墨，写几句文章……

例【18】是心有所念的动词用法;【19】和【20】是物有所念，分别是动词用法和名词用法。可资比较的是下面的使用：

【21】我也是忘却了纪念的一个人。倘使纪念起来，那第一个双十节前后的事，便都上我的心头，使我坐立不稳了。(《呐喊·头发的故事》)

这句的语境是：政府要求在双十节举行“纪念”活动，而市民们竟然忘掉了这事，可见并不放在心上。所以，“为了忘却的记念”和这里的“忘却了纪念”是根本不同的。“为了忘却”的不是纪念，也不是为了忘却而去举行“纪念”活动，而是为了忘却那“总时时来袭击我的心”的悲愤，“给自己轻松一下”(这并不完全是反语)，而写下这样的“记念”文字，永远怀念着，以免将来的人不知道这种人间地狱的惨象。所以作者说：“但我知道，即使不是我，将来总会有记起他们，再说他们的时候的。”

有意思的是，上面从心、事、物的角度来切分语义空间，颇有些哲理意味。

综上所述，心有所念、事有所念、物有所念实际上代表了虽有联系但也存在差异的事件结构类型，联系是其共性，共享同样的交际空间；差异是其个性，占有独自的交际空间。因此，它们正是对“怀念”这一个大的事件结构的精细化切分，从而切分出相应的语义结构类型。从上面的分析可以看出，对“记念”和“纪念”的语义结构的分析在一定程度上是将其还原为对它们所代表的事件结构的分析，再进一步还原为对事件结构所代表的交际方式、交际类型的分析。而语义结构以及对它的层层还原都是在语境中实现的，因此归根结底可以化归为对语境结构的分析。

三 “纪念”和“记念”的交叠使用情况

从上文的分析来看，鲁迅作品中“纪念”和“记念”的区分是比较清楚的。即便同样是物有所念，鲁迅一般也是比较明确地区分出“纪念”和“记念”的语义差别，其语用分布是互补的。当然，这只是一个基本情况。其实，在几百万字、写作时间前后跨二十多年的作品中，也有区分并不那么彻底的情况，也就是两者有交叠使用的情况，关键是要分析出交叠的空间所在。从上面的描写可以看出，由于“物有所念”既有“纪念”的用法，又有“记念”的用法，这就为语义交叠乃至语用交叠提供了可能性；“事有所念”也偶或因侧重点的差异而出现“记念”的可能。其实，事与物有时不是那么分得一清二楚的，行之为事，记 / 纪之为物。也就是说，体现这两种交际方式、交际类型的事件结构在现实中是有交叠的，因此经过概念化后投射到语言系统中来，反映这种关系的语义关系便也有了交叠的空间。然而，由于“心有所念”所体现出来的事件结构跟“事有所念”和“物有所念”所体现出来的事件结构有明显的距离，因此在表示“心有所念”时，用“纪念”的只是个例，可以看作例外。具体分析起来主要有下面这样一些交叠使用的情况。

首先是表达“物有所念”这一概念时的交叠使用。最集中的就是文字、书画之类的作品，如“记念号、记念册”等，如其客观和主观有时并不区分得那么清楚，就非常有可能交叠使用，甚至偏用其一。例如：

【22】在中国，有《文学周报》和《文化战线》，都曾为托尔斯泰出了记念号。（《集外集·〈奔流〉编校后记》）

【23】我想在这里趁便拜托我的相识的朋友，将来我死掉之后，即使在中国还有追悼的可能，也千万不要给我开追悼会或者出什么记念册。（《且介亭杂文·病后杂谈》）

在《鲁迅全集》中，“记念号”三见，“记念册”一见，没有见到“纪念号、纪念册”的用法。而跟“记念册”相近的“记念刊、记念文”没有出现，却有三处用了“纪念文”。例如：

【24】来信收到。径三兄的纪念文，我是应该做的，我们并非泛泛之交。（《书信·致许杰》）

上一节例【14】中的“纪念”实际都跟“纪念文”相关，都是物有所念，似乎还是注重于物本身。对别人而言，自己只能说他们将当作“纪念”，而且这“纪念”将来“也从人间消去”。如果这样来看，这还不是真正意义上的交叠。

上面大体可以根据主观和客观的侧重点而有所选择。但下面的“记念”，似乎可以看作是作者使用“物有所念”时的例外或准例外：

【25】当就政府所在地，立中央美术馆，为光复记念，次更及诸地方。（《集外集拾遗补编·播布美术意见书》）

【26】午抵函谷关，略泊，与伏园登眺，归途在水滩拾石子二枚作记念。（《日记》）

“纪念照片”的使用合乎总体规则，而与此相近的“记念像”似乎可以看作例外：

【27】这些地方，子君就大概还未脱尽旧思想的束缚。我后来也想，倒不如换一张雪莱淹死在海里的记念像或是伊孛生的罢。但也终于没有换，现在是连这一张也不知那里去了。(《彷徨·伤逝》)

其次是“事有所念”的交叠使用。即便是“事有所念”，似乎最为客观，但因其中有时也掺杂心理的因素，便也往往影响了词语的选择。下面两例似乎是“事有所念”所造成的“物有所念”，表达重点上没有什么区别，但词形各异：

【28】至于今，惟我们的“中华民国”之称，尚系发源于先生的《中华民国解》(最先亦见《民报》)，为巨大的记念而已。(《且介亭杂文末编·关于太炎先生二三事》)

【29】中山先生一生致力于国民革命的结果，留下来的极大的纪念，是：中华民国。(《集外集拾遗补编·中山大学开学致语》)

下面周年“记念”的用法则可以看作是“事有所念”的例外了：

【30】医学专门学校三年记念，下午往观，不得入，仍回部。(《日记》)

这种用法《鲁迅全集》中似乎只见到这三例，其余都用“纪念”。同类的如：有“纪念周”而没有出现“记念周”；“纪念日”和“记念日”都出现过，“纪念日”仅见一例；而“记念会”与“纪念会”都在作品中出现。

最后是“心有所念”。只有下面这个句子似乎不合乎上面所描述的分布规则：

【31】我们现在以十分的哀悼和铭记，纪念我们的战死者，也就是要牢记中国无产阶级革命文学的历史的第一页，是同志的鲜血所记录，永远在显示敌人的卑劣的凶暴和启示我们的不断的斗争。(《二心集·中国无产阶级革命文学和前驱的血》)

上面各种交叠使用的情况，尚未在同一篇中发现，遵循着异形词使用的最低要求。

四 语义关系对词语调节过程的制约

我们在上面详细刻画了鲁迅作品中“纪念”和“记念”的既互补又交叠的语义关系及其分布状况，并以此为例初步指出这种语义关系及其分布是结构化了的交际方式、交际类型在语言系统中的体现，而这又可归因于结构化了的交际语境。归根结底，词语使用问题就是语义系统的空间分割问题，而这种语义空间分割状况只有放到结构化的交际系统中才能有更清楚的认识。然而当前我们对这方面的认识还不够充分，无论是在理论层面上还是在操作层面上都还需要进一步探讨。《第一批异形词整理表》将“纪念”和“记念”看作异形词，也许就是对两者之间的语义关系考察得不充分，以致在调整两者之间的语用关系时出现了疏漏。在词语调节过程中，最容易引起争议的就是异形词的整理问题。下面便主要结合异形词整理过程中的词语调节问题来进一步说明语义关系对词语调节过程中的制约作用，并借此探讨语义空间的存在状态。

众所周知，语言系统是在交际中展示和调节语言要素之间的关系的。无论是语言系统的自然调节，还是人为调节（即整理），都只能在特定的交际语境中实现。（施春宏，1999）而词语系统的调节就是在语言交际中调节词形和语义之间的关系，因此，对词语语义关系的分析最终具体化为对各个词语的具体分布乃至特定语境的描写和概括。人们对自然调节少有争议，而对人为调节，往往争议很大，尤其是关于异形词整理的问题，一直是人们争议的焦点，争议的重心落在对词语之间语义关系的分析上。对一组词到底是不是异形词，有的争议比较小，如“保姆—保母”；有的争议稍大一些，如“倒霉—倒楣”；有的则更大，如“腊梅—蜡梅”；有的整理起来几乎举步维艰，如各种“gēda”，《现代汉语词典》第5版（商务印书馆，2002年）收有“疙瘩、疙疸、纥繨、圪垯、圪塔、屹嶅”六个词形，《现代汉语规范词典》（外语教学与研究出版社、语文出版社，2004年）收录了前四个词形。[1] 争议的原因除了字形、词源等以外，主要就是错综的词义关系及由此带来的语用分布上的不一致性。一般容易将异形词问题当作文字问题来处理，实际上，“异体词（按：即异形词）不仅是文字问题，也是语言问题，有的从根本上看还是语言问题，不同写法的显隐和使用是以语言为第一推动力的。”（施春宏，2001）如果这方面的认识没有到位，那么异形词整理乃至各种方式词语调节的效度就会大打折扣。在上面各组有争议的异形词中，争议越大的地方，往往就是词形和词义的关系相当复杂的地方，最根本的制约作用还是来自语言自身，也即语义关系及其对语用的影响问题。而这种语义关系的复杂化及其在词形上所反映出来的复杂性实际上来自于交际方式、交际类型的复杂性，来自于交际空间的相异和交叠。每一种“gēda”都代表了一种交际空间，这些交际空间虽有相当的关联，但又并不重合，只不过有些词之间交叠面大一些而已。

当然，我们说异形词问题从根本上看是语言问题而不仅是文字问题（就异形词而言，简单地说就是词形、字形问题），这并不是说文字问题不重要。恰恰相反，有时字形对词语使用的影响很大。为什么会这样呢？其实，文字问题在本质上还是反映了语言问题，汉字形旁的差异往往揭示了语义关系的差异，反映的是对语义空间的分割，因为在交际中总是先有语义上的差异，后有字形上的调整；而字形的调整一旦成为现实，又制约着人们对词语的使用。[2] 从上面对“纪念”与“记念”语义关系的刻画来看，两者的语用分布既有相对明晰的互补之处，又有交叠部分，它们是对“对人或事表示怀念”这一语义空间进行分割的结果，而这种分割通过字形上的对立反映出来。既有语义交叠又

① 虽然人们一直试图将各种“gēda”的词形定为一种，但这种努力还没有成效。其中有很多值得思考的地方，折射出词语整理过程中的许多理论和实践问题。施春宏（2001）中对此有一些初步的分析，请参看。

② 虽然不同语义可以共用一个词形，但是，一旦语义上的差异通过词形上的差异反映出来后，如果再试图回头用同一个词形，总会遇到各种各样的障碍。如“他”分化为“他、她、它”后，虽然学界试图主张用“其他”来代替“其它”，在实际交际中总是不太遵从，甚至还出现了“其她、他（她）们、他（它）们”这样的用法。

在大体上有所区别正是近义词的典型特征。近义词（或者说同义词）的交叠使用的情况是客观语义空间交叠的反映，它的语义结构反映了现实交际中的不同事件结构类型及其所折射的语境结构类型。即便将“纪念”和“记念”看作异形词，也不是全等异形词，而是交叉异形词。从这里可以看出，倘若从文字的角度来看待异形词问题，也应该充分分析字形差异所反映出来的语义关系的不同。

有了这样的认识，我们就能比较方便地说明语义关系在词语调节中的制约作用了，无非是充分认识语义空间的存在状态以及语义和语境之间的关系问题。由于语义关系是在语用中体现出来的，因此特别需要结合语境来说明，有时需要放到更大的语境中去分析。在分析两个相关的词语时，不但要描写出相交叠的地方，更要重视相区别的地方，找出它们各自的使用条件。鉴定一组词是不是异形词，更是如此。语言中所有词语的语义构成一个语义空间系统，各个词语的语义空间（通过语用分布体现出来）实际就是在这个语义空间系统中的分布状况，或者说是语义空间系统的分割。语义空间系统的分割不是一种像切蛋糕一样的完全分割，而是在通常情况下的一种交叠分割。词义之间正是通过既相分别又相勾连的动态交织而满足了语言交际的。上面对“纪念”和“记念”的语义空间的描写正是这种情形的展示。任何词语的意义都不能独立存在，都是在跟其他词语的相互联系和区别中而存在。只有在系统中才能发现价值，只有在关系中才能确定价值。这就启示我们，既然词语的自然调节必然是调节词语的空间分布，那么在对词语进行人为调节（整理）时，从大的方面来看就应该考虑到语义空间的构造状态及其在交际中的体现，从小的方面来看应该对某个具体词语的语义空间分布进行细致入微的刻画。然而，目前我们对语义的空间关系的存在状况、类型和词义的演变趋势、用变过程都考察得不够。精细地刻画相关词语的语义空间交叠状态必然会深化我们对异形词以及近义词的产生和使用的理解与认识。对词语动态分布的考察能更好地说明词语使用的现实基础、语境特征和语用心理，这能为词语的整理提供事实和技术上的支撑。如果不是狭隘地理解“存在就是合理的”这句话的内涵的话，“没有绝对的等义词”是有道理的。认知语言学／认知语义学兴起之后，这种形式和意义之间的对应关系更是得到进一步挖掘。

当然，这并不是说我们因此就放弃了词语关系及词语形式的整理。既然有语用交叉的情况，而且有的语用交叉又没有特殊的要求，再加上它们的读音和语法功能完全相同，词形相关度又很高，这就给通过调整词形从而调整语义关系留下了操作空间，关键在于如何操作。这就是异形词整理需要特别关心的问题。也许异形词的整理实际上通常只是一种“大概其”的工作，在一定程度上用一个词语的使用语境去覆盖另一词语的使用语境，从而使两者合而为一。这就迫使我们从事词语整理工作要谨小慎微（异体字整理工作也是如此），瞻前顾后，“顺其自然，因势利导，做促进工作”。

五 词语调节过程中词频差异所反映的语义关系问题

相关词语分布状况有所不同的一个比较直接的体现就是语用中的词频差异，词语之间关系的调整也必然会在词频上有所反映。因此，在调节相关词形时，最常用的方法就是根据词语使用的频率来决定取舍，其理论基础就是约定俗成。[①] 整理异形词时便是如此，对候选的整理对象在平衡语料库中进行词频统计，根据词频高低决定取舍。如《第一批异形词整理表》在整理“纪念”和“记念”的语用关系时，整理者根据《人民日报》1995 年至 2000 年的全部文本共 3 亿字所做的词频统计，结果为：“纪念”7289 次，“记念”3 次，因此便认为二者是全等异形词，然后根据通用性原则取“纪念”而舍“记念”。

① 关于约定俗成在语言规范化中的地位和作用，学界的认识并不一致。我们的看法是，无论是理论层面还是操作层面，都不适宜将它看作语言规范化的根本原则，而应该将它看作理性原则（更准确地说是交际值原则或曰现实同一性原则）之下的策略性原则。具体分析参见施春宏（1998、2000、2005）。

从本质上看，词频统计的目的无非是希望通过频率这种定量分析最终实现定性的结论。这就必然要求我们特别关注使用频率悬殊的情况。然而，从实际的操作来看，词频统计还存在着一些没有很好解决甚至没有得到充分认识的问题，也就是词频统计如何有效地反映词语之间的语义关系问题。① 有时绝对的定量分析模糊了性质上的差异。也就是说，词频统计一旦处理不好，就会遮蔽对词语之间语义关系的分析，从而遮蔽了对语用差异的充分观察。

词频的差异首先是由现实使用的语境差异所决定的。这里的语境指广义的语境，不仅指具体交际中的上下文或前言后语，更主要指交际场景、语体语域等更为广泛的交际情境。不同的事物、事件、状态、关系等结构在现实交际中出现的频率并不一致，这样表达这些结构的不同词形的分布状况必然在词频上反映出来。有的词适应的语境面比较宽，有的词适应的语境面比较窄，这样就必然出现词频悬殊的情况。如“参与—参预”虽然两者词频数悬殊，但语义上还是有差别的（施春宏，2001），因此并不宜看作异形词，这种词频差异的语用背景就是“参与”所适应的语境在日常交际中频频出现，而“参预”所要求的语境一般不怎么出现。又如“订单”和“定单”，前者出现的语境比后者要多，因此出现的频率高；然而，它们在法律上是不同的概念，而《第一批异形词整理表》把它们作为异形词处理了。异形词整理问题的关键就是处理相关词形的语义关系，而语义关系是由语境结构关系所决定的，因此异形词整理必须

① 例如，赵金铭、张博、程娟（2003）曾经指出，国家汉语水平考试委员会办公室考试中心制定的《汉语水平词汇与汉字等级大纲》（北京语言学院出版社，1992）中词汇等级大纲部分的语料统计便存在着这样一些问题：（1）用于词频统计的语料在数量、范围和语体等方面都多有局限，这影响了一些词语频率指数的可靠性；（2）未能划清字词界限，多把同形词作为一个单位进行词频统计；（3）未能细致地统计多义词在不同义项、兼类词在不同词性上的使用频率。我们很多统计都或多或少存在这样一些问题。就这三点而言，第一点相对好处理，通过建设大规模平衡语料库而基本解决；第二点需要一些人工干预是可以解决的；而要做好第三点难度很大。其实，还有其他一些问题也需要考虑，如针对不同对象而编制的词表，在语料库的选择上也要有所调整，并非完全依赖平衡语料库。

扎扎实实地做好词语使用的语境分析工作。其实，“词频统计只能是一个‘方便’的做法，值得提倡，但也要看到：它撇开了不少因素，尤其是将词形从语境中抽取出来，掩盖了词频统计中语料的等价不等价问题”（施春宏，2005：281），从而将语义关系、语用关系简单化了。只有结合语境的分析，才能使频率统计的价值得以彰显，所得出的结论更有说服力。

由此可见，词频差异虽然是词语整理的重要操作手段，但不是决定词语整理的唯一参考因素，甚至不是根本因素。影响词频的因素还有很多，除了上面强调的语境层次以外，语用心理、语用色彩、构词理据等等都会影响到人们对相关词形的选择。从大的方面来说，这些方面实际也都是语境的不同侧面。而我们对此分析得也不很充分。这些都会影响到我们对所谓的异形词的语义关系的分析。如“繁琐—烦琐”，前者重客观，后者偏主观，还有都不怎么偏重的情况。学术著作中常用“繁琐”，如著名语言学家徐烈炯的论著中很难见到用“烦琐”的，倒是经常见到“繁琐”。这不仅是个人的使用习惯问题。又如常被当作异形词的“丁是丁，卯是卯—钉是钉，铆是铆”以及相关的“可丁可卯—可钉可铆”，使用和理解起来并没有多少不便，因为它们在构词上实际各成一个小的语义系统。由此可见，对词频差异的相关因素的分析往往影响了我们的结论。

有时甚至一些非语言因素也会对词频有很大影响。例如，“唯一”和“惟一”，在《现代汉语词典》1996 年修订版出版之前，《人民日报》基本上用“唯一”，中小学教材更是如此。但是，由于《现代汉语词典》1996 年版将“惟一”定为正条，此后《人民日报》就基本上以“惟一”为主了。[①] 当然，《第一批异异形词整理表》发布以后，《人民日报》就基本上用“唯一”了，《现代汉语词典》2005 年第 5 版也随之调整。那些突然且大量出现的语言现象，大多受到非语言因素的影响。

① 1999 年后，《人民日报》中“唯一”的使用又渐渐多了起来，可见当初《现代汉语词典》对“唯一”和“惟一”的关系的调节是不成功的，没有准确地反映语言事实。

既然影响语义关系的因素很多，那么，我们使用词频统计时，必须处理好绝对词频和相对词频的关系。这实际上就是如何利用语料的问题。做词频统计往往需要平衡语料，但也不要迷信平衡语料，因为有的词语只在某一类性质的语料中出现。平衡语料中所得出来的词频只能是绝对词频，而词语使用常常有其特定的时空，因此整理词语时应该更重视相对词频的价值，在特定语境、特定语体语域、特定微观系统中去认识、判断和选择。交际场景的不同、语体语域的差异、微观系统的特殊性则是平衡语料所难以反映出来的。只有相对词频，才能更充分地反映交际方式、交际类型对语言使用的制约作用，才能更具体而深刻地揭示词语之间的关系。①

由此可见，我们不要让粗糙的词频统计代替对语义关系和语用关系的精细分析，不要让频率所显示的数据遮蔽了数据背后的鲜活的语言事实。词频差异只是表象，还有更本质的东西在里面。

六　结语

在词语调节过程中，一定要强化对语义空间的分析，详细地描写词语的使用分布和演变轨迹，不能简单处理，也不必急于处理。语言文字工作毕竟不同

① 当前人们选择语料时，往往首先选择《人民日报》等大报。至少对异形词整理而言，这种做法可能存在一个误区。众所周知，《人民日报》等大报的词语使用常以《现代汉语词典》作为参照，而《现代汉语词典》已根据自己的原则对异形词进行了一定程度的整理。如果整理异体词再以《人民日报》为准，自然会出现"循环相依"的情况。我们的日常阅读体验是，异形词使用比较复杂的地方往往是各类面向普通读者尤其是青年读者的报刊，因为它们编辑加工的痕迹不明显。而中央大报往往是比较"干净"整齐的，对语用者的语用习惯和语用心理等个性的东西有所处理，有时未必反映现实语用的状况，即对普通使用者的语用"代表性"不是很强。可以说，它更多地代表较高文化层次的、语文政策制定者的语用取向。这并不是说它与普通语用相对立，只是说不完全相合。参见施春宏（2005：281）。

于消防工作。分析异形词时，语境的同一性是我们必须要考虑到的，这是确定是否为异形词的关键，异形词实际就是要求使用语境的一致性从而形成语义的一致性。重视相对词频就是要求我们重视对语境同一性的分析。凡是语境上有参差的，整理起来都有一些难度，即便强行规定后，也会在交际中带来一定的困难。① 在分析语义关系时，还需要分析现实交际中的事件结构、名物结构、状态结构等概念化过程及其向语言结构投射过程中对语义结构、语义关系的影响。这就是对鲁迅作品中“纪念”和“记念”的语义关系和语用分布的详细描写给我们的启示。我们在语文教学中，既要告诉学生某些相近词的区别所在，还要告诉他们如何发现、如何归纳这种区别。这将大大提高学生的辨别力和使用水平。而对词语语义空间交叠状态的分析也会深化我们对异形词的产生和使用的理解与认识。这是词汇描写中必须重视的理论和实践问题。

最后需要说明的是，就“纪念”和“记念”而言，用“纪念”代表事有所念和物有所念，用“记念”代表心有所念，是比较合乎实际的。《现代汉语规范词典》就是这样处理的。② 我们只是想借此来说明在理解语义关系（包括词义空间和词形分布等）对词语调节的影响这个方面的一些粗浅认识。由于《第一批异形词整理表》中已将“记念”作为“纪念”的异形词而规范掉，从而容易引起误用。这样的整理结果恐怕还需要进一步调整。异形词整理中要将日常语言交际的可操作性放在重要位置。

① 在这方面，我们已经有过不少教训了，但似乎还没有很好地整理。例如，“像—象”“叠—迭”“覆—复”“啰—罗”“账—帐”，每组字在交际中本来是分工明显的，后来人为地规定将它们合而为一，再后来又由于实际语言生活的压力而又规定分用了。“荫（yīn）—阴”本来也是分用的，《普通话异读词审音表》将它们合并成“阴”，并没有为实际语言生活所接受。

② 《现代汉语词典》第 5 版将“记念”作为“纪念”的异形词，但未立“心有所念”这样的义项，多少有些不妥。《现代汉语规范词典》认为“记念”表示“惦记；挂念”义时读 jìnian，而作为“纪念”的异形词则读 jìniàn。其实，在实际语言生活中，这种语音差别似乎并不明显。

参考文献

蔡美智、黄居仁、陈克健（1999）由近义词辨义标准看语意、句法之互动，载殷允美、杨懿丽、詹惠珍编《中国境内语言暨语言学第五辑：语言中的互动》，台北："中央研究院"语言学研究所筹备处。

储泽祥（1996）汉语规范化中的观察、研究和语值探求——单音形容词的AABB差义叠结现象，《语言文字应用》第1期。

高更生（1993）再谈异体词整理，《语文建设》第6期。

李新华（2001）鲁迅作品中的"记念"和"纪念"，《语文教学与研究》第3期。

李行健主编（2002）《现代汉语异形词规范词典》，上海：上海辞书出版社。

施春宏（1998）现代汉语规范评议失误研究，《语言研究》第1期。

施春宏（1999）语言调节和语言变异，《语文建设》第4～5期。

施春宏（2000）关于语言规范化原则的确立，载于根元主编《世纪之交的应用语言学》，北京：北京广播学院出版社。

施春宏（2001）试论语义关系对异体词显隐和使用的制约，《语言文字应用》第1期。

施春宏（2005）《语言在交际中规范》，北京：中国经济出版社。

苏宝荣（2002）关于异形词整理和规范的理论思考，《辞书研究》第4期。

吴辛丑（1986）"记念"与"纪念"不完全相通，载辞书研究编辑部编《疑难字词辨析集》，上海：上海辞书出版社。

西槙光正编（1992）《语境研究论文集》，北京：北京语言学院出版社。

于根元（1997）词语的时空分布，《世界汉语教学》第4期。

余志鸿（2004）异形词定义的学术思考，《汉语学习》第3期。

赵金铭、张博、程娟（2003）关于修订《(汉语水平)词汇等级大纲》的若干意见，《世界汉语教学》第3期。

邹玉华（2005）异形词的语用值即标示值分析，《语言文字应用》第1期。

词语构造的多能性和时空性*

——从“腰封”及其相关词语的形义关系谈起

提要 本文尝试通过对“腰封”及其相关词语的分析，探讨词语构造的多能性和时空性以及新词语的形成和发展过程中所引起的语义空间的变化。文章首先考察了“腰封”的历时演变路径及其构词理据，在此基础上通过对与“腰封[书]”存在聚合关系的词语、所指相同的若干词语、以其为核心的聚合群以及与“腰封[衣]”相关词语的系统考察来探求“腰封”在词语系统中的形义关系，进而从“腰封”形义关系的用变和演变过程来看词语构造的多能性和时空性，以此说明词语构造与语义空间的变化。

词汇系统对语言变化最为敏感，其体现语言变化最为突出的一点即新词语的产生。对新词语的形式和意义及其关系的考察成为语言研究的一个重要内容。从各种新词语的记录，到对新词语的实时跟踪观察，新词语的研究由静态描写逐步转变为动态分析。但相对来说，对新词语产生的内在语言机制的探讨，尤其是结合新词语的时空性来探讨新词的产生和发展的机制问题，目前的分析尚不充分。而若要切实了解语言的变化，只描写记录具体的实例是不够的，还需要考察语言现象用变和演变的内在机制以及该机制得以起作用的特定时空特征。

本文试图通过“腰封”来探讨词语构造的多能性和时空性问题。词语构造

* 本文原刊于《语言教学与研究》2013 年第 3 期。署名：高晓虹、施春宏。

的多能性，可以从两个方面来理解：一是指由于构成成分的多义性使一个语言组合形式可以有多种可能的理解；二是对同一事物、概念可以从不同的角度进行认知，从而形成不同的词语。词语构造的时空性则是指具有多种理解可能的语言组合形式，或由于多种认知可能形成的多个词语，受不同时间、地域（或社会）的语言系统的制约，在特定的时空中往往只呈现某一种理解或显现为某一个词语。词语构造的这两个特性对新词语的产生和使用具有重要的制约作用。

“腰封”是新近在出版和服饰这两个行业中相当流行的一个词语，考察其在用变和演变过程中折射出来的形式和意义的互动关系具有特别的语言学价值（施春宏，2010）。本文首先考察了“腰封”的使用历史以及“腰封”与相关词语的共时使用情况，以此为基础探讨汉语词语构造的多能性、时空性以及新词语的形成和发展过程中所引起的语义空间的变化。

一 “腰封”的历史考察及构词理据

“腰封”这个词形在几种主要的工具书中都未见收录，很多人也不知道这个词语，尽管对其所指称的事物并不陌生。“腰封”的所指，今天主要有两个：一是用于书籍的“腰封”，一是用于衣饰的“腰封”。就词形而言，“腰封”是个旧词，古代汉语中就已存在。我们首先借助北京大学中国语言学研究中心 CCL 语料库来考察它的使用历史。

1.1 古代的“腰封”

据 CCL 语料库古代汉语部分（上古至清末）的材料来看，“腰封”这个词形，最早在宋元时期就已出现。这一时期的用例并不多，只有 4 例，而且用法也并不一致。例如：

【1】又三省枢密院于牌之下，用纸腰封而请押字。若遇改易，不过换封，亦有体也。（宋·周必大《二老堂杂志·卷四》）

【2】进帖例：监察旧例所进帖子，止是今呈子样，但内为腰封。其囊上用黄纸作帖，黄上书“奏帖”二字，下书“臣某谨封”。（元·刘孟保《南台备要》）

【3】其受卷官具受到试卷，逐旋关发弥封官，将家状草卷，腰封用印，蒙古、色目、汉人、南人分卷，以三不成字撰号。（《元史·志第三十一》）

【4】李瓶儿……：“随姐姐拣，衫儿也得，裙儿也得，咱两个一事包了，做拜钱倒好，省得又取去。”金莲道：“你的，我怎好要？”……推了半日，金莲方才肯了。又出去教陈敬济换了腰封，写了二人名字在上，不题。（崇祯本《金瓶梅》三十五回）

例【1】中的“腰封”还不是一个固定的词，而应是一个动词短语。例【2】则像是一个名词。例【3】讲的是元代的情况，但《元史》为明初所撰，实际是明代用例，同例【1】一样，应是动词短语用法。例【4】为明末用例，与例【2】的用法接近，也是名词。我们从百度上查到“腰封”有这样一个含义：旧时谢礼，将钱套入红封，得者即揣入腰间，故称“腰封”。例【4】中的“腰封”应是这个意思，例【2】也有可能是类似的意思。

由上可见，在古代汉语中，“腰封”存在两种用法，一种作为动词短语，另一种作为名词。虽然在语料库中用例极少，但例【4】出自《金瓶梅》这部反映明代市井生活的小说，说明“腰封”在当时已是日常使用的一个词语。

1.2 现代的“腰封”

在CCL语料库的现代汉语部分（民国时期至今），“腰封”的出现频率仍然极低，直到20世纪八九十年代的文献中，才出现这个词语，仅检得以下2例（出处从略）。

【5】她巧妙地利用“腰封”这一现代书籍包装形式，以腰封单纯的色调覆盖在封面色彩缤纷的绣像之上，揭示出这四部传世之作既通俗又高雅的特点。

【6】新近文化艺术出版社另出了一种好纸精印的单行本，配图，增笺释，诗篇用作者一九六六年重录的手迹影印。正文双套色，封面银灰色压膜，外加红色腰封。

这两例的“腰封”与古代的用法均不同，是指包裹在书籍封皮中部的一条纸带，为出版行业的专用术语，本文记为“腰封$_{[书]}$”。虽然在语料库中出现频率很低，但由于近些年出版行业的兴盛，“腰封$_{[书]}$”的使用已很普遍。有人指出，“腰封”这种东西在印刷史上早已有之（但未说明具体时间），现代欧美较少用，在日本则是出版物必有的装饰，华文世界先是台湾受日本影响开始出现，大陆则是近些年才普遍流行起来。（梁文道《书籍“腰封”的前世今生》，凤凰卫视 2010 年 3 月 19 日“开卷八分钟”栏目）

此外，“腰封”还可用于衣饰，本文记作“腰封$_{[衣]}$”。“腰封$_{[衣]}$”有外穿式和内穿式两种，外穿式类似宽的腰带，内穿式指用于修身的缚在腰部的紧身衣。这一用法在 CCL 语料库中并没有用例。而在网络上，这种用法已很普遍。例如（下文所用例子均引自网络）：

【7】无肩、无袖、修身 low-cut 式外穿式腰封适合配合礼服穿用，内穿式高弹性的腰封非常适合生育后想恢复体型的以及腰部松弛或太粗的女性。

【8】传统汉服没有腰封，现代汉服才产生的。

1.3 “腰封”语义结构生成的理据

不管是“腰封$_{[书]}$”还是“腰封$_{[衣]}$”，所指称的都是新事物，与原来的“腰封”所指完全不同，显然不是旧有词的词义引申而形成的，而是人们利用汉语已有的材料重新创造的新词，即“旧瓶装新酒”，原来的“旧酒”已经消失。

这种所指不同而能指相同的形式上的“巧合”现象，是跟语素的多义性及其组合的多能性密切相关的。

“腰”，本作“要”。《说文·臼部》:“要，身中也，象人要自臼之形。”“封”，《说文·土部》:“封，爵诸侯之土也。从之，从土，从寸，守其制度也。”《汉语大字典》按:“‘封’与‘丰’古同字。甲、今文象植树于土堆之形。《说文》所训为引申义。”后来，“腰”和“封”的意义都有所变化。比较《汉语大字典》和《现代汉语词典》的释义，现代汉语中“腰”的意义与古代相差不大，但“封”在古代汉语中的一些意义消失了。

由“腰”和“封”的意义来看，前面例【1】、【3】“腰封”的动词短语用法，应该是取“腰”的“事物的中间部分”和“封”的“密封、密闭”之义，合在一起即从事物的中部封住。两相配置，组合生义。而例【2】、【4】的名词性用法，则是取“腰”的“佩戴于腰”与“封”的“包起来的或用来封装东西的纸包和纸袋”之义，即可以插在腰部的赏封。而现代汉语中兴起的“腰封[书]”应是取“腰”的“事物的中间部分”，“封”可能是“封面”的缩减，理解为“包裹、包扎”似乎也可以。由此可以看出，有时一个词的构词理据具有多重来源，这是从不同的认知角度识解（construal）的结果。而“腰封[衣]”的“腰”应是取“身体的中部”这个含义，“封”则应是“包裹、包扎”之义。

二 “腰封[书]”及其相关词语

本节把“腰封[书]”放到相关词语构成的词语群（word group）当中来考察，这有助于对语言系统对新词语出现及其用变和演变的制约机制有更为清楚的认识。

2.1 与“腰封[书]”存在聚合关系的词语

作为出版行业术语的“腰封[书]”，其所指以及命名与“封面”均密切相关，是以“封面”为中心的词语聚合群中的一员。“封面”也称“书封、封皮、外封”等，又分封一、封二（属前封）、封三、封四（属后封）。与“外封”相对，有“内封”，即扉页。与“封面”相对，有“封里”。精装书的封面，又称“封壳”。“封四”又称“封底”。此外，还有“护封”，指“包在图书外面的纸，一般印着书名或图案，有保护和装饰的作用”(《现代汉语词典》第5版，579页)。“腰封”应是“书籍护封”的一个变种。这些词语以“封”为核心形成聚合群。

虽然是以“封”为中心，但不同词语里的“封”意义并不完全相同。也就是说，属于这个聚合群的不同的词语的意义是有层级的。其中“封面、封皮”的“封”应是“包裹、包扎”之义，而“封一、封底、护封”等词的“封”就是“封面”。而“腰封[书]”的“封”虽然一般人也可能理解为“封面”，但实际上应该是“护封”。

从形式来看，根据“封”在词语中的位置，又可以分为两大类：

（一）“封”在前：封面　封皮　封一　封里　封二　封三　封四　封底　封壳

（二）“封”在后：书封　外封　内封　护封　腰封　前封　后封　附封

以上词语从不同方面对“封面”进行修饰和限定。如“护封”突显了“封”实现的功能，“封一、封二、封三、封四”等用数字表明具体所指顺次，“封里、封底、前封、后封、外封、内封”用方位词限定其相对位置，“腰封”的“腰”也是表明中间的位置，但用的是名词“腰”。限定修饰词不同，反映出不同词语所体现的语义空间的差异。像“书封”，由于“书”是“封”关涉的对象，其所指并不具体，所以它涵盖的语义空间就比较宽。而“封二、前封”等，所指非常明确，语义空间就窄，“前封、后封”又比“封一、封三”等语义空间大。显然，这些词的语义空间有叠合，但又不完全相互覆盖，在交际中也就不能完全互相替代。

由于近些年出版行业的发展，以“封（面）”为中心的聚合词群仍在扩展。比如，比拟“腰封”，又出现了“胸封”的说法，指比较宽的“腰封”。还有“封推”，指热点推荐，就是打开网站后在右上方可以看到封面和简介的书，上了热点推荐的，都叫“封推”。前面所提到的词语，基本都是围绕“封面”，“护封、腰封、内封”虽然已经处于“封面”的外围，但仍与“封面”直接相连。而这里“封推”与“封面”的关联，就是间接的了。

2.2 与“腰封[书]”所指相同的若干词语

与“腰封[书]”同时使用、指称同一事物的词语还有“封腰[书]、书腰、书腰纸、护腰”等。例如：

【9】但是笔者以为，靠这些封腰上的广告是否能够激发起读者的购买欲还很难说。

【10】现在有一小部分书腰确实体现图书装帧设计的美感，但是绝大部分书腰是跟风，反而增加了阅读的不便，且不环保。

【11】腰封也称“书腰纸”，图书附封的一种形式，是包裹在图书封面中部的一条纸带，属于外部装饰物。

【12】腰封又叫护腰，不好保存，一般夹在书里，又不妥帖，多余的盲肠。

这些词语与“腰封[书]”共存。从百度搜索的情况来看，除了“腰封”，“书腰”的使用频次最高，有178, 000个；其次为“封腰”，61, 600个；“书腰纸”较少，仅307个。不过，“腰封”和“封腰”都有两个所指，而“书腰”和“书腰纸”只有一个。

“封腰”跟“腰封”一样，所指有二，这里限于“封腰[书]”。虽然从字面上理解，“封腰”很像是一种动作行为。但考虑到“封面、封底”乃至“封二、封三”等词语，“封腰[书]”与它们应属于同一个聚合群，是在这些词语的基础上类推形成的，而不是由动作行为转喻而形成的。而且，现代汉语里“封”的动词意义一般为“封闭”，并无“包裹、包扎”之义，而“封腰”的“封”解释为“封闭”并不合适。这体现了词语构造过程中底层语义特征之间的选择性限制。所以，“封腰$_{[书]}$”也属于“封面”这个聚合群。

“封腰$_{[书]}$”与“腰封$_{[书]}$”不仅所指相同，它们的组成成分也相同，只是次序不同。对同一个事物，由于识解的角度不同，因而可以突显不同的侧面（Langacker，2000：5—8）。“封腰”，以“封”为背景，“腰”为图形；而“腰封”，以“腰”为背景，“封”为图形。无独有偶，在汉语词汇系统中，这样的情况时有所现，如“菜花”和“花菜”，“心痛”和“痛心”。这也许是语素构词过程中的一个特色。“封腰$_{[书]}$”与“封一、封二”属于一个聚合群，但由于“一、二”是数字，就很难把“封”作为动词去理解；而“腰”是典型的名词，“封腰”就很容易被理解为一个动宾结构，而与其实际所指不符。“腰封$_{[书]}$”则倾向于理解为定中结构，“腰”是修饰限定“封”的位置，与其所指相符。这也许是“腰封$_{[书]}$”的使用频率高于“封腰$_{[书]}$”的主要原因。

“书腰”和“书腰纸”这两个词只有一个所指。“书腰”这个词形跟“腰封”一样，也是古已有之，但历来非常少见，我们在CCL语料库中仅检得1例。

【13】非直带湿损卷，又损首纸令穴；不衔竹引之。书带勿太急，急则令书腰折。骑蓦书上过者，亦令书腰折。（贾思勰《齐民要术·杂说》）

此例中的“书腰”显然是指“书的中部”，是一个名词性短语，与今“书腰”所指并不同。因此“书腰”应该也是一个新创造出来的词语。它与“书腰纸”看上去关系密切，很难判断究竟“书腰”是“书腰纸”的缩减形式，还是“书腰纸”是“书腰”和“纸”的组合。从形式上来看，“书腰”比“书腰纸”简洁，符合现代汉语以双音节词为主的趋势。但从意义上来看，显然“书腰纸”比“书腰”更为明确，“书腰”的本义“书的中部”虽然不常用，但作为一个可能的意义仍然存在。不过，从使用情况来看，“书腰”明显比“书腰纸”频繁。

2.3 以“腰封$_{[书]}$”为核心的聚合群

“腰封$_{[书]}$”出现之后，以其为核心也形成了一个聚合群。目前搜到的词语有“腰封文化、文学腰封家、腰封门、腰封党、恨腰封”等，用来指称与“腰封[书]”相关的一些人或现象。这些词语的出现，一个直接的作用是增加“腰封[书]”的使用频率，但更根本的作用则是使“腰封”一词更为稳固，竞争力大大增强。一个词项，当它既能独立使用，又可作为一个整体出现于更大的词语性结构中，显然就强化了它的地位。目前我们还未发现以“封腰、书腰”等组成的聚合群。若从这一点来看，“腰封[书]”的竞争力更强。

2.4 小结

“腰封[书]、封腰[书]”以及“书腰、书腰纸”等词语，虽然由于其所指是新事物而被看作是新词，但它们的构成成分和规则都是汉语中早就存在的，因此，它们实际上一直潜存在汉语之中。它们之所以能够显现，应是由现实存在的词语聚合群来决定的，具体来说，是由指称与其所指相关的事物的词语群制约的。比如，如前所述，“腰封[书]、封腰[书]”都属于以“封面”为核心的词语聚合群，这个聚合群中存在空位，“腰封[书]、封腰[书]”语义又与该聚合群相合，所以得以显现。“书腰、书腰纸”的出现则是受另外的词语聚合群制约。

每个词语的产生，都有它的理据和特定的交际空间，其交际空间或者不断扩展，或者缩小而导致该词语的停用。就“腰封[书]”来说，它的交际空间是在不断扩展的：随着所指事物经台湾传到大陆而进入普通话；一开始它主要通行于出版行业，但随着其所指称的事物逐渐为大众所熟悉，它的使用空间也得到扩展。它与“书腰、封腰[书]”有不同的构词理据，相对来说使用更为频繁，但在用法上它们还没有明显的区别，应该会继续共存下去。

三 “腰封[衣]”及其相关词语

“腰封[衣]”虽有内穿外穿之别，但作用基本一致，就是美化腰线。内穿的

"腰封$_{[衣]}$"主要功能就是美化腰线，外穿的"腰封$_{[衣]}$"除了美化腰线，还具有装饰性。例如：

【14】无论是小礼服还是潮爆连身裤，选择各种腰封就能达到让腰线更漂亮的效果。

【15】郑秀文的腰封利用金属蝴蝶扣突出风格，造型感十足。

正由于外穿"腰封$_{[衣]}$"具有的装饰性，才更吸引人们的眼球。我们在网络上搜到的例子多数是外穿的"腰封$_{[衣]}$"。内穿的"腰封$_{[衣]}$"主要见于广告，因为其穿在衣服里面，一般看不见，所以人们鲜少对其进行描述。这是日常经验在语言认知过程中的体现，也是语言交际空间切分的一种经验性依据。这再次说明，语言使用的选择、突显、加工等过程跟人们的日常经验密切相关。下文讨论的"腰封$_{[衣]}$"限于外穿式。

外穿的"腰封$_{[衣]}$"实际上是腰带的一种。例如：

【16】腰封其实是腰带的一种，材质是各种织物……更贴身，更能突显身材。

《现代汉语词典》第5版中"腰带"的释义为："束腰的带子；裤带。"（1581页）显然，"腰带"泛指一切束腰的带子，但由于裤带最为常用，又特指"裤带"。"腰带"一般扎在上衣里面，也可以扎在上衣外面。至于"腰带"的宽度，并没有确定的范围，有宽有细。可见，"腰带"以实用为主，在众多衣饰中本不突显。但随着现代服饰的发展，"腰带"一下子成为人们关注的焦点，其装饰功能大大增强，而实用功能相应减弱：穿裤子可以不必用腰带，腰带经常用于裙子，其宽度、形状、材质、样式都丰富起来。对于这些新式腰带，一开始人们常通过添加"细、宽"等修饰性词语来指称。例如：

【17】纵观中国历史，细腰带是绝对的主流。

【18】任何款式的衣服只要加入了宽腰带的搭配都会变得更有时髦感。

但随着装饰性腰带越来越常见，为了与以往的实用性腰带区分开来，避免"腰带"所承载的语义过重，并且突显装饰性腰带所具有的新颖色彩，人们就创造出一个新的词语来指称，即“腰封[衣]”。由此可见，语义结构正是在这种突显不同侧面的过程中调节着词语适用的空间。“腰封[衣]”多是露在衣服外面的，而且往往比一般的腰带宽，装饰性也比腰带更强。随着它的大量使用，其“宽”的特征不再那么突显，就有了“宽腰封”之说。例如：

【19】像各种服饰品牌推出的宽腰封，也成为“大女人”搭配毛衣裙的点睛之笔。

【20】设计师们尽情挑战宽腰带的宽度极限，从中衍生出的宽腰封，也是从去年秋冬至今年春夏的一个亮点。

【21】各种……木质吊坠，以及个性十足的宽腰封、宽腰带都是搭配不可错过的品类。

从例【20】来看，“宽腰封”似乎比“宽腰带”更宽。例【21】“宽腰封”与“宽腰带”并举，可见二者在说话者心目中是不同的。也就是说，“腰封”与“腰带”开始出现对立。从结构系统来看，这正是结构主义区别性原则的体现，一个语言成分的价值在于它在系统中的区别性作用（索绪尔，1916）；从语言认知过程来看，这正是语言表达的体验性本质的体现，语言交际的使用者必然将其认知的过程、方式、角度、重心等渗透到语言成分及其关系中。认知是结构中的认知，语义成分及其关系是认知过程结构化的产物（施春宏，2012）。确实，随着“腰封[衣]”的流行，它的“宽”这一特征淡化，开始泛指各种装饰性的围在腰间的事物。而且与“宽腰封”相对，出现对称的标记形式“细腰封”和“窄腰封”。例如：

【22】（装饰丝巾）细长的款式便于多层次的缠绕，不同的印花与色彩提供更多的搭配可能性。同时，丝巾式腰封也比礼服腰封更显轻松随意。

【23】淘宝6CM宽蓝色皮带女式松紧腰带，细腰封可改大小。

【24】肤齿俱白，薄薄的嘴唇呈玫瑰色，黑色的裙子窄腰封，勾勒出腰线的曼妙。

例【22】中的“丝巾式腰封”是由“细长的”丝巾缠绕而成，可见这里的

“腰封$_{[衣]}$”已经不以“宽”为特征了，装饰性成了它更突出的特征。例【23】、【24】则直接以“细、窄”修饰“腰封”。词义结构的表达空间随着经验世界的变动调整而腾挪辗转，这种特征往往并不能在词典中反映出来，但它切切实实地折射了语言交际对现实经验的切分和组合。词义结构正是在这个过程中悄悄地进行着调整，从而在用变和演变的过程中实现了变异。

由上可见，“腰封$_{[衣]}$”的所指是一种宽的、装饰性强的、外扎的腰带，一开始以“宽”的特征区别于普通的腰带，被作为腰带的变体而称为“宽腰带”。随着装饰性的增强，“宽腰带”并不能够突显其所指的特征，人们就创造了“腰封$_{[衣]}$”去指称它。“腰封$_{[衣]}$”比“腰带”更为新颖特别，其所指也是以新颖、时尚为鲜明特色。在使用的过程中，“腰封$_{[衣]}$”逐渐从“腰带”的一个下位语义概念“宽腰带”发展为与“腰带”并立的一个概念，专指外穿的、装饰性为主的“束腰的带子”，“腰带”的语义空间也随之缩小。词语的色彩影响了词语使用的交际空间。可见，寻求新的色彩，寻求新的风格，是新词语产生的重要途径。（刘一玲，1993）

此外，“腰封”有时也用来指“护腰”，这种用法只出现于广告之中，比较少见。例如：

【25】百益尔康健康腰封、护腰内层，设置了中级安全磁光量子生命动力源能量场。

与“腰封$_{[衣]}$”所指相同的还有“封腰$_{[衣]}$”，有时会在一段话里共现，区别不大。例如：

【26】女星的光芒四射不只因为……简单的配饰例如封腰，就能起到画龙点眼的一笔。腰封是一种集装饰品与改善身材为一体的具有神奇力量的绝佳配饰。

这也许是笔误造成的。但也说明这两个词的区别对交际的影响不大。不过“封腰$_{[衣]}$”的使用频率远不如“腰封$_{[衣]}$”。“封腰$_{[衣]}$”也可指内穿的紧身衣，这种用例也多是广告。例如：

【27】特价宫廷束身衣 热销马甲 紧身衣 封腰塑身内衣

“封腰”还是一种推拿方法，用两手拇指和中指端分别在两侧腰三角处，徐徐用力按压。常用于急、慢性腰痛等症。这是不同的多义语素之间选择性组合之后形成的另一种表达。这样就会形成义项平行的多义复合词。（朱景松，1992）

四　从“腰封”形义关系的用变和演变过程来看词语构造的多能性和时空性

汉语词汇系统总体而言经历了从单音节词为主的构造模式向双音节词为主的构造模式逐步发展的过程，而双音节词语又以词根语素相互组合的复合方式为基本构造模式。这样，在词语形成和理解的过程中，语素之间的组合和选择就呈现出多种可能性。而且，词语是在系统中存在的，不同词语之间相互制约，词语出现的时间和空间同样受到特定系统的限制。“腰封”及其相关词语所构成的词语群正体现了词语构造的多能性和时空性特点。

由前文所述，“腰封”这个词形最迟在宋元时期就已经出现，一开始还是两个单音节词在句子中的临时组合，并不是固定的词语，但到明代已经是一个双音节名词。然而，在语言交际中这个词形又似乎一度潜隐了下去，直到20世纪八九十年代才又重新出现在书面材料中。当然，词义结构发生了某些变化，因为在不同时期，它所指称的事物并不相同。就构词的语素而言，它们又都是基于其构成语素“腰”和“封”的不同语义属性或侧面而做的选择，因而具有相关而不同的构词理据。这种选择和重组在现在“腰封”的构造和使用中显得特别鲜明。目前交际系统中的“腰封”同时有两种指称，分别用于出版行业和服饰行业，而这两种指称之间并不存在什么引申似的关联。虽然如此，但其作为基本构词成分的语素，其间的联系则是显在的，不同的指称实际是在各个语素的多种内涵及其不同侧面相互选择后组合而成，从而体现出词语构造过程的多能性。同时，人们还可以根据不同的理据为同一事物创造新词，如“书腰”和“腰封”等的并存，则从另一个方面说明词语构造的多能性。词语构造的多能性正是语言结构系统的制约和语言交际识解的多能性相结合的体现。

不同时期、地域或不同语域的汉语，其词汇、语法（以及语音系统）等各个层面突显的特征是不同的。从“腰封”这一词形的历史来看，词语的构造受到一定的时空限制，或者说，受不同时期、地域或不同语域汉语系统的特点限制。在一个时期中突显的特征，到了另一时期就可能成了边缘特征，而在一个时期中偶尔为之的一些用法，在另一时期却可能成为主流。就“腰封”来说，它用作动词短语，仅见于古代汉语，而不见于现代汉语。从结构上来看，用作动词短语时它是一个状中结构，“腰”限定“封”这一动作的具体位置。古代汉语以单音节为主，像“腰封”这样的“名+动”双音节状中短语用法很常见。但在现代汉语中，“名＋动”状中结构的双音节词相对来说就比较少，多是古代用法的固化，如“云集、鸟瞰”等。若用现代汉语去表达类似的意义，往往要用比较复杂的结构。也就是说，这种结构的双音节词在现代汉语中并不突显，因此人们一般不会创造“腰封”这样的状中结构动词，也不太会把它们理解为动词。所以不管是用于出版行业，还是服饰行业，“腰封”今天只有名词用法。

不同时期，同一个词形的词语所属的聚合群并不一定相同，这也制约着词语的构造和使用。这关涉到构成该词语的成分的意义及其可供选择的配合关系。如果以其构成成分为中心存在聚合群，并且聚合群的成员比较常用，那么这个聚合群的核心意义就是这一成分最为突显的意义，因而该词语最可能先按照这一意义被理解。如明代作为谢礼的“腰封”，之所以存在，应与当时“赏封”以及“一封银子”等用法非常普遍有关。“腰封”就是一种“赏封”，其特点是接受这种“赏封”的人常将其插在腰间。在《现代汉语词典》中虽然还有“赏封”一词，但在现代汉语里，“赏封”的做法不再通行，“封”往往是指“信封”，相应的量词用法也多指“一封信”，“腰封”也就难以被理解为“赏封”

了。出现于出版行业的“腰封$_{[书]}$”，则受“封面”为核心的聚合群的影响，“封”的“封面”义是最突显的语义成分。

同一时间段内语言系统存在空间的差异，这也影响到词语的产生。空间差异有大有小，大到地域方言的差异，小到个人方言的差异。如“腰封$_{[书]}$”和“腰封$_{[衣]}$”虽然词形相同，但一为出版行业用语，一为服饰行业用语，可归于不同的社会方言，所受到的制约也不相同。“腰封$_{[书]}$”属于“封面”为核心的一个大聚合群，它的出现和词形受这个聚合群的制约。而“腰封$_{[衣]}$”的出现，则主要与“腰带”相关，受到的制约力较小。又如，“书腰”和“腰封$_{[书]}$”，虽然并没有确定的证据证明是产生于不同的地域，但至少可以肯定是不同的人创造出来的，也体现了空间的作用。

不同时间、空间的语言系统，其内在特征系统自然有所不同，在人们认知系统中构词成分所突显的意义也不同。而一个词语被创造出来之后，人们对它的理解也不一定与造词的理据一致，不同的交际时空可能根据特定系统中的认知情况而做出新的整合。比如“腰封$_{[书]}$”，固然可以把“封”理解为“封面”，把该词看成是定中结构；同时也可把“封”理解为“封闭”，“腰封”经由转喻而用作名词。显然对词语的理解也同样受制于不同时空的语言系统。也就是说，虽然词语构造过程中具有一定的多能性，但它又在特定时空中受到某些约束，这种约束条件既来自既有系统的语言成分之间的关系，也来自语言交际群体的认知加工过程，两者交互作用，使词语系统乃至整个语言系统在动态中调节，在调节中变异，在变异中实现现实同一性的交际价值。

五　词语构造与语义空间的变化

新事物、新概念的出现，并不是凭空而来的，往往都是对已有事物、概念的改进。新词语也是一样，它的构成成分以及构造规则一般都是语言中已经存在的，它的意义自然也与已有的语义系统存在千丝万缕的联系。从以上讨论可以看出，新词语的出现主要是造成已有词语的语义空间的变化。

语言的词汇系统由许许多多个聚合群组成。一个聚合群组成一个语义场，同一个聚合群的词语所指是相互关联的，同时又互相区别，每个词都有自己的语义空间，有的各自不同，有的则存在交叉，就像音系中的音位一样。新词语的创造就是在原来比较确定的一个语义空间之中加入新的成分，导致原有词语语义空间的变化，也就造成了语义的变化。比如“封面”，在《现代汉语词典》第 5 版中有三个义项：

【封面】①线装书指书皮里面印着书名和刻书者的名称等的一页。②新式装订的书刊指最外面的一层，用厚纸、布、皮等做成。③特指新式装订的书刊印着书刊名称等的第一面，也叫封一。（410 页）

这三个义项中，第一个限于线装书；后两个是针对现在的书刊的。由于现在线装书比较少见，所以后两个义项在现代汉语中更为突显，这两个义项的不同在于所指范围的宽窄不同。义项②所指比较宽泛，包括封一、封二、封三、封四。义项③所指较窄，相当于封一。这三个义项实际体现了“封面”所指的历史变化。随着印刷业的发展，线装书不再时兴，新式装订的书刊把线装书的“封面”置于外层，不在外面再加上书皮，导致“封面”由义项①变为义项②。后来由于“封面”的四个部分都有了用途，为了称说的方便，就出现了“封一、封二、封三、封四”等词语，对义项②的语义空间进行了分割。但由于现代汉语中的“面”常指物体的表面或露在外面的部分，加上“封一”是书最突显的部分，“封面”又常用来特指“封一”，其语义空间由宽变窄。

一个更有意思的例证是，“腰封$_{[书]}$”流行之后，还出现了“胸封”的说法，尽管明显是临时的创造性使用，却生动地展示出词的创造与语义空间的分割。例如：

【28】这是我见过的最漂亮的腰封……这个远远超过了一本书“腰部”高度的书封，由于直接封到了书的“胸部”，让我想到“胸封”这个词。

一本书的“腰封”，可宽可窄，本来并没有限定，也就是说其语义空间是比较宽的。这就为“胸封”的创造提供了可能。当然，“胸封”的出现，并不只是词语的语义空间精细切分的结果，更是人们对客观世界的事物精细切分的产物。

“腰封$_{[衣]}$”也存在类似的情况。如前面所述，“腰带”所指原本比较宽泛，可以指“一切束腰的带子”，但其最为突显的却是“裤带”；它可宽可窄，但有大体一致的宽度范围；它可以扎在外面，但最常见的是扎在上衣里面；等等。随着“腰封$_{[衣]}$”的出现，“腰带”原来的语义空间就被切割出去一部分，但也可以说它的语义空间扩大了，“腰封$_{[衣]}$”在很多人的心目中，仍然是“腰带”的一种，其存在却使“腰带”原来处于潜隐状态的意义突显出来。

语义空间是一个动态的空间，它并不是封闭的、固定的，既可以不断扩展，也可以萎缩，其变化与人们对世界的认知密切相关，一个突出的表现就是新词语的出现。新词语的出现，导致既有词语间相互关系的调整，必然带来某个词以及某群词语义空间的变化。

六　结语

前面我们以“腰封”及其相关词语的用变和演变过程为例，探讨词语构造的多能性和时空性，以及新词语产生所引起的语义空间的变化。由上可以看出，语言的结构系统、相关词语聚合群的情况对新词语的产生具有关键的制约作用，新词语的产生是人们的认知机制在语言中的具体反映。实际上旧词语的隐退受同样的机制制约。如果说新词语的产生是新事物、新概念在人们认知中突显的结果，旧词语的隐退就是其所指事物、概念在人们的认知中不再突显的结果。词语变化最根本的是词语形义关系的调整，而意义的变化更加鲜明。

而词语意义的变化具体体现为交叠使用的词语的共存与竞争。不同的词语之间、同一词语的不同用法之间互相竞争，从而推动词义空间的变化，或形成不同的色彩，或者失去某种意义，有的词语甚至从交际中隐退。这为我们观察研究词语的动态变化提供了一个窗口。对相关词语在竞争中共现、调节和变异现象的探讨，会引导我们对词汇系统的动态特征做出新的认识，进一步深化我们对词语用变和演变关系的认识。这些应是词语研究的新方向。

参考文献

刘一玲（1993）寻求新的色彩，寻求新的风格——新词语产生的重要途径，《语言文字应用》第1期。

施春宏（2010）网络语言的语言价值和语言学价值，《语言文字应用》第3期。

施春宏（2012）词义结构的认知基础及释义原则，《中国语文》第2期。

索绪尔（1916）《普通语言学教程》，高名凯等译，岑麒祥、叶蜚声校，北京：商务印书馆，1982年。

朱景松（1992）现代汉语中义项平行的多义复合词，《语文建设》第1期。

Langacker, Ronald W. (2000) *Grammar and Conceptualization.* Berlin, New York: Mouton de Gruyter.

重叠形式的可能性和现实性[*]
——以阎连科作品中重叠形式的使用为例

提要 本文以阎连科作品中重叠形式的使用为例，从形式和意义两个方面探讨了重叠形式在使用过程中的可能性和现实性的关系问题。文章描写了阎作中丰富的重叠类型和复杂的重叠方式，并进一步分析了临时重叠形式尤其是特殊重叠形式的结构关系和语义特点。阎作中的各类重叠形式体现了共同的语法意义，即都是表示一种增量，而这些可能形式现实化的前提就是体现特定的语用功能。语言研究不但要考察现实语言现象，而且要考察可能语言现象，尤其要考察可能现象现实化过程中的制约条件和交际价值。

关于汉语重叠形式的语法意义、时体特征、语用表现及历史层次等，学界都已有较多的考察，而这些考察基本上是在现实重叠形式的基础上展开的。本文以著名作家阎连科作品（下文简称阎作）中重叠形式的使用为例，从重叠的形式和意义两个方面探讨重叠形式在使用过程中的可能表现和现实化条件，进而对重叠形式使用的语用价值做些思考，并借此初步探讨语言表达形式的可能性和现实性的关系问题。①

本文只讨论重叠后是三音节或四音节的结构。对于固化成词的形式（如

* 本文原载于中国应用语言学会编《第四届全国语言文字应用学术研讨会论文集》，四川大学出版社，2007 年版。署名：蔡淑美、施春宏。

① 本文语料来自于阎连科的部分小说:《和平寓言》(小说集)，武汉：长江文艺出版社，1996 年版;《朝着东南走》(小说集)，北京：作家出版社，2000 年版;《耙耧天歌》(中篇小说)，《小说月报》2000 年第 1 期;《受活》(长篇小说)，沈阳：春风文艺出版社，2004 年版;《阎连科》(小说集)，北京：人民文学出版社，2004 年版。

“分分秒秒、婆婆妈妈”），本文不加讨论，而将重点落在能够鲜明地折射出可能性和现实性关系的临时组合形式上。在阎作中，这种临时组合形式运用得极其普遍，而且类型丰富，语用特征鲜明。为了行文的方便，本文将以重叠方式出现的形式称作叠用形式，而将与之相对应的非重叠形式称作基础形式。① 基础形式可以是现实交际中的既有词，如“柔和”，其叠用形式为“柔柔和和”；也可以是临时组合的形式，如阎作中出现了叠用形式“细细硬硬、谷谷糠糠、瘸瘸拐拐”，我们便将“细硬、谷糠、瘸拐”看作基础形式。同时，根据这些临时组合的基础形式可能有的句法功能，将它们分别看作形容词、名词、动词。

一　重叠形式的多样化

从重叠可能性上看，汉语中某个词形 AB 的重叠框架共有 AABB、ABAB、ABB、AAB 这四种形式。除未检到 AAB 式外，阎作中对前三种重叠形式的使用简直是“无所不用其极”。它既表现为重叠类型的丰富性，也表现为重叠方式的复杂性。

阎作中名词、动词、形容词（这里包括属性词和状态词）的重叠形式随处可见，副词、象声词、量词等的重叠形式也时有所见，还有个别区别词、数词的重叠形式。

以双音节形容词的重叠形式为例，比较常见的是 AABB 式和 ABB 式，ABAB 式也不少。例如：

【1】她用被子盖了下半身，挺直的上身，光洁如玉的晶莹着，白白亮亮，

① 原载时使用“本用形式”，这里改为“基础形式”。这里使用“基础形式”这一用语只是为了表述的方便，并不意味着它的具体用例在现实语料中一定比“叠用形式”先出现，也不意味着基础形式一定是既有的词。这种命名主要是从重叠前后的不同词形之间的结构关系来考虑的。

柔柔和和。(《自由落体祭》,《和平寓言》44 页)

【2】棺材在仪式中抬出庄子时，人们看见那十六七条残狗都可怜怜地跟在送葬的队伍后……(《受活》286 页)

【3】接着，它的眼圈湿润起来，变得软绵软绵，有水亮的金色……(《最后的辉煌》,《阎连科》24 页)

这些常见类型虽然在重叠格式上没有特殊之处，跟“漂漂亮亮、沉甸甸、雪白雪白”一样，但阎作中在具体用词上却极为灵活。像“白亮”通常不成词，“柔和、可怜”通常不大会这样重叠，“软绵软绵”一般应作“软绵绵”。阎作中甚至还出现了 ABCC 式，我们共检到不同形容词的重叠用例 50 个。[①] 例如：

【4】然后日头就鲜红艳艳地落山了，留下的一抹把吴家铺子的房舍、树木和街道洗染得紫紫褐褐，如夏天天边奇怪的云。(《耙耧天歌》,《小说月报》2000 年第 1 期 40 页)

单音节副词（如“常、偏、仅、刚、单”）的重叠形式也很常见，但双音节副词的重叠在日常交际中比较少，而在阎作中数量却不少，其形式也以 AABB 式为主。例如：

【5】她的双眼，却是始始终终，都望着窗外的山脉和世界，似乎对老二的话，压根没有听，或者听了却压根没听进去。(《金莲，你好！》,《朝着东南走》256 页)

数词通常不重叠，阎作中也有 AABB 的重叠形式。例如：

【6】只有那亘古的褐黄土地，对他来说则是一一二二，实实在在，容不得半点的游戏。(《悲哀》,《和平寓言》278 页)

阎作中象声词的重叠用例不少，既有 AABB 式，也有 ABAB 式、ABB 式，跟常见的形式差不多，只不过用词上更灵活。区别词的重叠用例没有多少特殊

① 如果把动词和名词的 ABCC 都算上的话，一共是 72 个。

性，举例从略。

阎作中不但重叠类型多样，各类重叠形式的内部构造方式也极其灵活。在阎作中，AABB、ABB、ABAB 式三种重叠形式的内部结构都异常复杂，主要体现在基础形式 AB 中两个语素或音节 A 和 B 的组合可能及各自的重叠能力上。基础形式可以本来就是一个词，如“可怜、拍打、始终”等；也可以只是临时的组合，如下面由“红胖、山海、哭唤”构成的 AABB 式：

【7】鸢孩踏着红色的月光，到灶房门口，看见小菊面前锅里的花生，红红胖胖，和子弹的头儿一模一样。(《四号禁区》,《朝着东南走》9 页）

【8】尤四婆便领着她的傻妞呆儿种了。种了一道山梁，也许八亩，也许十亩，哪料它到今年就旺收得山山海海哩。(《耙耧天歌》,《小说月报》2000 年第 1 期 32 页）

【9】爹一去七年，回来把他的小命送给娘，待娘哭哭唤唤又快乐又痛苦地把他送到这世上，爹就过江抗美援朝了。(《雪天里》,《阎连科》1 页）

这三例中用既有的框架 AABB 构造的临时重叠形式可归入邢福义等（1993）、储泽祥（1996）所分析的叠结形式中。阎作中这种重叠形式特别常见。

但阎作中运用框架 AABB 临时构造的叠用形式远比叠结形式复杂。例如：

【10】说完这话，郭全根便巴巴望望仰看乔大堂的脸，乔大堂望着郭全根放在窑窝的玉蜀黍，脸上木木然然，仿佛没有听见郭全根的话。(《小镇蝴蝶铁翅膀》,《朝着东南走》351 页）

【11】真是的，里九层又是外九层，人头就像秋天摊在麦场上的一片黑豆儿，说话，找人的声音把地上的黄土都吵得不安了，飞将起来腾腾雾雾了。(《受活》44 页）

“巴望、木然”这两类结构的词语一般不出现叠用形式，“腾腾雾雾”是动宾形式“腾雾”的重叠，也较为罕见。

同样，运用既有框架 ABB 式构造的叠用形式也极其复杂多样，除了“血淋淋、金灿灿、颤巍巍、笑吟吟”等通用形式外，更多的是“水渣渣、烟团团、水亮亮、雾浓浓”，“敬仰仰、荡激激、伤鳞鳞、气愤愤”，“喜悦悦、鲜明明、青痴痴、紧飘飘、粉薄薄”，“潺哗哗”，“果真真”等。

ABAB式在阎作中用例不多，但同样也颇复杂，如“笔直笔直、脆清脆清、硬黄硬黄、艳红艳红、软绵软绵”等等。其中，“笔直”之类是一个现实中的词，“硬黄”之类只是临时组合，“软绵”之类则来源于“软绵绵”式。

更为特殊的构造方式就是形如例【4】的叠用形式ABCC。由于它的构造过程和语义特点比较特别，我们将专立一节说明。

二　临时重叠形式的内部语义构造

从上述分析可以看出，阎作中的叠用形式对词形和语素的选择有很大的自由度。相对于“漂亮—漂漂亮亮”这样的基础形式和叠用形式都已在交际中使用的情况，临时重叠形式有两种现象：一是基础形式是既有词，但叠用形式是临时组合的；二是基础形式和叠用形式都是临时组合的。阎作对这两种临时重叠形式的使用都相当普遍，其中最具特色的还是第二种现象，可以看作双重临时重叠，似乎只要符合语境的要求，一般交际中不太能重叠的成分都能进入重叠的构式中。也就是说，在阎作中这种双重临时重叠形式对内部成分的选择似乎是相当自由的。其实不然，能够重叠的临时组合中的语素之间一般存在着某些特定的语义关系，制约着潜在的临时重叠形式的现实化。

下面就以并列式名词AB的重叠形式AABB为例来分析这种临时重叠形式尤其是双重重叠形式的内部语义构造。从阎作的实际使用来看，可以根据构成叠用形式AABB的两个部分AA和BB是否可以交换先后位置而将它们大致分成下面两大类：

第一类，基础形式的两个成分在交际模式中没有一个先后序列，因此叠用形式的前后两部分位置可交换。例如：

【12】远处有一条槐林带，在坡上闪着刺目的绿光，仿佛是一条碧清的河流在日光下奔腾不息，还仿佛能听到那原是风叫叶响的声音急流样涛涛浪浪。(《朝着东南走》,《朝着东南走》137 页)

“涛涛浪浪”中的语素“涛”和“浪”可以颠倒，构造出“浪浪涛涛”。同类的如“贼贼偷偷、钉钉绳绳、堆堆框框、枝枝棒棒、草草棒棒、盘盘盆盆、筋筋丝丝”等。

第二类，基础部分的两个成分有一定的先后序列，因此叠用形式的前后两部分位置一般不宜换位，或者互换以后改变意思、影响表达。这主要有三方面的制约条件：

一是习惯俗套的制约。例如：

【13】散发的气味波波浪浪涌在路上，涌在他的鼻下。(《和平寓言》,《和平寓言》134 页)

“波波浪浪”不宜说成“浪浪波波”，因为“波浪”的习惯字序是固定的。当然，如果强行换位也不影响理解，但这种位置调换不容易也无必要。同类的如“波波涛涛、山山岭岭、诗诗画画、声声泪泪、涕涕泪泪、枪枪炮炮、仇仇恨恨、物物件件、物物什什、缘缘由由”等。

二是事物本身特点的制约。例如：

【14】山梁上的这条小岔沟里，野生槐树的枝枝梢梢，都是拉拉扯扯，情意绵绵。(《自由落体祭》,《和平寓言》3 页)

“枝枝梢梢”不宜说成“梢梢枝枝”，这是由植物本身的生长顺序所决定的。枝是由植物的主干分出来的较细的茎，而梢是枝的尾端部分，先有枝，后有梢。类似的如“歧枝杈杈、枝枝棒棒、街街巷巷、谷谷糠糠”等。

三是与人们的感知顺序有关。如例【8】中的“山山海海”不宜说成“海海山山”。人们感受和认识周围的事物、环境等一般都是按照某种特定的顺序的，事物之间的联想常有个先后序列，如从大到小、从高到低等。这在阎作中的临时叠用形式中也鲜明地体现出来。在人的感知系统中，“山”和“海”以及“水、河”等相关度是比较高的。有了“山”，自然容易想到“海”。一般是山高海低，山近海远，而且“山”比“海”更常见，体现在语言表达上，自然就是“山山海海”了，而不是相反。同类的如“日日月月、江江湖湖（并非既有词‘江湖’的叠用）、云云雾雾”等。这也就意味着，如果一个作者以大海为认知上的突显对象的话，出现“海海山山、海海岛岛”这样的表达，也是可以接受的。

其实，这三个方面是有交叉的，如“日日月月”既受感知顺序的制约，这种感知顺序又成了习惯俗套；“街街巷巷”既受事物本身特点的制约，这种事物本身特点也成了习惯俗套。

基础部分为名词的重叠形式还有三音节的ABB式（A为名词），重叠后都作状态词来使用，如“水亮亮、水哗哗、水渣渣、水泊泊、雾浓浓、雾丝丝、雾罩罩、烟团团、汗渍渍”等，其中的BB实际上都是对A进行描写。至于“波漪涟涟、成果硕硕、粉桃红红、黑彩花花”等ABCC式，形式上跟“白雪皑皑”相同，但也都是临时组合，其中的叠用部分都跟前面的成分语义相关。

形容词、动词的临时重叠形式，其内部结构成分之间的语义关系大体也可以这样分析。

三　重叠形式的语法意义

关于现代汉语重叠形式（主要是动词和形容词的重叠形式）的语法意义，一般的看法是动词的重叠“表示短暂、轻微（动作的动量少或时量少）”（黄伯荣、廖序东主编，2002：14），形容词的重叠式都包含着一种量的观念在内，但是重叠式所表示的程度的深浅跟它们在句子中的句法位置有关，大致说来，在定语和谓语两种位置上表示轻微的程度，在状语和补语两种位置上则带有加重或强调的意味。也就是说句法位置影响重叠式语法意义的表达。（朱德熙，

1982：27）各种重叠形式的语法意义在方言中表现得更为复杂。（黄伯荣主编，1996）然而，阎作中的重叠形式虽然类型多样，内部成分的语义关系也比较复杂，但这些可能形式现实化以后都体现了共同的语法意义：表示了一种增量。这里以 AABB 式为例来说明。

名词的 AABB 式用代表性语素 A 与 B 的重叠表示 A 加 B 的事物量的增加。例如：

【15】老大和老二拿出家里的全部积存，又托人让村长庆写了条子，到信用社贷出一笔款来，这就买了砖灰、钢筋、水泥和钉钉绳绳，半月间就临着路边盖了三间平顶的预制板房……（《金莲，你好！》，《朝着东南走》207 页）

【16】要苦思冥想也不见一句，就涕涕泪泪，抱住小香的红色骨头呼天求地，长跪不起……（《芙蓉》，《阎连科》174 页）

“钉钉绳绳”表示有钉有绳及其他小杂物，大有一种数量繁多之意，如果只有一颗钉和一根绳，是不能用“钉钉绳绳”来表示的。“涕涕泪泪”指有涕有泪，涕泪满面。

形容词的 AABB 表示性质量的增加。例如：

【17】手电筒的光柱亮极，那对爷子在光柱中僵僵呆呆。（《中士还乡》，《和平寓言》75 页）

【18】时候置在午间里，酷毒的日头，烈烈炎炎悬在正顶上。天像已经热到要烫死人的田地了。（《受活》231 页）

“僵僵呆呆”比“僵呆”更具有“僵冷，木呆，不知所措”之情态；而“烈烈炎炎”比“烈炎”或者“炎热”更热，从作品中“酷毒”“热到要烫死人的田地”可以看出不是一般的热，简直要热到极致了。

动词的 AABB 式表示动作量的增加。例如：

【19】按惯例战士休假归队的第二天洗洗整整，一般不参加训练和集体活动。（《大校》，《朝着东南走》80 页）

【20】她正在家里缝着自己的寿终衣，把草席铺在院中央的树底下，绸的，丝的，黑的和绿的，粗面线和细洋布，那么剪剪裁裁，一针一针地缝，一件一件地为自己准备着。(《受活》75页)

“洗洗整整”有“又洗又整，有的洗有的整，洗的洗整的整”之义，比单纯的“洗”和“整”在动作量上都有明显的增加。“剪剪裁裁”同样也如此。

副词的AABB式表示的增加量跟具体副词的语法意义相关。例如：

【21】给柳县长鼓掌时，确确真真是没有鼓下这又长又重的时间哩。(《受活》58页)

【22】平头、红脸，肚子稍稍微微有些外胀哩，头发花花杂杂的白。(同上，45页)

“确确真真”表示肯定程度的强化，“稍稍微微”表示减弱程度的强化。

总的来说，阎作中的各种重叠形式，无论是AABB式，还是ABAB式、ABB式，都是表示一种增量，或是事物量的增加，或是性质量的增加，或是动作量的增加，或者程度等量的增加。① 由此可见，这种重叠后形式上的加长与意义的增加有关，这体现了语言表达的象似性原则，即“语言表达形式的重叠(重复)对应于概念领域的重叠(重复)”(戴浩一，1992；转引自张敏，1998：178)。扩展一些理解就是，形式的复杂化与意义的复杂化相关。叠用形式在量上包含了基础形式所不具备或不够凸显的语义内涵。

现实生活中既然有表达词义增量的需要，那就有可能要求形式上的增加，这就给构造新的格式或拓展已有格式的使用空间提供了可能性。具体到汉语的表达中，一个双音节的结构如果想实现增量，就只有增加词形的长度，而相同成分的叠加自然就成为表现增量的一种选择。这样，名词、动词、形容词甚或副词等实现增量都有了可能，只要条件成熟，就可以成为现实。这在阎作中都

① 当然有的还带有特定的语用意义，比如形容词ABB式表情态，名词AABB式有描绘和修饰的特征等等。本文不做分析。另外，有人认为：“名词不能用重叠式表示某种共同的语法意义。”(黄伯荣、廖序东主编，2002：12)这种说法既显笼统，也不准确。

鲜明地展现了出来。这种现象加深了我们对语法形式和语法意义之间互动关系的认识。

四　重叠构式由可能到现实的语用功能

一个可能形式的出现有语言自身的结构基础，但若要成为表达的现实，就需要体现特定的语用功能。从阎作中重叠形式的运用过程来看，我们能清晰地感觉到表达特定功能的重叠构式对重叠形式的显现和使用所具有的推动作用。

（一）具有构“词”、完“句”的作用

阎作中的一部分叠用形式的出现体现了构词方式的变化。如在不同的作品中既有“毛茸茸、白茫茫”，也有“毛毛茸茸、白白茫茫”，甚至在同一篇小说中同时使用。例如：

【23】父亲从那塌房屋里走出来，在仅存的半架门框上方日常百姓爱藏钥匙的墙缝里又摸出了一个弹壳儿，拍了拍弹壳上毛茸茸的绿铜锈，咬开木塞儿……（《朝着东南走》,《朝着东南走》125 页）

【24】我看见母亲说的每一个曲句词儿，在我面前飞着，都毛毛茸茸，像蜜蜂的翅膀样闪着光。（同上，148 页）

同类的词还有“水淋淋—水水淋淋、水灵灵—水水灵灵、乌油油—乌乌油油、红彤彤—红红彤彤、黑鸦鸦—黑黑鸦鸦”等。

“毛茸茸、白茫茫”类是我们常用的重叠式，而“毛毛茸茸、白白茫茫”之类在普通话系统中却很难见到，在方言中或许存在这样的用法。那么“毛毛茸茸、白白茫茫”跟“毛茸茸、白茫茫”在结构上存在着一种什么样的关系？在不完全排除方言用法可能性的情况下，“毛毛茸茸”类的出现让我们猜测叠用形式的使用过程中是不是存在着“毛茸、白茫”类的词，即这里有一种逆构词参与作用的过程。具体推衍过程就是：毛茸茸→毛茸→毛毛茸茸；白茫茫→

白茫→白白茫茫。可能在使用者的语言心理上，三音节的“毛茸茸、白茫茫”先还原成双音节的“毛茸、白茫”，然后按双音节的重叠构式进行重叠，同时，这里的“茸”和“茫”完成了特定结构中语素化的过程。这就是说，“白茫、毛茸”实际是个潜词，因为在这之前，我们没有听说过，也没有看见过。但它们却有存在的可能，也有出现的可能。潜词之所以没有进入交际，有社会语用方面的原因，也有词汇系统内部的原因，还有使用语言的人的思维习性等方面的原因。（王希杰，1989）“白茫、毛茸”之类没有进入目前的词汇系统可能受制于词汇系统内部规律的制约，可是，一旦满足了一定的语义、语用的条件，也不是没有进入词汇系统的可能。

另外，有一部分叠用形式的出现是句法表达的需要。有的如果不重叠是没有办法放到句子中去的，比如上面例【8】提到的“山山海海”之类。叠用形式“山山海海”具有了描绘的语用功能，作“旺收”的补语，满足了句法上完句的要求，而基础形式“山海”是不能直接进入该句中去的，即不能说“哪料它到今年就旺收得山海哩”。当然我们也可以换用其他的表达，但这种表达生动形象，十分贴切。

（二）能突显格式具有的意义

如上文通过 AABB 式的语法意义的归纳，就能看出这种叠用形式对特定语法意义的强化作用。其实，从语用意义来讲，AABB、ABB 等重叠形式都是描写性框架，凡是进入到这个框架中的成分组合后都能体现描写性特征，即便是动词性成分也是如此。例如：

【25】远处的山沟，有点点鬼火闪闪灭灭，一上一下地来回跳动。(《自由落体祭》,《和平寓言》34 页）

“闪闪灭灭”是“闪”和“灭”的反复多次持续进行，因为有反复持续义在其中，动作性减弱，状态性增强，使得单纯的动作呈现出了描写性特征。这样能更好地进入情境描写的语境中。

又如形容词的 ABCC 式同时突显了 AB 和 CC 所具有的描写作用，这样

ABCC 所表示的程度比单用 AB 所表示的程度都深。对此，下文将专门阐释。

（三）使一些综合性的表达为进入框架而进行重新分析

【26】日头在镇西山梁上汪汪洋洋地红。镇子就在这汪汪洋洋里沸煮得上上下下跳。(《小镇蝴蝶铁翅膀》,《朝着东南走》352 页）

“汪洋”是单纯词中的叠韵连绵词。既然是单纯词，那么“汪洋”之间是不能再分的，即“汪洋”是没有内部语法形式的。但是例句中所出现的 AABB 式“汪汪洋洋”让我们明显感觉到，“汪”和“洋”似乎存在某种结构上的联系，“汪洋”是有内部语法形式的，是可以进一步重新分析的，否则它不能进入 AABB 式。AABB 是差义叠结的形式，构成差义叠结的基础是 A 与 B 是“同质和并列”的。（储泽祥，1996）在这里，“汪”和“洋”似乎是并列的，“汪洋”是一个并列结构的词。由此我们得到了对“汪洋”的两种不同的分析：

汪洋：（a）常态：叠韵连绵词

（b）临时：并列结构的复合词

能得到这两种分析正是因为既有叠用格式的推动。“汪洋”要进入 AABB 的格式势必要在内部结构上做出调整[①]，从不可分的单纯词变为并列结构的复合词本身就是调整的尝试。这种尝试是一种可能的尝试，而这种尝试之所以能够成为现实就是因为在特定语境中有特定的表达作用。“汪洋”本用来描绘水势浩大，它的重叠“汪汪洋洋”在例句中突出了日头、日光红得一片泛滥的样子，渲染了镇子当时的情境和氛围。

由此可见，重叠作为一种构式（construction）或框架表达了特定的语用功能，在某种程度上来讲即是一种构式义（constructional meaning），它本身所具有的特性制约和限制着能进入其中的成分，对其下位成分具有相当的改造功能和同化作用。而这些填充成分是作为重叠构式的例示（instance）进入其中，

① 审稿专家指出，“汪洋”这两个汉字本身在一定程度上也暗示了使用者可以将其分析为并列结构。

并具体化和显化构式义的。重叠构式及其填充成分之间的熔合（fusion）过程就是自上而下的制约与自下而上的投射之间关系的一种互动。[①] 这同时也就能很好地说明，有些所谓一般不能重叠的词，在叠用格式的推动下，也是有出现重叠的可能性的。当然，要成为现实性的表达，同样需要实现特殊的语用功能。例如：

【27】这时候镇上的人们和郭家夫妇，就都看见那只红翅的蝴蝶从郭家那门棚子上，迎着日光美美丽丽飞进人群里，在乔大堂和郭全根之间翩翩飞翔着，把镇人们所有的目光都染得红亮彤彤了。(《小镇蝴蝶铁翅膀》,《朝着东南走》355 页）

“美丽”是书面语词，一般认为不能像“漂漂亮亮”那样重叠，但在既有格式的推动下却出现了。这就牵涉到使用者所要表达的思想、情绪、氛围、色彩等各方面。

阎作正是利用了既有的重叠格式实现了特定的交际目的。酒瓶里可以装酒，也可以装水，但装的都是液体，我们要关注的是酒瓶的功用是否扩展了，为什么能够扩展，可能向哪方面扩展，有哪些可能的形式。语言应用在形式变化和功能扩展中实现特定的价值。

由此可见，阎作对重叠形式的使用，有时是一种句法的需要，不用重叠就不能进入句法结构中去的；有时是为了突显某种意义；有时为了表达一种强烈的感情，渲染一种场景，烘托一种氛围；有时还为了在变化中体现一种创造，试验一种表达方式。阎连科的作品充满了活泼飞动的灵气与机智，他的想象比较奇特，情绪的体验细腻精妙，重叠式成了他传情达意的工具。如果单独把重叠式从语境中剥离出来，会让我们大吃一惊，觉得不可思议，可是仔细推敲又觉得颇有道理，放在特定语境中就是特别合适，能恰如其分、淋漓尽致地传达作者的感情，渲染当时的场景，烘托当时的氛围，而且我们难以找到别的更合

① 这跟作为构式的句式的形成过程在本质上是相通的。关于构式语法（Construction Grammar）理论，请参见 Goldberg（1995）。

适的词来替换它。读者都喜欢接触那些在思想内容和语言风格上让自己耳目一新的作品。文学语言也总是在标新立异中显示自己的个性品格，这也是作家创造力的表现。不过，所谓创造性使用都是有一定的规则可循的，都是借用了原有的某种框架而在某个方面做出了调整，创造性运用实际上都是在语言自身提供的可能空间里施展才能的。就在这自由与规则之间，语言变得生动、活泼、丰富多彩。

五　特例分析——叠用形式 ABCC 的结构及语义

前文已经指出，形容词的重叠类型中有一种比较特殊的形式，即 ABCC 式。这里便来具体分析 ABCC 的构造过程和语义特点，借此进一步考察重叠形式的可能性和现实性问题。

形容词的 ABCC 式，在一般作品中极难见到，但在阎作中用得还不少。前面举过“鲜红艳艳、鲜活生生”，同类的还很多，不妨将我们见到的其他用例都列举出来：

白亮嘎嘎　暴虐汹汹　冰凌脆脆　惨白凄凄　惨痛烈烈
苍老荒荒　潮润烂烂　潮湿雾雾　迟缓慢慢　赤裸条条
粉红淡淡　光亮嫩嫩　黑茬旺旺　黑红暖暖　黑红艳艳
黑爽凉凉　红灿烂烂　红艳阵阵　恍惚悠悠　灰白浊浊
浑浊厚厚　浑浊汪汪　火热腾腾　金黄灿灿　惊白茫茫
枯瘦黄黄　冷凉哇哇　亮堂洁洁　绿蓬茵茵　绿乌旺旺
明亮晃晃　黏稠糊糊　浓黑烈烈　青红烈烈　清脆哗哗
热暖烘烘　威严森森　稀疏飘飘　狭长弯弯　鲜红艳艳
鲜活生生　心红血血　雪白淋淋　血红艳艳　银格朗朗
硬格朗朗　云白黑黑　脏旧兮兮

看起来形容词的ABCC式好像是一种例外，因为它不太合传统说法中重叠的框框。但是我们有一种直觉：这个例外有它的内部规律，仍然合乎形容词重叠式的大框架，同样表达一种增量。

如何分析这种特殊叠用形式的内部结构呢？以“鲜红艳艳”为例，似乎可以看作“鲜红”和“红艳艳”的叠合，两者所表示的语法意义基本相同，都突出了“红”的程度，而“红”是两者相勾连的同语素成分。但若分解成“鲜红+艳艳”似乎也可以。再多看一些用例。如“赤裸条条”似乎可以分解成“赤裸”和“赤条条”的叠合，“脏旧兮兮”似乎可以看作“脏兮兮”和“旧兮兮”的叠合，但它们似乎也可以分解成“赤裸+条条、脏旧+兮兮”。像“潮湿雾雾”，则只宜看作“潮湿+雾雾”了。从处理的经济性原则考虑，我们不妨将它们的生成过程都看作这样的：ABCC ← AB+CC。这跟“沉甸甸”式在形式上就没有实质性的差别了。其中CC在语义上跟AB有联系，对AB的语义程度起到一种强化的作用。这样，ABCC式的叠用形式仍然符合形容词重叠的既有框架，只不过在表达形式和功能上有了新的拓展。那种存在多种分解可能的叠用形式，正是显示了形式跟意义关联的多重性。

至于ABCC中的AB的内部结构，则是多种多样的，有的是既有词语，有的是临时组合。主要结构形式有：（1）状态词，如“鲜红、浓黑、雪白”等；（2）属性词，如“惨痛、潮湿、迟缓”等；（3）临时构拟的相关语素叠合形式，如“黑爽、冷凉、热暖”等；（4）逆构词形式，如“红艳、红灿”，“赤裸”虽可独立成词，但这里看作“赤裸裸”的逆构词形式更加合适；（5）其他形式，如“绿蓬、心红、银格”等。由于CC是附缀到AB上面的成分，附缀之后突显了这个格式的语法意义。在ABCC中，AB是这个格式的词汇意义的核心，CC对AB语义起补充作用，因此一般都选择语义上跟AB有明显关联的成分，如“迟缓慢慢”中的“慢慢”等。这样，可能形式的现实化就更加便捷。

由此可见，虽然ABCC中AB的内部结构极其复杂多样，但它不影响整个格式的构造和意义的表达。这就是特定格式对下位成分的自上而下制约的结果。这与构式语法有异曲同工之妙。

另外，在叠用形式“鲜红艳艳”之类叠用形式出现之前，实际语言交际中已经有了“鲜红”和“红艳艳”这样的表达“红”的程度很高的形式了。那么“鲜红艳艳”之类是否有出现的必要呢？是否造成了语义上的叠床架屋呢？其实，一经比较我们不难发现，“鲜红”和“红艳艳”的语义是有差异的。“鲜红”侧重于突出红的程度，是客观的描述；而“红艳艳”在突出红的程度的同时更侧重于表示红的一种情态是“鲜艳夺目”的，而且更倾向于主观上的心理感受，而这种情态表达功能更多的是由叠用的“艳艳”来承担的。“鲜红”后加叠用的“艳艳”，在一定程度上实现了“鲜红”和“红艳艳”的功能互补：“鲜红”已经有“很红”的语义，但在具体的语境中单用“鲜红”难以揭示所要强调的部分，而叠用的“艳艳”则是在语境需要的时候把“红”的情态揭示了出来。从语义的丰满度、鲜明度来说，“鲜红艳艳”比“鲜红”和“红艳艳”蕴涵更多的更细微的含义。

似乎可以这样说，语言系统中有现实的部分，也有可能的部分。阎作在自己的语言表达系统内，在原有的重叠框架中做出了创造性的调整。语言自身的空间提供了这种调整的可能性，而其系统内部结构在某种程度上又制约了可能性向现实性的转化。现实性是可能性的一种表现，是可能性的一部分，它们之间是动态制约的。只有把两部分结合起来考虑，才能使研究更深入更细致。

六　余论

一般认为，“漂漂亮亮”可以说，“美美丽丽”不能说。然而，“美美丽丽、贼贼偷偷”“明亮亮、汗渍渍”“鲜红艳艳、威严森森”这样的一些形式在阎作中随处可见，而且这些形式确实在一般表达中没有，通常也很难出现。但从另一个角度来说，很难出现不代表不能出现。它们在现实中不是不可能出现，而是在一般情况下不需要，一旦满足一定的条件，是可以而且应该会出现的。那么，我们应该如何看待这些一般语用中并不出现的表达呢？如果从语用价值的角度考虑，也许不应该孤立地批评，因为语用价值不是一个抽象的东西，而是特定情境中所实现的交际价值。我们觉得，就交际值而言，有一定文化水平的人群进行交际，交际目的达到了，比较得体，很难用别的来替换它，或者替换了不一定比它好，这就符合规范了，就能满足交际的要求了。（施春宏，1999、2005）因此，如果从交际值出发，我们就会重视对可能形式及其现实化过程的观察和分析，哪怕这种可能形式只是某个作家的特定用法。

我们对阎作中重叠形式使用的分析，一个目的就是想借此说明，语言研究不但要考察现实语言现象，而且要考察可能语言现象，尤其要考察可能现象现实化过程中的制约条件和交际价值。临时的语言现象并不一定只是修辞学、应用语言学关注的对象，同样也可以而且应该成为语法学、语义学等关注的对象。只有这样，才便于将语言放到动态过程中来考察，才能逐步深化我们对复杂语言现象背后蕴藏着的规律、规则的认识。也许有人会说这些只是言语现象，不能跟语言现象等量齐观。然而，在交际中，所谓的言语现象跟语言现象在本质上是否有区别？其实，语言系统中比较稳定的核心部分固然值得研究，比较活跃的外围部分同样也值得关注，也许它就是语言交际的本质和语言现象不断产生和发展的机制。没有稳定的部分当然无法交际，只有稳定的部分同样也无法交际。

当然，由于阎连科对这种重叠形式太钟爱了，几近痴迷，以致有时使用得未必恰当。比如在 AABB 式中，不少基础形式的字序已经固定了，如无特殊作用，就没有颠倒字序的必要了。可是，我们见到了下面这样的用例：

【28】鸢孩飞射着跑出洞口，看见小菊朝他哨楼下的窗台上放了一碗白亮亮的鸡蛋，又忙忙匆匆朝禁区外面走。（《四号禁区》，《朝着东南走》16 页）

【29】她就那么坐在凳子上，倚着树，头歪到一侧，脸上放着红堂堂的光，满脸都是详详安安的微笑和抑不住的受活色。(《受活》285 页)

由于“匆忙、安详”的背景支撑，读者对“忙忙匆匆、详详安安”的理解并没有什么困难。但是，“匆忙、安详”以及“匆匆忙忙”已经是常用的定型词语，这里的使用又没有实现新的语用功能，因此就没有必要在重叠形式中颠而倒之了。另外，阎作中还有一些重叠形式不便于理解。例如：

【30】(桐花)听见了人们拍巴掌时那云白黑黑的掌声，在半空里飞来舞去着。(《受活》63 页)

“云白黑黑”的掌声是什么样的一种掌声，从上下文也不容易琢磨出来，笔者认为它的可接受度是比较低的。

最后需要说明的是，也许有人认为阎作中这些临时组织的重叠形式实际只是一种方言用法。阎连科是河南嵩县(属于洛阳市)人，作品中洋溢着浓郁的乡土气息，他本人也多次说自己的创作是从泥土中汲取营养。为此笔者曾向调查过河南多地方言的王建喜先生(河南新郑人)咨询，王先生说阎作中的重叠形式不像方言的用法，至少方言中极少这样使用。[①] 可见，阎连科是将这种重叠形式作为自己的语言风格标签之一来使用的。另外，从我们搜集来的语料来看，还有不少作家的作品也有不少这类重叠式的使用。以 AABB 式为例，略举一二：

【31】话虽听不清爽，却是那音音调调。(《玻璃店》，《小说月报》1999 年第 11 期 34 页)

【32】门框一阵摩擦，几个人都进来了。一片文文明明的笑，在屋里响起。(鲍十《秋水故事》，《小说选刊》2005 年第 11 期 29 页)

---

① 当然，也不完全排斥方言的影响。如洛阳方言中就有“ABCC”格式，只是它的 B 成分仅限于几个意义比较虚的表音字，比如“黏骨(格)抓抓”中的“骨(格)”。(参见贺巍，1993：17)阎连科用了 ABCC 这个形式，但是却在成分填充上大大扩展了该格式，跟单纯的方言用法还是不一样。

【33】他和我们爷爷一起去当的兵，走散了队伍，被国民党抓了壮丁，在一次战斗中伤了命根子，狼狼狈狈地逃了回来，一辈子没娶老婆。（乔叶《解决》，《小说选刊》2005 年第 10 期 49 页）

【34】这座山一点儿也不高峻雄伟，很小很小，只是在绵延的坡地上陡起几座不过百米的峰岩，峰岩呈暗绿色，赤赤裸裸，寸草不生。（孙春平《老师本是解惑人》，《小说月报》2005 年第 9 期 29 页）

这些作家来自不同的方言区，但却同样钟爱这些比较特殊的重叠形式。可见，这不仅仅是特定方言区单独某个作家的个人用法，它们的使用具有一定的普遍性。倘若真的来自于方言的影响，就需要从语言类型学的角度做进一步分析，深化我们的认识。

参考文献

陈　光（1997）现代汉语双音节动词和形容词的特别重叠式——兼论基本重叠式的类化作用与功能渗透，《汉语学习》第 3 期。

储泽祥（1996）汉语规范化的观察、研究的语值探求——单音形容词的差义叠结现象，《语言文字应用》第 1 期。

崔健新（1995）可重叠为 AABB 式的形容词的范围，《世界汉语教学》第 4 期。

贺　巍（1993）《洛阳方言研究》，北京：社会科学文献出版社。

黄伯荣主编（1996）《汉语方言语法类编》，青岛：青岛出版社。

黄伯荣、廖序东主编（2002）《现代汉语》增订三版，北京：高等教育出版社。

李宇明（1996）论词语重叠的意义，《世界汉语教学》第 1 期。

李宇明（1998）动词重叠的若干句法问题，《中国语文》第 2 期。

陆镜光（2000）重叠·指大·指小——汉语重叠式既能指大又能指小现象试析，《汉语学报》第 1 期。

吕叔湘主编（1980）《现代汉语八百词》，北京：商务印书馆。
马庆株（1998）《汉语语义语法范畴问题》，北京：北京语言文化大学出版社。
马庆株（2000）关于重叠的若干问题：重叠（含叠用）、层次与隐喻，《汉语学报》第1期。
邵敬敏（1990）ABB式形容词动态研究，《世界汉语教学》第1期。
施春宏（1998）现代汉语规范评议失误研究，《语言研究》第1期。
施春宏（1999）现代汉语规范化的规则本位和语用本位，《语文建设》第1期。
施春宏（2005）《语言在交际中规范》，北京：中国经济出版社。
石毓智（1996）试论汉语的句法重叠，《语言研究》第2期。
王希杰（1989）潜词与修辞，《语文月刊》第9期。
邢福义、李向农、丁力、储泽祥（1993）形容词的AABB反义叠结，《中国语文》第5期。
杨　平（2003）动词重叠式的语法意义，《语言教学与研究》第5期。
于根元（1980）重叠四字格杂议，《语文研究》第1期。
张　敏（1997）从类型学和认知语法的角度看汉语重叠现象，《国外语言学》第2期。
张　敏（1998）《认知语言学与汉语名词短语》，北京：中国社会科学出版社。
朱德熙（1982）《语法讲义》，北京：商务印书馆。
朱景松（1998）动词重叠式的语法意义，《中国语文》第5期。
Goldberg, Adele E.（1995）*Constructions: A construction grammar approach to argument structure.* Chicago: The University of Chicago Press.

试论语义关系对异体词显隐和使用的制约 *

提要 本文通过语义关系的描写来分析异体词的显隐与使用问题。异体词是一个原型范畴，应从这一角度来考虑异体词的文字与语义、词汇乃至语言的关系。从语义关系来看，异体词可以粗略地区分出条件变体和自由变体，变体的显隐与使用都有客观基础和心理现实，取舍与分化都有一定的难度。异体词的显隐和使用受语义空间的交叠、渗透、移位等因素的制约。语素义的区别在诸多方面对异体词分化产生影响，语义关系对异体词显隐和使用的制约具有现实同一性，异体词的发展大多是字形与语义的关系通过语用调适的结果。对异体词的功用与整理要辩证对待，综合权衡利弊得失。

本文通过对近百组常见异体词的分析，试图描写语义关系在部分异体词（尤其是系列异体词）显隐和使用中的制约作用，指出异体词问题的症结所在。①

一　异体词的性质

如何划分异体词与非异体词的界限，人们的认识还不怎么一致。这种认识上的差异，不能简单地归结为人们研究得不够和认识上的不足。其根本原因

*　本文原刊于《语言文字应用》2001 年第 1 期。

①　关于术语名称，是用“异体词”还是“异形词”，本文不加讨论，取用“异体词”，但在引文中如有用“异形词”的仍依原文。

在于异体词是一个原型（prototype）范畴。[①] 高更生（1993）的阐释最有代表性："异体词是指社会上并存并用、同音、同义而异形的词语。异体词的这几个条件必须同时具备，缺一不可。"这是对异体词最为严格的理解。根据这样的理解，异体词是一个词语的几种写法，除具备词形相异这一特征外，还必须具备：（1）并存并用，即共时性；（2）同音，即字序相同且相应各字声韵调完全相同；（3）同义，即不但词的理性意义相同，词的色彩意义、语法意义都完全相同。符合这些条件，就是典型的异体词，即一般所说的全等异体词、绝对异体词、纯粹异体词，它们在任何语境中都可以替换使用。像下面各组词语就属于这样的异体词：

笔画—笔划　　宏图—鸿图　　汇集—会集　　交代—交待

流连—留连　　鲁莽—卤莽　　猫匿—猫腻　　思维—思惟

夙愿—宿愿　　梯己—体己　　省悟—醒悟　　唯一—惟一

丁是丁，卯是卯—钉是钉，铆是铆（可丁可卯—可钉可铆）

如果根据上面这样的严格的定义而且一以贯之，当然没有什么问题，然而由于问题的复杂性，处理起来并不那么容易。这也就是争议的焦点所在。我们在严格的定义下有时也做了一些不严格的处理。如高更生先生文中在谈到异体词的类型时就划分出条件异体词一类，其下又包括包孕异体词和交叉异体词，这两小类即与高先生所下的定义有出入。而且归入纯粹异体词的个例也常引起争论。应雨田（1998）便在肯定高更生先生对异体词所做定义的同时指出交叉异体词"不纳入异体词整理范围是恰当的"，而"同意义项具有包孕关系的可纳入异体词整理规范的范畴"，范围限制更严了。即便如此，处理起来也不容

① 关于原型范畴的理论（今按：本文原刊时用的是"典型范畴"，这里调整为"原型范畴"），可参考认知语言学关于范畴化的原型理论的论述。它与经典的范畴理论不同的是，原型范畴以"家族相似性"（family resemblance）原则组织起来。可参看袁毓林（1998）、沈家煊（1999）、张敏（1998）等著作中的有关论述。从严格意义上说，本文讨论的异体词有许多只是近义词，但它们都曾在语言学论著、词典中被当作异体词来分析、处理，本文权且以此为据。

易。如异形词研究课题组（2000）在讨论“词—辞”构成的系列异体词时，“主张用‘词’去统一这个系列的异体词语”，这样，“词典—辞典”就是异体词了，而我们通过分析接触的语料认为它们只是近义词，并非异体词。看来对异体词的理解和操作还存在着不小的距离。

正因为异体词是个原型范畴，它与等义词（甚至同义词）、外来词等有交叉的地方，因此处理时必须结合起来综合考虑。既考虑异体词的核心部分，也考虑它与等义词、外来词等的交叉部分，甚至结合同素异序词来研究。既要明确典型的异体词所具有的特征，也要研究不够典型的异体词的层次差异，即它们表现在哪个侧面不够典型，多大程度上不够典型，研究它们家族相似性的相似度，研究它们在形成和发展过程中与典型的异体词是什么样的关系。明确了层次范围才能在所指同一的前提下，确定共同的讨论基础。这样也容易使我们在有分歧的地方达成共识，对不同的情况采取不同的处理方式，而不是在概念上争执不下，以致遮蔽了认识上的统一性方面。

在讨论异体词的文字与语义、词汇关系时也必须从原型范畴的角度来考虑。高更生（1993）认为：“总起来看，异体词的整理是同一词语在书面形式上有分歧的规范问题，即该异体词中的不同写法的汉字应该用哪个汉字来书写，不应该用哪个汉字来书写的问题，它基本上同异体字的整理属于同一个范畴，是属于汉字规范化范围内的问题。”“（它）应当划归汉字学的范围，而不应当划归词汇学的范围。”其实，这主要是从异体词的现状即异“体”本身来认识的。如果我们从异体词的显隐和使用来考虑，我们会发现，异体词不仅是文字问题，也是语言问题，有的从根本上看还是语言问题，不同写法的显隐和使用是以语言为第一推动力的。在整理时，现实语用中随着异体字的整理而将异体词整理掉的情况确实不少，但也有很多异体词并不能随着异体字的整理而消失，对系列异体词更是如此。而且某些异体词的能产性也不是文字本身所能说明的。如“梅雨—霉雨”，构词理据不同；“工夫—功夫”，语义有所分工，它们都曾被当成异体词，现在认为它们有所分化了。“作秀—做秀”异体词的显现和规范也是难以通过文字整理来分析和解决的。“师傅—师父”，现实语用关系的调整影响到语用者对字形的选择，现在多用前者。它们大多是语义和词汇在语用中的显现问题。有时语音相同造成认识上的错觉，尤其是掩盖了其间复杂的语义关系问题。上文指出的异体词成立的三个条件中，最难处理的就是对同义的认识。什么情况下才是同义，也是一个原型范畴的处理问题。而且有时研究者接触的语料的范围、性质的差异影响到对语义的分析和概括，从而影响到对词语之间关系的认定。本文所讨论的主要就是那些不能通过异体字的整理而整理掉的异体词，通过研究可以发现语义关系在异体词的显隐和使用中所起的作用，它实际上成为一种必然的推动力。这也是调整我们对异体词的发展前景的认识，丰富语义学、词汇学内容的一种路径。

二　异体词的条件变体与自由变体

从上文对异体词性质的分析中可以看出，关于作为原型范畴的异体词的理解和处理，分歧最大的就是如何处理其中的语义问题。[①] 在异体字整理后，异体词的能产性根源在于语言本身，而不完全是文字的问题了。系列异体词的形成大多是语义的交叠、渗透、移位造成的（详见第三节）。

如果我们将每个异体词看成该组异体词的变体，那么我们会发现，异体词的变体与音位的变体有相似之处。音位变体有条件变体和自由变体，异体词变

① 不仅如此，有的学者还对同音的标准提出不同处理意见。如苏新春（2000）认为：“异形词指的是字形不同，而意义完全一样的词。一组异形词之间读音相同的称为同音异形词，读音不同的称为异音异形词。”这是更宽泛的理解了，异音异形词与等义词的界线不好划分了，一般人恐怕不易赞同。然而不同于“耳边风—耳旁风、烟碱—尼古丁”的是，像“腻味—腻歪、曼德琳—曼陀铃”这样的词是作异体词处理好还是作为等义词、外来词处理好，还真难说。侯敏（2000）分析后认为这种情况“应作特殊考虑”，“实际上是对一个词的不同记录，应算在异体词之列”。此外，像“名副（fù）其实—名符（fú）其实”与“莫名其妙—莫明其妙”在处理时是否一定要区别对待呢？

体也有条件变体和自由变体。[①]当然将异体词区分出自由变体和条件变体，大大简化了对异体词的变化形式和相互关系的认识，是一种“方便”的说明方式。

先看自由变体。它有两种情况。一是双向自由变体，它指在任何语境中都是可以替换使用的不同形式。如上文在分析典型异体词时所举诸例。这从下例中“交代”与“交待”的混用一处也可看出：

【1】向书记把我叫到房里交待，说他在这里有些重要事情要做，让我不要同任何人讲他在这里。我当然按他交代的办。（王跃文《夏秋冬》，《当代》1998 年第 1 期 17 页）

这种形式是严格意义上的典型异体词。[②]二是单向自由变体，它指包孕式异体词，只是在某个义项上相互无条件替换使用。如以前人们讨论过的异体词“工夫—功夫、环球—寰球、统帅—统率、师傅—师父”等。它们有的已经在语用上发生了分化。“其他—其它”的情况比较特殊，我们归入条件变体中说明。

再看条件变体。条件变体是由互补分布形成的。异体词的条件变体指由

① 在没有发现更恰切的术语之前，使用“变体”这一术语只是一个方便的做法，也许该用“变化形式”“显现形式”“显态”之类的说法。变体意味着有正体存在，而从语义空间分布来看，无所谓正与变，都是条件下的现象。使用频率、整理时的被选用都不是这种意义上的“正”。再者，如果考虑到个人使用情况，很难有绝对的自由变体。如《现代汉语词典》只收录了“惟一”而弃置了“唯一”，现在大中小学生大多数只使用“唯一”；有人只使用“丁是丁，卯是卯”和“侃大山”，有人只使用“钉是钉，铆是铆”和“砍大山”，有人两种都使用。对个人而言，只有两者都无差别地使用才是自由变体。又如“其他—其它”，笔者在正式文章中从不用“其它”，但作为一个编辑，在处理来稿时也并不将“其它”都改过来，只要内部一致就行了。在用于“物品质量，水平”之义时，笔者只用“品位”，不用“品味”，而且将来稿中形如“艺术品味”之类的表达全部改为“艺术品位”之类。在这里，笔者认为“品位”与“品味”在现实语义关系中并不是包孕式异体词。因此，所谓自由变体，只是不考虑内部个体差异的总体分布。

② 2000 年 4 月 7—8 日国家语委异体词研究课题组在北京市通州区召开了一次“异形词规范问题学术讨论会”。李行健先生在这次会上提供了一则极有价值的材料。1998 年北京市四大政法权威部门在发布关于严打的公告中，8 次使用 jiāodài，4 次“交代”，4 次“交待”，让人不知所以而妄加揣测。

于语义分布的不同而产生的变化形式，这种互补分布的区别性特征乃是语用空间的不同分布。它实际上是对语义空间的语用分割在文字上的表现形式。即便没有文字，这种分割也是客观存在的，哪怕语用者并没有明确地感觉到，但可以通过分析而感知。[①] 由于对语义空间分割的感知不一致，因而有时空间分割的详略便有一定的语用差异。异体词条件变体的互补分布主要有两种情况，即完全的互补分布和不完全的互补分布，因此条件变体主要有两种形式：

一是语素层次上的语义分割在词语语用层次上没有贯彻到底而造成的异体词变体。如第三人称单数的代词 tā，在没有从字形上表示语义空间分割的时候，“他”兼称男性、女性以及一切事物，后来，字形的语义分工趋于细化，出现了男性“他”、女性“她”、非人“它”的指称分化，这实际是语境的条件变体。它们的语义空间分割是相对明确的，而且对 tā 的语义空间进行了完全的分割，即没有多余的语义空间存在。然而当它们作为语素进入词语中时，这种语义分割并没有得到很好的贯彻，以致出现了使用比较杂乱的情况，异体词也由此出现。如“其他—其它、吉他—吉它”等。[②] 有人主张取消“其它”，认为“其他”已经包含了“其它”，后者只是前者的包孕式异体词。看来，要想在语用中取消“其它”是很困难的，除非重新取消 tā 的语义空间分割。字形问题有很多从根本上说就是语义空间的分配问题，是语义关系的显化。而且

① 邓英树（1994）指出：“异体词的理据差异是一种客观存在。”我们必须重视这种客观性。其实，不仅理据差异，概念意义、附加意义、语用习惯乃至语用心理都是一种客观存在。

② 由于“他”“她”的分工在使用上还难以彻底，这样就出现了“他（她）、他（她）们”甚至“他们和她们”这样的形式，虽然我们强调：“现代书面语里，‘他’一般只用来称男性。但是在性别不明或没有区分的必要时，‘他’只是泛指，不分男性和女性。”(《现代汉语词典》修订本，1215 页）而且，还曾出现过用“他”纯指男性，用“牠”纯指非人的生命物，月“它”指非生命物的主张。我们虽然不赞成这种做法，但它确实说明语义空间分割是有客观基础的。我们之所以不赞成，是因为语义空间分割也是有语用限度的，不是越细密就越好。关于 tā 的字形三分，有不少人指出其存在某种弊端，参看刘丹青（1993）。

这种包孕式异体词的副作用到底有多大？是否夸大了它的副作用？当然，出现“其它人”之类的用法肯定是不规范的；同时在人与物共现时也只能用“其他的人和物”。但在某种语境中，“其它”似乎还真不好用“其他”替换，如：“我们商店最近进了不少水果。这些是国产的，它们的价格较低，qítā 是进口的，它们的价格一般都很高。”这里用“其他”也完全可以，然而从语码转换的角度来分析，从“它们”到“其它”，比较自然。而且这类被包孕的异体词往往占位能力比较强（除非从语源上强调归并的合理性），上面谈到的单向自由变体即有此语义分割的背景。形音义选择都有个语用使用心理问题。我们整理时必须考虑：语用者如何用？用时会出现什么问题？在语义空间分工没有显化的时候，这种异体自然不存在（实际已经作为潜词而存在），既然有了语义分工，这种“误用”是随着分工而必然出现的。笔者还见到了这样的“其她”：

【2】其她女病人竟也不肯到那石桌边去，因为她们觉得去只能陪衬了她。（贾平凹《读〈西厢记〉》，《人民文学》1998 年第 1 期 89 页）

【3】逢得其她几位姑娘要表演合唱，她就守在窗口歌唱起自然来。（黄梅《笨嘴拙舌的范妮》，《读书》1990 年第 5 期 95 页）

可笑吗？笔者曾从“其他、其它”推测或许会有人使用“其她”的，所以见到这样的例子心里倒有些兴奋。语素义分割相对明确了，而词语义却不让分割，有时是有些困难的。

二是语义空间的不完全分割形成的异体词。若按严格的异体词定义，它甚至还不是异体词呢，因为它们是互补性分布而并非等同性分布。最典型而且大家讨论最多的就是 gēda 了。它的词形有“疙瘩（疙疸）、圪塔（圪垯）、纥纮、屹嶜（屹峵）、咯嗒”，真够复杂的，而且都是连绵词，语素没有意义，只是从字形上体现它们在语义空间分布上的差异。很多异体字都与此有关，都试图在字形上表示语义特征或体现语义空间分布的差异。其实，还有一些 gēda 还没有词形，如“铁 gēda、面 gēda”等，是否都要造一个词呢？看来没有必要，语义空间的分割有个切分度的问题，一定程度上的语义分割才能最适合语言交际。那么能不能像音位那样寻找一个各个变体的代表性形式即“词位”呢？现在常见的是用“疙瘩”统约其他，也有的主张用“咯嗒”统约其他，可是还存在一些困难。[①] 为什么会如此呢？还是语义分布的内在制约在起作用。

从语义空间分布的叠合关系考虑，自由变体理论上应该是完全叠合的，条件变体应是完全不叠合，在这中间还有两种关系存在，一是存在包孕关系的，一是存在交叠状态的。对自由变体的异体词取舍起来相对容易（也不一定）。对于条件变体的异体词，取舍就很不容易，即便强行取舍也难以遵行；分化也不容易，尤其是语义上的不完全互补分布。而且，对自由变体，有时也并非就是完全自由替换的。若从根本上来说，难有绝对的异体词。我们要研究人们能在多大程度上忽视它们之间的差异而自由地替换，分析语用的可模糊度。不要低估文字形旁与表义对语言使用和理解的影响。

上面谈的是语义空间分布形成的异体词，还有句法功能差异形成的异体词。句法功能也占据一定的空间，如从根本上看，它也是语义的空间分布问题。这里最明显的例子就是“的”和“地”用法上的混淆。由于对“的”和“地”的句法功能做了调整，语法功能的分割在字形上便有了分工。现在两者的用法基本上区别开来了，但由它们构成的词语也由于这种调整贯彻得不彻底而造成了新的异体词。如“似的—似地、真的—真地、总的—总地”等，有人将“～地”用于作状语的情形，其他场合用“～的”。而这一般认为是误用，可是这种误用却有相当的道理。这便是功能分割不彻底造成的矛盾。这也是异体词“词位”的条件变体。

① 在“异形词规范问题学术讨论会”上，有先生说前些时也是在这个会场开会，早上的主食是面 gēda，大家便讨论了这个 gēda 该是哪个 gēda，有人说应该是病“疙瘩”，几位老学者听后立即少了食欲。还有人昵称自己的孩子为宝贝 gēda，用“疙瘩”恐怕是难以接受的。但鸡皮 gēda 用“咯嗒”也有人不愿接受。目前，gēda 的处理似乎还得放一放，先只能选择一两个代表性大的去推广使用。

三 异体词的显隐与语义空间的关系

异体词的条件变体和自由变体基本上都是语义空间分布的不同分割在语用上的体现。上面涉及的语义空间分割还是比较清楚的，语义关系相对比较简单，还有比自由变体和条件变体更复杂的情况。这里再通过一些系列异体词的分析来看看语义空间分割的复杂性和异体词显隐的必然性。

（一）语义交叠

像 tā、gēda 这样的语义分割还算比较规则的，不同的分割项之间没有什么交叉的情况存在。而有的语义空间分割现象并没有这么规则，语义之间有交叉段存在。有的语义之间本身不是通过语义分割而形成异体关系的，而是在语义发展过程中，不同语素或词语在语义空间上本来就有相互重叠的状况存在，这种交叠状态在整个语义系统中是个正常的现象，是语义关联的重要方面。它们有的是古今字，有的来源不同，但在共时平面上并存并用。然而当不同语形体现的语义内容重叠面比较大的时候，由于音同的关系，异体词的出现就在所难免了，而且在使用过程中其区别性也很小，整理起来比较困难；在相当长的时间里只能提一些倾向性的意见，做些分析、介绍、推荐、引导的工作。在这种情况下出现的异体词大多是系列异体词，出现一个往往预示着可以出现一片。它们很难通过汉字的整理加以解决。这里举两个例子可以说明问题。

“做”和“作”的区分历来让人头疼，学界也试图做（作）了一些区分，但在一般使用中成效不大。它们在“①从事某种活动，②写作，③作品，④当作（做）、作（做）为、用作（做），⑤结成某种关系”等义项上多有交叉，甚至在制造义上也有交叉。然而它们也不是完全相同，如“作”偏于抽象，常作为构词语素，“做”偏于具体，常独立成词。[①] 可是又不绝对，具体

① 关于“做”和“作”的语用差异，学者已有不少探索。可参看吕叔湘（1981）、胡双宝（1994）、李炜（1998）、马彪（1999）等。在笔者（安徽青阳人）的方言中，两字的语音是有差异的，一般并不相混。

与抽象之间、成词与构词之间有过渡状态，具体义与构词语素、抽象义与独立成词也有相配合使用的情况。有人主张合二为一，也不容易；而有的词形分工却从不混用。如这样一些词："比～、变～、称～、充～、当～、改～、喊～、看～、化～、混～、叫～、认～、视～、算～、选～、用～、制～、装～，～恶、～法、～为、～主"等，到底用哪一个 zuò，有时很难抉择。还有一些新词如"炒 zuò（做、作）、zuò（做、作）秀"也出现了异体形式，由此可以见出 zuò 字构成的异体词的能产性。甚至还出现异体词同现于一个语境的情况：

【4】名为 TheSims 的游戏是由一位叫威尔·瑞特的人制作的，威尔曾制做了不少相当不错的电脑游戏，这一次，游戏的主旨是帮助虚拟的人物过上富足而快乐的生活。（倪娜《网上死人招人怒》，《青年参考》2000 年 5 月 18 日第 15 版）

【5】照直说，"作秀"正在成为一种必须的功课。光著名导演张艺谋张先生一人从去年到今年，就有"退场秀"、"歌剧秀"、"网上选美秀"等多种"秀目"上演。在这样的一个"锦绣成山"的背景之中，"做秀"的重要性早已被提到议事日程上来。（黄集伟《秀出一个新世界》，《中华读书报》2000 年 7 月 12 日第 6 版）

这样用肯定是不妥的，它违背了异体词运用的最低要求：各别语境的相对同一性。而之所以有时违背了这一要求，有异体词的潜在推动力的某种作用。

"词"和"辞"的区分也比较困难。若统一为"词"，没有绝对的现实可能性。它们有一定的区别，如"词"偏于语词方面，"辞"偏于言辞方面，可又不那么绝对。（参看董秀梅、孙剑艺，1998）看来只能提一个引导性意见。从异体词整理对语用的影响来看，引导性意见也是一种整理的方式，不一定只有非此即彼的方式才是整理的目标。等条件基本成熟了再做进一步调整。而"模"和"摹"在仿效义上有交叠，但有其构成的异体词的区分相对要明晰一些，"模"偏于仿、学，"摹"偏于描、临，因此《现代汉语词典》以"模仿、模拟”和“摹写、摹效”为主条，以“摹仿、摹拟”和“模写”“模效”为参见条，是合理而可行的。

（二）语义渗透

有的语素或词语的意义本来没有什么联系或联系比较微弱，但在语用过程中，通过语义扩散而相互渗透或一方向另一方渗透，以至出现了语义交叠段，这个交叠段的存在便促成了不同词语形式的出现。它不是通过汉字整理能够解决的。

如“练”和“炼”，它们的语义相隔本来是比较远的，但通过隐喻的形式，“练”由白绢，到把生丝煮熟使其柔软洁白，到练习、训练，到经验多、纯熟，以至具有了简洁与磨砺这样一些意思；“炼”也由火烧加热提纯，到用心琢磨使简洁优美，也具有了简洁与磨砺这样一些意思，这样，表示此类意思的语形便可以是“练”或“炼”了。如“简练、凝练、洗练”也有写作“简炼、凝炼、洗炼”的，“精炼、磨炼、修炼”也有写作“精练、磨练、修练”的。如下例中“凝练”与“凝炼”同现一处：

【6】诗句因写出了鲁迅的精神和人格而闪光，而诗句的闪光还在于，它凝练、尖锐而又深刻地揭示了具有普遍意义的生与死的价值观。……焚膏继晷，兀兀穷年，（王瑶）先生于中国古典文学造诣极深，一旦发而为文，其遣词造句，不仅高度凝炼，涵盖面广，而且隽语如珠。（唐金海《秋水文章，松柏人格》，《中华读书报》1999年10月20日第3版）

如果从语源的角度严加区分的话，有人只用其中的一种词形，而认为另一种是误用。这种融合式渗透会越来越扩大异体词显现的范围和误用的可能。如笔者仅在《读书》杂志上就见到“锤练、锻练”“干炼、熟炼”这类误用的词形。

又如“采”和“彩”，它们是古今字，但后来语义上有发展，成了包孕字。“采”作动词义时没有混用的地方，作“神色、精神”义时一般也不混用，但作与彩色有关的义项时，似乎两者均可，这样“彩”是包孕在“采”义中的异体形式。现在又倾向于分化，与色彩有关的用“彩”，然而“丰富多彩、喝彩”

等词中的“彩”写成“采”时有所见。这种离合式渗透的方式更为特殊。

从语义交叠和语义渗透的分析更可见出，语义网络不是一个词义平面一个词义平面接合起来的，而是它们各自占有的既相分离又相叠合的语义空间的总合。

（三）字形调整导致的语义关系的移位

这种调整有的是自然调整重新分工而成，有的则是人为调整试图使其有个合理分工。合理的分工在过渡阶段也会有异体词出现，而不够合理的分工则使异体词层出不穷，甚至语用和规定打架，谁也说服不了谁。这是我们整理异体词最需总结和借鉴的地方。下面三个例子在形成异体词方面具有不同的特点。

“帐”和“账”的分合与人为整理对自然调整的认识及自然调整对人为规定的作用有关。“账”曾作为“帐”的异体字而废弃，后来1986年重新发布的《简化字总表》又有“账”，明确了两者的分工，然而在实际使用中“账目—帐目、结账—结帐”等经常混用。其实，“帐”和“账”的语义分工比较明确，使用起来也比较容易，但由于长期的统一使用，而这种统一性规定在使用心理上又未得到完全的统一，造成了不同的人的理解和使用的差异。现在，人们趋于分工使用，“帐”和“账”的分工处于过渡阶段，最终会趋于字形表义化的分化使用。“粘”和“黏”、“稀”和“希”的区分及其系列异体词的归并、分化也是如此，但处理起来没有它们整齐。这种自然调整形成“自然”之“势”，我们要顺其自然，因势而化，做促进工作。

“阴”和“荫”的人为分工则体现了语用与规定的强烈冲突。两者的区别本来在共时使用上没有多少混淆的地方，然而在《普通话异读词审音表》中为了减少“荫”字的读音，将“荫”的阴平音义项归入“阴”，这反而造成了使用上的大混乱，“树荫—树阴、绿荫—绿阴”等体现了人们使用习惯、使用心理和政策规定之间的很大的矛盾，新的调整得不偿失，恢复以前的分工恐怕势所难免。这种人为规定违反了“自然”之“势”，没有因势利导。

“象”和“像”的合与分表现了规定与语用之间交叠关系的复杂性。在

1956 年国务院公布《汉字简化方案》以前，“象”和“像”本来是两个字，用法不同。此后，“像”被当作“象”的繁体字处理，“好像”“像……（一样）”等的“像”都被简化作“象”了；只有在两个意义可能混淆时才使用“像”字，如“肖像、画像”等。在以后的 30 年中，可以说，“象”和“像”基本上不分了，都写作“象”。但是 1986 年重新发表《简化字总表》时，对个别字的调整有一个说明，其中“像”字又不再作为“象”的繁体字而重新使用，“象”与“像”的使用又恢复了原来的分工。然而，“像”与“象”的重新分化其可操作性相对有限，而且没有很好地考虑一些专业术语用词问题。它不同于“账”与“帐”的分化，后者由于在现实语境中语义基本上没什么交叉，因而可操作性强，一般一旦了解了就不会用错。而有关“象”和“像”的异体词就非常多了，如“想象—想像、印象—印像”等，甚至一般不会出现的“现像”也出现了。

这三例都是整理汉字的时候出现的现象，然而它们都是因为语义关系错综复杂的原因而不能在语用中得到很好的贯彻，而且理据不足的调整反而给语言使用带来了很大的混乱。

四　语素义的区别对异体词分化的影响

异体词的发展，大多是字形和语义的关系通过语用调适的结果。语义关系的制约是有现实同一性的，语用心理以现实语义关系为基础，语形问题在很大程度上体现为语义关系。语言运用中，人们比较愿意使用能够反映词语的理据意义、指称意义、心理意义的字形。在异体词的归并与分化中，如果字形与理据、指称、语用心理等有某种显在的联系，则有时便体现出大体的发展方向。

（一）语素义的语用指向形成异体词语用强势与弱势的不同

有的异体词，人们在使用中有个取向性的选择。如“折衷—折中”，指

“对几种不同的意见进行调和”[①]，有居中的内涵，这样人们在使用中更多地选择“折中”这一词形。然而它又有心理上的选择，所以有时也有用“折衷”的。而“热衷—热中”，指“急切盼望得到个人的地位或利益”或“十分爱好某种活动”，因此心理活动的成分比较明显，因而人们渐渐趋向使用“热衷”。[②]“无动于衷”比“无动于中”常用也是如此。这是比较典型的语用心理与字形的关系在语用中的体现。由于“折中”与“折衷”、“热衷”与“热中”在语义指向上无所侧重，因此它们归并的可能性要大一些。“佐证”与“左证”、“冥器”与“明器”、“倒霉”与“倒楣”、“鲁莽”与“卤莽”的语用取向也是如此。对这类异体词的自由变体，我们主张选取占语用强势的异体作为主条，推荐用法。

（二）语素义体现的语法功能的差异导致异体词语用强势与弱势的不同

异体词中的区别性语素的意义的差异有时在语法功能上体现出来。如“宏”和“弘”的语义空间有交叠，交叠的地方可以形成系列异体词。《现代汉语词典》将“宏论、宏图、宏旨、宏愿”、“弘扬”作主条，将“弘论、弘图、弘旨、弘愿”、“宏扬”作参见条，是合理的。“宏”的常用义是宏大，语义成分是形容词性的；“弘”的常用义是扩充、光大，语义成分是动词性的。这样，在名词“～＋名词性语素”框架中，用“宏”便于理解使用；在动词“～＋动词性语素”框架中，用“弘”便于理解使用。《现代汉语词典》将“零乱”和“凌夷”作主条，将“凌乱”和“陵夷”作参见条，也是合理的。“零”常指零碎，形容物，形容词性；“凌”常指凌驾，用于动作，动词性。这两组词内部结构都是并列式的，在语用选择上相互影响。可见，语义成分的功能差异促使异体词发生归并和分化。

① 本文的词语释义均依据《现代汉语词典》1996年修订本。

② 《现代汉语词典》立“热中”为正条，“也作热衷”，没有列“热衷”条。而“折中”立为正条，“也作折衷”，同时列“折衷”条。

（三）语素常用语义的差异促使异体词的语义发生分化、显隐

日常语用中，某个语素的多个义项中往往有某个义项是其常用义、核心义，它对构词的理解和使用往往有某种暗示、预指、导向作用，影响异体词的语用，促使其发生变化。如《现代汉语词典》“与（yù）”字头下收有两个词目：与会、与闻。其中，与闻“也作预闻”，同时立“预闻”条；“预会”释为“同‘与会’”，而在“与会”条下没有“也作预会”。“预”的一个义项释为“同‘与’（yù）”；“与（yù）”释为“参与”。“参与”是主条，“参预”是参见条；“干预”是主条，“干与”是参见条。这里已经显示出这组异体词分化的苗头。由于“与”（yù）重在参加其中协同行动，且受到“与”（yǔ）的相关影响，“预”重在干预其事使受影响，这样它们在组合成词语时，与词语中的其他语素在意义上相合的则朝同一方向影响人们的运用。所以，“参与—参预”似乎要发生分化，前者重在加入其中，后者重在居中干预；而“干与—干预”，则很可能是“干预”成为语用强势，隐去“干与”。而“与会”“与闻”一直呈语用强势，“预会”“预闻”很可能将具备预备会、预先听说这样的含义，而最终让出“参加”这一义项的位子来。这是词语内部语素义相互制约而影响了异体词的不同的发展道路。由此可以看出，语义与语境是相互选择的。“厉害—利害”的语义和功能分化也是如此。系列异体词的发展方向也是不同的，因其受到的制约因素并不完全相同。因此，对待系列异体词，在整理时也不宜不加区别地对待，必须结合所组合的词语的相关语义和一般语境来区分。所谓的系列异体词要慎重判断是否真正成系列而可作等值处理。

（四）整个词语的语义侧重点的不同导致异体词的分化

词语附加意义的不同都可视为侧重点的不同。实际上，这些词应该只能作为同义词而不能作为异体词，但由于认识上的差异，很多时候（至少在还没有细致分析之前）人们都将它们当作异体词来处理，甚至做出合并的选择。如“纯朴—淳朴—醇朴”曾被视为异体词，而有人指出它们的语义侧重点和表达

色彩略有差异。（应雨田，1998）有人分析了“漂荡—飘荡”的细微差别，指出“有时这种细微差别却是表达所必需的”。（邓英树，1994）“漂”和“飘”构成的系列异体词不少。“烦琐—繁琐”，一般都赞成用“烦琐”来合二为一，然而它们在语义上也是各有侧重的，虽然有时这种侧重点并没有凸现出来，但在需要区别的时候，它们往往就能显现出差异。“烦冗—繁冗、烦乱—繁乱”也是如此。这正是语境的概括与具体既相联系又相分别的体现。在泛语境中，可以相互换用而不显差异；在微语境中，往往各司其职难以置换。很多同义词的使用差异就是如此，而且这正是同义词的语义和语用特征。“纯朴—淳朴—醇朴”，如果不是特别强调其差异的话，一般也是可以相互换用的。上文的“参与—参预”也有这方面的倾向。这又牵涉到语用可模糊度与语境的复杂关系。

（五）不同的构词理据对异体词的语用选择与发展趋向也有影响

如“腊梅—蜡梅”，《现代汉语词典》只收有“腊梅”。有人认为，là 梅不仅有腊月开花的，甚至有夏季开花的等，这样“腊梅”的取名就不科学，不妨选取从质地角度命名的“蜡梅”。（高更生，1996）然而这有相当的困难。一是一般的生活常识往往不同于科学知识，而对语用心理有较大影响的往往是生活常识；二是“腊梅”已有了特定的比喻、象征的含义。（剑艺，1996）如何选择还颇费斟酌。理据是多重的，不仅仅是科学性问题，也不只是源流问题，其他方面也存在理据，有时甚至成为强势理据。又如“瞳仁—瞳人、梅雨—霉雨”的归并也不容易，两者的学术理据在日常语用中都不是特别明显。学术理据与语用理据之间的关系值得探讨。这样的一组词往往还不容易体现出明显的强势与弱势。当然，现在日常语境中用“腊梅、瞳仁、梅雨”似乎多一些，因为其中的语用理据稍强一些。而“皇历—黄历、古董—骨董”，人们更多地使用前者，因其理据折射在字面上给人一种过时感，故有“老皇历、老古董”的表达，使用这样的异体词时，其语境常与此理据相合。

（六）语素义在语义系统中的凸显与隐含也影响异体词的显现和使用

有的异体词是由于词语中的某个语素意义相对比较冷僻，甚或成为“语义化石”现在一般不大使用，一般语用者理解起来也有一定的难度，于是使用相关意义的同音语素去代替，构成新的词形，而原来的词形并没有因此而弃用，尤其在有一定文化基础的人群当中使用还以之为正体。其实这样的异体词反映了一定时期不同的语用群体既相分化又相交叠的语用状态。如“故步自封—固步自封、莫名其妙—莫明其妙、名副（fù）其实—名符（fú）其实、仓促—仓猝、幡然—翻然、克期（克日）—刻期（刻日）、倚（yǐ）仗—依（yī）仗、轶事（轶闻）—逸事（逸闻）”等，并行并用。由此可见，同样是并行并用，也得进行分析，是什么层次的人在用，什么语体中使用，是不是所有的人所有场合都在使用（这是真正意义上的并行并用）。这类异体词的使用往往有相当一段时间的过渡，或合并，或分化，或长期并存。分化的原因主要还是这两个语素的语义有不同的侧重点和语用取向。

五　余论：关于异体词的功用及整理

从客观界定上说，异体词语用功能的表现应该是“在任何语境中都可以互相替换”，异体词似乎“有百弊而无一利”。然而从我们提出的诸多异体词来看，我们对异体词含义的理解跟具体的操作有距离，在这种情况下说异体词“有百弊而无一利”，多少有些让人踌躇。而且若据此界定去衡量异体词，就会发现这部分的数量极少，随着语料的数量增多、范围扩大、语境层次更加丰富，便觉得异体词的数量在减少。如果结合不同的语用群体来分析，异体词不同形体的使用范围常有差异，这样我们就必须考虑多大程度上可以模糊这种差异，以取得归并的基础或强化这种差异以实现分化的可能。对异体词功能的理解至少从现状来看，一定要从原型范畴的角度来认识。

从语用的效率来看，异体词的存在使语用显得很不经济，然而如何认识经济性问题，在认识上还存在分歧。从异体词来说，多一词显然没有少一词经济，但如果我们整理时没有很好地协调好语用关系，整理了一个异体词，有时实际就增加了一个词，使语用反而显得比较混乱，显得更不经济。我们以前整理汉字，有的地方归并的理据不充分，语用基础不够，显得太急了，影响了语用的经济。语言文字工作总的来说是急不得的，不能为的就不为。不为也是一种为，回避并非无为。拿得准的才拿，连自己都有所犹豫的必须放一放。这方面的教训不少，一定程度上与我们对经济效率的理解偏误有关。而且，对于汉字的从简发展，从简恐怕不仅仅是字数、笔画的减少。异体词的从简也如此，语用关系的合理调适才是根本意义上的从简。有时增加一个字、多了一两笔、保留一种词形反而便于理解和使用，而且能照顾不同的语用群体的语用心理和习惯。比较而言，哪个更简，哪个经济，都与我们的根本目的相联系。相对于义明、音准、尊重差异等整理原则，从简原则（如选用笔画少的、取消某些专用字、减少多音字的某个读音等）的效度是相当低的，而且在操作上很容易出现偏差。如从取消专用字角度看，有人主张在“保姆—保母、葫芦—胡卢、蝴蝶—胡蝶、恍惚—恍忽、蝌蚪—科斗、瞌睡—磕睡、鲨鱼—沙鱼、辗转—展转”中选择后者，恐怕不便使用。对于“叮咛—丁宁、伶仃—零丁”，人们恐怕还是愿意使用前者，以形显义。词语中的语形有相互浸染的情况，又如“骨骼—骨胳、朦胧—蒙眬[①]、模糊—模胡”。国家规定中也存在对简化、经济的片面理解。如“噘”在《第一批异体字整理表》中作为“撅”的异体而弃用，这就影响到“噘嘴”存在的合法性。然而，人们（除了对标准很熟悉且严格遵行者）还是喜欢使用“噘嘴”，而“撅嘴”不大用，用起来也觉得很别扭。“撅”和“噘”的整理不仅是文字整理，或者说从根本上看不是文字，而是语义关系和语用习惯、语用心理的整理。对从简的可操作范围要细加分析，有的看似从

① 《第一批异体字整理表》已将“骼”作为“胳”的异体字整理掉了，值得商榷。《简化字总表》将“矇”作为“蒙”的繁体而简化掉了，“矇眬”成为“蒙眬”，有些不便。

简，实际是其他原因造成的，如“折中—折衷”多用“折中”。有时要求从简而忽视了其中的差异，如有人主张在“恶梦—噩梦”中取用前者。对语用中的经济问题必须辩证理解，综合权衡利弊得失。

从我们对异体词的性质以及我们在异体词整理中存在的问题和困难的分析，我们认为异体词整理是不可能一劳永逸的。异体词问题从根本上说是文字与语言及它们与语用的关系问题，在有的情况下，异体词是有相当的能产性的，它是语义关系在语用中的必然反映。异体词的出现也是潜词显化的一条途径、一种方式。异体词规范词形的选择具有某种相对强制性，即它具有相对高的语用价值，这并非表示被弃用的词形就完全没有语用价值。它实际是一种语用预测。因此，在整理异体词时，要把握住一点：能为则为，不能为则不为，能多大程度上可为就在多大程度上去为，时刻存有“患得患失”意识。不要迷恋一呼百应，而要充分考虑语用的关系，循序渐进，因势利导。

参考文献

邓英树（1994）异体词的语义差别及规范问题，《语文建设》第 11 期。

董秀梅、孙剑艺（1998）关于“词典”“辞典”的规范，《语文建设》第 1 期。

符淮青（1996）《词语的分析和描写》，北京：语文出版社。

傅永和（1985）关于异形词的规范问题，《文字改革》第 1 期。

高更生（1966）谈异体词整理，《中国语文》第 1 期。

高更生（1991）谈异体字整理，《语文建设》第 1 期。

高更生（1993）再谈异体词整理，《语文建设》第 6 期。

高更生（1996）“蜡梅”与“腊梅”，《语文建设》第 7 期。

高更生（1997）鲁迅作品中的异体词，《语文建设》第 2 期。

高更生（1999）《现汉》修订本的异体词整理，《语文建设》第 1 期。

侯　敏（1992）异体词的规范问题，《语文建设》第3期。
侯　敏（2000）异体词的处理，参见吕冀平（2000）。
胡双宝（1994）“作”和“做”，《逻辑与语言学习》第2期。
剑　艺（1996）“腊梅”规范的另一种考虑，《语文建设》第11期。
黎新第（1995）多音字统读与异形词规范，《语文建设》第12期。
李　炜（1998）论汉语中的“作”和“做”，《辞书研究》第3期。
李晓静（1998）《现汉》对异体词的修订，《辞书研究》第3期。
李行健（1997）《语文学习新论》，西安：陕西人民教育出版社。
刘丹青（1993）“他、她、它”三分法的弊端、根源与对策，《语文建设》第4期。
刘剑三（1996）异形词的规范问题，《语文建设》第4期。
刘永耕（1989）关于异体词的几个问题，《新疆大学学报（社科版）》第4期。
刘云汉（1992）《现代汉语词典》中异体词的处理，《语文建设》第2期。
吕冀平主编（2000）《当前我国语言文字的规范化问题》，上海：上海教育出版社。
吕叔湘（1981）关于“的、地、得”和“做、作”，《语文学习》第3期。
马　彪（1994）从定量分析的角度看异体词的规范，《语文建设》第11期。
马　彪（1999）“做”与“作”的使用与规范，载陈章太等编《世纪之交的中国应用语言学研究》，北京：华语教学出版社。
孟庆章（1993）异形词规范的范围，《语文建设》第6期。
潘竟翰（1994）异体词三议，《语文建设》第5期。
沈家煊（1999）《不对称和标记论》，南昌：江西教育出版社。
施春宏（1998a）现代汉语规范评议失误研究，《语言研究》第1期。
施春宏（1998b）语文评议中的现实同一性问题，《语文建设》第1期。
施春宏（1999）语言调节与语言变异，《语文建设》第4～5期。
苏新春（2000）《现代汉语词典》对异形词的整理及其对当前规范工作的启示，

异形词规范问题学术讨论会提交论文，北京通州。
孙光贵、钱宗武、汤淑琴、宋 元（1994）异形词的定义及词形规范的范围和原则，《语文建设》第 11 期。
田雨泽（1993）关于现代汉语异形词规范化问题的思考，《锦州师院学报》第 1 期。
现代汉语规范问题学术会议秘书处编（1959）《现代汉语规范问题学术会议文件汇编》，北京：科学出版社。
徐昌火（1997）异形词规范的操作原则，《语文建设》第 1 期。
薛克谬（1997）说“才”与“材”，《语文建设》第 1 期。
异形词研究课题组（2000）异体词整理例释：词—辞（应雨田执笔），《语文建设》第 1 期。
应雨田（1998）异体词规范研究述评，《语言文字应用》第 2 期。
于根元（1995）新词新语和语言规范，《语文建设》第 2 期。
于根元（1996）《二十世纪的中国语言应用研究》，太原：书海出版社。
于根元（1999）《实用语文规范知识小词典·前言》，北京：语文出版社。
袁毓林（1998）《语言的认知研究和计算分析》，北京：北京大学出版社。
张 敏（1998）《认知语言学与汉语名词短语》，北京：中国社会科学出版社。
张万起（1998）《现代汉语词典》修订本对异形词的处理，《辞书研究》第 2 期。
长召其、张志毅（1998）异形词的规范，《语文建设》第 4 期。
中国社会科学院语言研究所词典编辑室（1982/1996）《现代汉语词典》，北京：商务印书馆。
周诗惠（1982）异体词需要规范化，《辞书研究》第 4 期。
朱炳昌（1987）《异形词汇编》，北京：语文出版社。
邹玉华（1998）“唯一”与“惟一”，《语文建设》第 9 期。
邹玉华（1999）有关“惟”“唯”“维”的系列异形词的规范，《语文建设》第 2 期。

修辞表达中的语义调节*

一 逆谐

逆谐指的是要描写高尚的、美好的、庄严的东西，却通过低俗的、粗陋的、谐噱的表达来显示；或者在表达高尚的、美好的、庄严的内涵时却附之以低俗的、粗陋的、谐噱的内容。反之亦然。这是惯常语言表达中的另类表达。目前，反向表达似乎成了时髦，尤其是在网络语言、校园语言中。这便使逆谐的手法大行其道。风气所至，连向来严肃的报刊也常常借此幽他一默，有的还设立了不定期的栏目。下面是其中主要的几种表现方式。

（一）

原有的语言形式为人所知，谐用时方便地借用过来做出“重新解释”。这种用法大多带有诙谐、戏谑的效果。所以逆谐基本上都是由正到负。这种逆谐方式常用人们很熟悉的多种表达方式构成。例如，当你听见你的另类女友说你“讨厌”时，你就可以眉飞色舞了；如果你听到夸你“可爱”“善良”“天才”“有气质”时，你只好向隅而泣了。为什么？请看另类“词典”对它们的释义：

【1】讨厌：讨人喜欢，百看不厌。

可爱：可怜没人爱。

善良：善变又没天良。

天才：天生蠢才。

气质：孩子气，神经质。

---

* 本篇包括三篇各自独立发表的短文:《逆谐》原题《逆谐：一种时尚表达》，原刊于《修辞学习》2003 年第 2 期;《谐义》原题《略谈谐义》，原刊于《修辞学习》2002 年第 5 期；《增零》原刊于《修辞学习》2000 年第 5 ～ 6 期合刊。例句序号未做连排处理。

词形还是那个词形，意义却不是那个意义。这里运用了断解、粘合等方式而对现有词语进行别解，从结构和意义上进行重新分析。还有连环构拟的。如“头疼”是职工给一把手娇宠的女性奉送的雅号，意指“头头疼爱”；而“偏头疼”则有时指二把手的娇宠，有时也指头头的“二奶”。

有时这种析解方式还必须借助谐音的关联。如“偶像”并不是指什么刘德华、黎明、郭富城、王菲、乔丹等大腕人物，而是指“令人作呕的对象”；“精英”也不是指出类拔萃的人物，而是将对方比作“神经的苍蝇”；“经典”则指穷得“连经文都要典当”了；“贤惠”则指某位小姐“闲闲的什么都不会”。这都是大学生们喜欢的“方言”，被戏称为校园切口。也许许多语义的联想仅是某个另类人物一念之间产生的表达，而其他时尚青年认同了，跟着就这么用了，在特定群体中理解上也没有什么障碍。

上面各例都是词语本身有褒贬色彩，逆谐是取其相反的色彩。而有些词语本身没有什么色彩，逆谐时赋予它贬义或诙谐的色彩。如“蛋白质”不再是指生物学概念，也不是夸赞你皮肤白皙、天生丽质，而是损人说“笨蛋 + 白痴 + 神经质”。这种提取整个词义而各断取一字的组合多少带有巧合的成分。断取是这类逆谐的基本方式。

人名也可用来作谐趣的材料。“柴可夫斯基”是伟大的音乐家，若断取“柴可夫”作为字面，将“斯基”(司机)藏词于外，则指经常用自行车接送女友的老兄(自行车的司机，可见其不富也；然骑自行车时踩得用力，还是可以为夫也)了，断取和谐音、藏词相结合。其中，“柴”与“踩”的谐音还有方言转换的成分。

有的利用字词的多义性构拟表达。如高校中“早睡”(谐解为早上睡觉)的现象比较普遍，人们便用“后起之秀”指那些爱睡懒觉、总是起床最迟的人，这与“卧龙”(整天卧于床上的男生)、“九三学社”(上午九点起床，下午三点又开始睡大觉)相当。而对打工者而言，“老板”就是“老板着脸”，“总裁”就是“总在裁人”。就现状而言，多少有些现实性。

（二）

上面都是借形谐义，靠的是所谓的“重新解释”。下面的逆谐又有些变化：

【2】笨三：奔腾 3（Pentium Ⅲ）

屁兔：奔腾 2（Pentium Ⅱ）

马屁山：MP3（MP3 格式的网络音乐）

瘟都死：Windows

那死大哥 / 个：Nasdaq（纳斯达克）

这些都是“重新创作”。前四个是电脑专业术语，后一个是经济专业术语。将专名用诙谐的方式翻译出来，目的并非为了取名，仅为博君一笑。这与当初将世界著名的轿车品牌 Benz（奔驰）戏译为“笨死”有异曲同工之妙。又如将 Dotcom（即 .com）译为“稻糠亩”，信息时代中寓有农家气息，能不让人乐一乐？将“郎哥哥”当作“狼哥哥”倒有些指实，网上的郎哥哥确实有不少就是狼哥哥。而将“网吧”说成“王八”，则纯粹有些恶笑了。

有时英译词通过选取不同的汉字而另有寓意。如 copy，意指复制、翻录，汉译词本为拷贝，有人偏偏戏译为“烤皮”，讥诮戏谑中隐指现代什么东西都能轻而易举地复制、烤皮，甚至亲情、爱情。这是“克隆”的另一种注释。

（三）

上面还都是词语方面的逆谐，其实语句的、篇章的逆谐也时有所见。这种逆谐基本上都依托大家比较熟悉的语句或篇章，这样才能在读者心中产生反差。如下面这样的几则 BBS 上的表达，有的是仿句，有的是句子的变用形式，有的则是语境含义的重新构拟：

【3】不是我不小心，而是我故意的。

有困难要帮，没有困难制造困难也要帮。

禽兽尚且有半点怜悯之心，而我一点也没有，所以我不是禽兽。

我不会眼睁睁地看着你往火坑里跳，我会闭上眼睛的。

面对敌人的严刑拷打，我就三个字：“我都说。”

逆就逆在前半句是惯常表达，让读者由于心理定势而自然读解出本来的内容。可是读到后半句，才发现来了个一百八十度的转弯。而如“一个臭皮匠，弄死三个诸葛亮”，则写出了某些社会痼疾。

这种逆谐的表达方式也常用于些课桌文学、民间歌谣中。例如：

【4】你是天上的太阳，我是地上的高山；

你是天上的月亮，我是地上的海洋；

你是天上的乌鸦飞啊飞，

我是地上的土狗追啊追……

天上的太阳和月亮、地上的高山和海洋都是伟大而神圣的事物，营造的是优美的境界，而乱飞的乌鸦、狂追的土狗则是渺小而土俗的事物，显示的是粗俗的境界。相距何其远也。又如：

【5】天鹅湖上静悄悄，远远飞来几只鸟。

叽里咕噜一阵叫，争着吵着要洗澡。

前两句让人心静神游，后两句一下子就将听者弄得一头雾水，有点找不着北。这时又有些打油诗的意味了。而这就是逆谐所需要达到的效果之一。

还有的表达是仿拟很有影响的诗篇名章而来的。如顾城的《一代人》，诗仅两句，凝练精警：“黑夜给了我黑色的眼睛，／我却用它寻找光明。”网上被改编为：“黑夜给了我黑色的眼睛，／我却用它来翻白眼。”笑耶？忧耶？让人眼前什么都黑了。

（四）

近几年网络语言和校园语言的变化让人眼花缭乱，既唤来了一些赞赏，也招致了不少批评。而且这种批评是严肃的，牵涉到文明建设、道德建设。然而，对另类人物而言，似乎别人的批评、指斥反而是一种实在的赏识，而你的表扬则简直是对他的侮辱。所以，表达上的刻意求异就是其标新的方式之一，逆谐便是比较常见的方式。黄集伟在其词语笔记性质的著作《请读我唇》（中国社会科学出版社，1999 年版）针对目前的语言运用状况指出：“漂亮或奇怪的声音，越来越有市场。”同时又说：“坦率地说，那些陈旧的理论，已远不能解释时尚中哪怕非常细小的一件事。”每一个关心语言生活的人都会发现，民间话语的市场越来越大了。著名作家蒋子龙针对这类现象说：“听了这些话你千万可别吓着，也不必大惊小怪。任何一个时代都有其流行语，有时流行来流行去还有可能会变成正话。你如果高兴不妨也造它几句。”(《听不懂的现代流行语》,《中华读书报》2001 年 3 月 28 日第 12 版）同样，每个时代的流行语也有其特定的流行表达方式。不少网语并不求什么深意，也并不代表使用者的真实心理或行为，仅仅表达一种“声音”而已。这种声音也许就是：我在说话，听见了吗？语言的形式决定了它的用途，语言运用毕竟是一种全民的实践活动。语言中的一切都是在具体运用中显现的。现在的许多民间话语只处于“请读我唇”的阶段，只是一种话语方式，不大现于大雅之堂，但可为雅人用作饭后谈资。

这里不想对这种语言现象做出更多的评论，而主要将它们描写出来。但至少可以说，这是一种现实的社会现象、文化现象。它是一种特殊的社会“方言”、社群用语，表达者往往只是为了释放某种心情。这也是语言的一种功能，是语言的游戏功能。只要不污损他人，不丑化人性，不践踏人类高尚的情操，游戏一下想必也是可以的。其实你也可以试试您的语言游戏能力。语言游戏中常常能将语言的活力激发出来，显示出语言使用的创造性。如果我们看着这种表达总觉得有点儿不对劲，就只能这样来安慰自己了：玩笑终归是玩笑。

二　谐义

语言交际主要是通过语言符号能指和所指的相互关联来实现的，谐音正是利用能指（语音）的相同或相近将不同所指（意义或蕴涵）从表里两方面关联起来。既然语符的能指和所指是有机结合在一起的，那么，能不能利用语符所指的相同或相近来相谐而产生谐义呢？也即义同或义近的语符相谐形成谐义。理论上应该是可以的。

（一）

先看这样的例子：

【1】画家在评定同行的一幅画。“这不是艺术，”他轻蔑地说。同行反驳道：“我将这幅画以 10000 美元的价格卖给了一名美国人。”“这是艺术。”（《青年参考》1999 年 6 月 4 日“外国幽默”栏）

【2】当今世界，当父亲不如当儿子，当儿子不如当孙子。可是，谁想一直当孙子呢？（陈村《陈言勿去录》，《读者》1998 年第 1 期）

例【1】中的“艺术”一为本义，一为引申义，互相关联，同形共现，相谐而生幽默。例【2】中的“当孙子”一为语言义，一为文化义，相谐中说出了社会情态。它们虽同音同形，但重点在意义的关联上，是同一表达主体有意识地利用语义不同侧面的关联来表达两层含义，受众在领悟其差异的同时又感受到同一形式的迁移变动之妙。它与下例中的谐音在表达构成上是相似的：

【3】人家张先生已经八个月间就速战速决地投入电脑大军。哪像咱家靠我一个女人在外拼搏？生活得明白一些，聪明一些，你再不开窍，再顽固，也要“蹲毛坑拉把屎出来”吧！我算是“白”嫁了一回你“白”心宁，简直是“白”痴一个！（叶冠男《博士主夫》，《小说月报》2000 年第 1 期）

三个“白”其义各异，或指白白地，或指白姓，或指空白，一音（这里还表现为书面同形）相谐扣三义。它是音同（别处可音近）而义异，着眼点在音的关联；例【1】和【2】则是义同（近）音也同，着眼点在义的关联。我们将【1】和【2】反映出来的语用现象看作谐义。谐义与谐音都有音形相同相近的情况，这是交叉的一面，但其表达方式得以成立的立足点和关联的方式各有侧重。

例【1】和【2】的两个相关义是分别先后出现于同一语境的。与谐音的同音共现于同一个语符相同的是，谐义的相关义也可共现于同一个语符：

【4】神话有三种：一、神话；二、台湾人的台湾独立；三、国民党的反攻大陆。(《李敖名言录》,《海外星云》1999 年第 29 期）

第一种神话是“神话”的本义，后两种内容用的是“神话”引申义。前面作为概括语的“神话”便是将两个相关义兼容一体了，构成谐义。

与谐音双关相似，例【4】构成了谐义双关，一体两指而通过语义的相近联系在一起。谐义双关与谐音双关不同的是，谐义双关的几个关联义必须在同一语表中出现，这样才能让读者把握语义迁移转化的脉络；而谐音双关则必须是字面义出现于语表，指向义隐涵在语表背后，如一广告词“××鞋油愿为足下服务”中的“足下”。李商隐《天涯》的诗句“莺啼如有泪，为湿最高花”中的“啼”，都是谐音双关的佳作。这种不同是由它们生成的不同途径决定的。

（二）

上面这种同形谐义是谐义的一种。正如谐音可以是音同形不同，谐义也可以是异形的，但此时往往音也不同了。例如：

【5】我从来没有这样动过情，我温柔地抚摸着她，不是摸老婆，而是摸爱人。(莫言《球状闪电》,《收获》1985 年第 5 期）

不同于“不是张三，而是李四”的是，这里的“不是……而是……”格式前后两个名词语义上有相同或相近的关系，“我”有意区别“老婆”与“爱人”的同义中的差异。它们之间的区别在于语体色彩的差异，“老婆”俗一些，多一些随意，“爱人”雅一些，多一些情态。另外，这里还有另一层含义，“老婆”重生儿育女，“爱人”重情意绵绵。由于这种谐义现象是通过形式上否定一面而肯定另一面的方式实现的，因而常可用于咬文嚼字的时候。最为著名的莫过于鲁迅在《孔乙己》中的描写了，它几乎成了讽刺迂腐的咬文嚼字者的典范：

【6】他们又故意的高声嚷道，“你一定又偷了人家的东西了！”孔乙己睁大眼睛说，“你怎么这样凭空污人清白……”“什么清白？我前天亲

眼见你偷了何家的书，吊着打。”孔乙己便涨红了脸，额上的青筋条条绽出，争辩道，“窃书不能算偷……窃书！……读书人的事，能算偷么？”

孔乙己为了给自己“辩诬”，在同义词“窃”与“偷”之间做了严格的区分。其实，从谐义的角度看，这两个词有共同所指：偷窃，而有相同的所指正是讽刺得以产生的基础。然而另一方面，偷窃义只是它们理性意义上的相同点，而在非理性意义方面，又确实存在着差异：“窃”是书面语，文言化一些，所以读书人孔乙己说“窃书”是“读书人的事”；而“偷”是日常表达，口语化一些，所以“窃”书不能算“偷”。为了加重这种区别，鲁迅还在“窃书”后加了个叹号。正因为这种区别的存在，才有辩异的可能。孔乙己的辩白倒揭示了同一语言（或方言）中语体的差异对表达的影响，只不过他用的不是地方也不是时候，以致“引得众人都哄笑起来；店内外充满了快活的空气”。

这种表达方式还可出现于类似文字游戏的场合：

【7】俺从不写错字，但俺写通假字。（网络上 BBS 中的表达）

【8】乞丐（骗子乙）：“您真会蒙呀。”骗子甲：“不是蒙，是骗。我是从说谎欺骗专门学校毕业的。”（新编童话贺岁剧《皇帝的新衣》，中央电视台 2001 年 1 月 27 日电影频道）

例【7】中故意别解专业术语“通假字”，表面上将“错字”和“通假字”区别开来，实质上仍是在利用语义相同这一背景。例【8】中“蒙”口语化一些，“骗”比较通用而且要正规些，骗子甲对两者的区分，暗含他将此次欺骗当作一次正经的事来做以达到嘲弄的目的。这两个例子虽形成途径略有差异，但都实现了一定的游戏功能，反映了一定的游戏心态。又如有人将“失败是成功之母”改为“失败是成功他娘”也是利用语体转换实现游戏功能。游戏功能是语言的功能之一，游戏功能的发挥能够开掘语言使用的潜力。有时这种游戏可以产生恶谐的效果。民间传言解放前湖南代省长何链在清明节时给母亲扫墓，事后官方报纸的新闻均题为《何省长昨日去岳麓山扫其母之墓》，有一家小报改作《何省长昨日去岳麓山扫他妈的墓》。国骂运用如此之妙，全在谐义，令人拍案叫绝。

有时这种谐义方式需要通过一定的转化才能揭示出来。如下面这则小幽默：

【9】女："你对我有多爱？" 男："一毛钱。" 女："一毛钱？只有这么一点儿？" 男："一毛钱不就是十分么！"

"一毛"和"十分"在钱币计量上是等值的，在换算中体现谐义。这里同时利用了"十分"的一形两义这一谐音形式关联起来。例【9】实际上综合运用了两次转化，而将谐义和谐音巧妙地结合起来。

（三）

我们将这种利用语符义同或义近的特点在相互转化中关联起来的用法叫谐义。当然，谐义的义同或义近没有谐音的音同或音近那么严格，同义词、近义词固然是义同义近，而语义相关相连（如本义和引申义、概念义和字面义、语言义和文化义等）也是义同或义近的，因为表达者同样是利用语义上的关联造成艺术效果的，如例【2】中的"当孙子"，例【9】中"一毛"和"十分"等。从这里看出，谐义主要利用了同一所指而其能指在不同语体、风格、色彩等方面所具有的差异而形成的内在关联。或雅或俗，或方言或共同语，或口语或书面语，或古语或今语，等等，只要在同一语境中使用，都有构成谐义的可能。所以，谐义中的异称用法比较常见。

谐义使用之极的一种特殊形式便是同义表达的联用。例如：

【10】袭人对宝玉笑道："这是他来给你拜寿，今儿也是他的生日，你也该给他拜寿。"宝玉对平儿说："原来今儿也是姐姐的芳诞。"探春对柳家的笑道："你原来不知道，今儿是平姑娘华诞。"柳家的笑道："原来今日也是平姑娘的千秋，我竟不知道。"（曹雪芹《红楼梦》六十二回）

【11】大姨出生在这样的家族里（按：指蒙古族的沙木腾格力家族），应该承袭了祖上的基因，骨是英雄骨，血是壮士血，歌是好汉歌，舞

是豪杰舞的。(邓一光《大姨》,《人民文学》1998 年第 7 期)

例【10】中，用于一般表达的“生日”、含感情色彩的“芳诞”、庄重文雅的“华诞”、有民俗色彩的“千秋”，同质异辞，扣合人物的身份、情感、口气、文化水平，辞尽其妙。例【11】中的“英雄”“壮士”“好汉”“豪杰”在这里是等同的，换形使用，既为了强调，又显示变化。由此可见，与相对容易生成而运用十分广泛的谐音相比，谐义的生成需要更多的功力，因此也会获得更多会心的首肯。当然，运用不当，也可能出现“一个孤僧独自归，关门闭户掩柴扉。三更半夜子时分，杜鹃谢豹子规啼”这样为人诟病的表达。

（四）

本文将语言表达中的能指和所指结合起来考虑，试图发现其中的逻辑性和系统性。从这一角度看，谐音、谐义在表达方式上是极为相近的，归纳起来就是：

谐音——音同或音近，书面上可伴随同形现象。

谐义——义同或义近，书面上可伴随同形现象。

由于它们都是利用语符的音义的异同相谐配合使用，所以我们可以将两者合在一起，统称为互谐。由于音义的相关性，有时它们会同时为表达服务，更添韵味。在笔者的家乡（安徽省青阳县）和其他不少地方，有人称“小姨子”为“小肥皂”。这是怎么回事呢？原来，这里有一个转化的过程：先由“姨子”到“胰子”，再有“胰子”到“肥皂”。“姨子”和“胰子”是谐音关系，又利用了谐形的特点（关于谐形，本文暂不讨论）；而“胰子”就是“肥皂”，一个是方言词语，一个是普通话词语，语义相谐。经过三个环节两个步骤的递推关联，“小肥皂”就成了“小姨子”的戏称。具体过程就是：

　　　谐音　　　谐义

姨子——→胰子——→肥皂

可以看出，互谐修辞方式的综合运用有比较隐微的效果，在语言使用比较鲜活、思维比较敏捷的群体中有相当的生成能力。而且，互谐的三种形式（谐音、谐义、谐形）都有双关的情况，双关的三种形式（音类同；音义类同；音形义类同）都有互谐的情况，两者有交叉。它们时常结合使用，相互配合，更增加了表达的丰富性和表现力。

三　增零

为实现特定的表达目的，在整十整百这样的数后挂上一个零数，或将固定语中的数目字加上一个零数，构成一个新的数目词，这种方法我们称之为增零。语言表达中这种数字运算并不仅仅是数学上的加减乘除，而是在加减乘除中体现了特定的目的，产生了特殊的效果。

增零主要有两种方式，一种是整位数的增零，一种是固定语中数字的增零。下面分别说明。

（一）

日常语言中位数词“十、百、千、万、亿”前加上系数词（常见的是“一”）构成整十整百整千整万整亿的数，常常既有实指的意思，也有虚指的意味。如果在这种整十整百整千整万整亿的数后跟上系数词，则是实指了，一般起计数的作用。例如：1000 + 1=1001，1001 便没有虚指的意思了。然而，有时为了实现特定的目的，我们先以一个整十整百整千整万整亿的数为标准，在此基础上增加一个零数，两者相加成为一个新数，这个新数的使用便会出现特殊的表达效果。例如：

【1】一年之后，我疯狂地陷入情网不能自拔，可又道听途说她已有男友，我用100种理由让自己放弃，可总有第101种力量再把我不由分说送回到她身边，我终于知道了什么叫不可抗拒。（康巍《一封信让我赢得了你》，《中国青年》1999年第1期36页）

【2】过去，他有一千条理由反对赵亚雄的观点，现在又有一千零一条理

由怀疑自己。（阿宁《无根令》，《小说月报》1999年第9期20页）

【3】你见到一万只黑色的乌鸦，但不能保证第一万零一只乌鸦不是白色的。你见到过一万条蛇是没有足的，便说“画蛇添足”，有一天你见到了一条有足的蛇，就有几分为难了。（王希杰《论潜语法现象》，《汉语学习》1991年第4期）

以例【1】为例说明。100作为实指性的数字，在此语境中只是作为一种计算的背景，这里现实性的语用只能将它理解为虚指性的数字。然而，为了说理时增加份量，作者又将100这种虚指性的数字还原为实指性的计数来理解，并在此基础上进行了运算：100 + 1=101。101显然是实指性的数字，然而读者在理解的时候又将它理解为虚指性的数字了，表示更多的、另外的意思，与100有递进关系，是在程度加深的基础上对“100种理由让我放弃”进行推移式的否定。我们可以用图式来说明它们在理解上的演化轨迹：

100………………100

实指（背景$_1$）→虚指（新背景$_1$，现实语用）

↓

100 + 1 = 101…………………101

还原为实指（背景$_2$）→实指（新背景$_2$）→虚指

用来增零的1也存在这样的实与虚的转换。一般而言，整位数后所挂的零数是1。虽前后数字相差仅为1，但两者构成的反差却很大。

如果不理解这种虚与实的数字转换，或者故意曲解这种转换而将虚指的数仍作为实指来理解，便可形成幽默的效果。例如：

【4】老师：据统计，我国已有十亿人。

小林：老师，你说错了，应该是十亿零一人，因为昨晚我家隔壁的李阿姨又生了一人。

这里的小林便将老师说的概数“十亿”理解为精确数字了。

增零的基础一般是一个基数（从语用逻辑推断，当然也可是序数），如例【1】的“100”，例【2】的“一千”，例【3】的“一万”，例【4】的“十亿”。增零后可以是基数，如例【2】的“一千零一”，例【4】的“十亿零一”；也可以是序数，如例【1】的“第101”，例【3】的“第一万零一”。

由于这种增零方式能比较醒目地凸现其异，常可以用来构成书名或其他名称。如北京语言学院编写过三种对外汉语教学短期班教材：《汉语三百句》（张亚军、毛成栋编）、《新汉语三百句》（前书修订本）、《汉语会话301句》（康玉华、来思平编著）。三百句也好，三百零一句也好，每个句子都是一个句型，都是虚指性的。《英语九百句》在我国影响很大，有人便编了本《英语901句》，这实际是在玩文字游戏了。而“章光101（毛发再生精）”的取名就很妙。

有时增零的基数不出现，但我们可以很清楚地通过分离出零数而知道作为背景的基数。例如：

【5】腐败的原因很多，一些反腐败的文章没有一针见血是第101条理由。打过静脉针的人都知道十针不见血不仅比不上一针见血，而且给病人增加了痛苦。（邓伟志《秀才加将才》，《文汇报》1998年11月25日第8版）

【6】面对第一百〇一次进攻（陈西林漫画标题，见《〈漫画月刊〉作品集粹》87页，知识出版社，1992）

【7】1001种浪漫（书名）（海南出版社，1999）

有时这种虚实转换的运算可以重复进行，层层递进，形成一个系列。例如：

【8】12月19日，北京电视台《第七日》播出了题为“一百零一只落难猫”的专题。……但愿第一百零二只猫不再落难。（唐清建《谁来拯救第一百零二只落难猫》，《精品购物指南》1999年12月24日A3版）

这种增零运用之妙可以增强表达的说服力。它将情势的对比、过程的对比、程度的对比、态度的对比通过推移式递进的方式表现了出来，彰显了要强调的方面。这还可以从那些没有采取增零表达的方式换成增零表达的方式后语用效果的前后差异看出来。例如：

【9】那天给师母送稿子，手写的，又有点儿乱。师母说："没关系，我在电脑上打出来。""您？"师母说："是啊，我70岁学的。"惊得我一下子没了话。出了门，第100次下决心，该学电脑了。（敬一丹《我非时尚中人》，《中华读书报》1999年11月10日第4版）

这里的"第100次下决心"用满数而非增零的方式，切合语境，表示曾多次下过决心，但这次决心已定，"满"了。若说成"第101次下决心"则侧重在下了无数次决心后又一次下决心，没有前者郑重，但可达到幽默的效果。是否增零，各有其用，各臻其妙。

有的增零有特定的文化意义，也是为了彰显零数所蕴涵的特殊内涵。如《红楼梦》第一回说女娲氏炼成顽石"三万六千五百零一块"，整体中多了一块，可见其异了。有一个方言词"一百一"，指一百零一，而不是一百一十，它形容好到极点，无可挑剔，也是利用了增零的效果。

（二）

以上谈的是整位数的增零。增零的另一种方式是将固定语中含有的数字增零，如"三百六十行、三十六计"之类。这里的"三百六十、三十六"都是作为一个固定语中的固定整数存在，一般不能随意改变。但我们可以通过增零的方式达到推移式递进的表达效果，表示更多的、另外的、新出现的、非同寻常的之类的含义。这种增零也是常常以"一"为零数的。例如：

【10】第361行：拆洗旧衣服（标题，蓝有林，《北京青年报》1998年11月13日第7版）

这样的熟语增零是比较好形成的。如由"七十二行"到"七十三行"，由"十八般兵器"到"十九般兵器"，由"八股"到"九股"，都是可以随语境而生成的。

还有像"百分之百"这样的词语所增加的零数一般不是"一"，如：

【11】这一切都需要自己投入120%的努力，在此，我要借这个机会感谢

所有关心支持我的朋友们，是大家的关爱帮助我渡过了一个又一个难关。(《谢军揭示真相》，谢军语，《北京青年报》2000 年 3 月 24 日第 1 版）

【12】（龚智超）如果想拿下这场比赛，需要付出百分之一百五的努力和毅力。（中央电视台第 5 套节目 2000 年 2 月 25 日“摩托罗拉中国羽毛球天王挑战赛”精彩回放解说词）

“百分之百”已满了，但还有零数，更满了。另外，“百分之百”有整体性、概括性，从整体中含具体，而“百分之一百”有具体性，从具体中含概括，两者在表达上有一定的差异。前者是熟语性的，后者是基数性的。因而，如果用增零的方式，“百分之百”可以是“百分之一百二十”之类，而“百分之一百”一般只是“百分之一百零一”。还有像“十分”增零后成为“十二分”，其形式同“百分之百”；“十二点”增零后成为“十三点”，则固化为词而有特定的含义了。若说某人是“二百五十一”，等于骂人更二百五了。还有这样的例子：

【13】在市里、县里，若说盐户村，十个里十一个不知名；但若说是长江塑料公司，那就是男女老幼，没几个不晓得的。（彭瑞高《多事之村》，《小说月报》1998 年第 6 期 5 ～ 6 页）

这样的表达是不能单纯从逻辑上来说明的。它也算不得夸张，而主要是通过增零在作势。

有的固定语中的数字是实指，而且在理解运用上也是实指性的，这样就不容易增零。增零后的实指性内涵仍然比较明显。如由“三顾茅庐”到“四顾茅庐”，由“三角恋爱”到“四角恋爱”，由“八仙”到“九仙”，都比较实。也就是说，作为背景的数字的虚实对推移后形成的数字的虚实有一定的制约作用。

关于成语用变和演变的思考*
——从几则成语的现实使用谈起

提要 本文以在现实使用中争议颇多的三则成语为例，通过对它们现实使用情况的详细刻画来探讨成语用变和演变的原因、关系和价值。文章首先概括了围绕这几则成语的现实使用所引发的争议，指出其中存在的问题，接着重点描写了借形赋义、借形衍义、因义化形这三种成语用变方式及其相关后果，并在此基础上对成语用变的规范化原则提出新的思考。文章借此指出，只有加强对词语用变空间和演变路径的充分描写，才能充分展示理论的解释力和预见性。

一 引言

2005年7月12日，台湾的新党主席郁慕明先生在中国人民大学逸夫会议中心发表演讲，有关领导致欢迎辞，开篇是这样的：

> 七月流火，但充满热情的岂止是天气，今天我们中国人民大学的师生以火一般的热情在这里欢迎郁慕明先生一行，以及聆听郁慕明即将带给我们的精彩演讲。

此言一出，招来无数指责声。原来，皆是其中所用成语“七月流火”惹的祸。虽然也有辩解之声，但更多的是批评。批评者最主要的理由就是纪先生对“七

* 本文原刊于《汉语学习》2006年第6期，全文转载于中国人民大学复印报刊资料《语言文字学》2007年第4期。

月流火”的使用是对该成语本义的误解。

跟“七月流火”的使用有相似经历的成语还不少，如“昨日黄花、豆蔻年华、炙手可热、空穴来风、始作俑者、差强人意、首当其冲”等，似乎都出现了屡用屡批、屡批屡用、批评者和赞成者各执一词的现象。

由于篇幅所限，本文主要讨论“七月流火”“豆蔻年华”“明日黄花”这三则成语的使用变化情况，借此来探讨成语用变和演变过程中所蕴涵的一些理论问题。

二　成语本义、现实“误用”所指及相关争议

为了行文方便，我们先简单陈述这三则成语的来源及其含义，再胪列相关争议。我们以“正方”代表认为误用的一方，以“反方”代表认为不能看作误用的一方。在陈述各种观点时，如果论点或论证方式为讨论这几则成语的大多数文章所使用，则不注明文献出处；若有特殊之处，则注明文献出处。

（一）七月流火

语出《诗经·豳风·七月》:“七月流火，九月授衣。一之日觱发，二之日栗烈。无衣无褐，何以卒岁？三之日于耜，四之日举趾。同我妇子，馌彼南亩，田畯至喜。”其中“七月流火”的“七月”是夏历七月，而不是公历 7 月；“火”是一恒星名，指大火星，即心宿二，因色红似火，故得名，所以不能理解成熊熊烈火之火；“流”指向西下行，而不能简单地理解成运行。西周时代夏历五月黄昏时分，大火星在正南方，方向最正，位置最高；六月以后，便逐渐偏西下行；到了七月，继续向西下垂，表示天气要凉了。（黄鸿森，1995）

现实“误用”情况:“七月”指公历 7 月，“流”指运行、滚动、流动;“火”指熊熊烈火之火，或者看作热浪的比喻用法。整个成语用来描写公历 7 月烈日炎炎、热浪滚滚的景象。进而类推出了“六月流火、八月流火、九月流火”等

表达形式，还有“七（7）月的流火、流火的七（7）月”等表达形式。

正方主要观点：（1）这是对成语本义的不了解或误解；（2）不符合《辞海》《辞源》《现代汉语词典》等权威工具书的解释；（3）各类成语词典上没有这样的成语；（4）仿拟使用不合理：“七月流火”尚可查到出处，而“五月流火”“六月流火”则是没有根据的杜撰（郭瑞璜，2002），“八月流火”这一词语令人啼笑皆非（刘溯，1999）；（5）不能演绎、倒用成“流火的七月”，更不能改“七月”为“7月”。误用的根本原因：知识欠缺，不求甚解，望文生义，盲目类推。

反方主要观点：（1）现实中很多人都这样用；（2）旧词赋新义；（3）既不晦涩难懂，也没有出现歧义；（4）形象生动，表现力强；（5）符合成语的两个特点，即意义的整体性与结构的定型化。赞同现实使用的基本理由是：活用，语言是发展的，约定俗成，习非成是。

（二）豆蔻年华

一般认为“豆蔻年华”源自杜牧离开扬州之前赠给相好歌伎的诗《赠别》：“娉娉袅袅十三余，豆蔻梢头二月初。春风十里扬州路，卷上珠帘总不如。”但“豆蔻”和“年华”何时结合成一个成语，笔者没有查到准确的出处。诗中用二月初豆蔻梢头随风飘动、含苞待放的花蕾比喻婀娜美好、娇柔可爱的十三余之歌伎。后即用“豆蔻年华”指女子十三四岁的年纪。

现实“误用”情况：“豆蔻年华”不但可用来指女子十三四岁，还可进一步延伸到二十来岁，只要是青少年女子，皆可用以修饰。有人还用来指已婚少妇甚至少男、青年男子。与此基本相关的就是新出现的“青葱岁月”，两者语义大体相当。

正方观点主要就是批评“误用”者不知原典之意；很少见到反方观点。

（三）明日黄花

“明日黄花”语出苏轼《九日次韵王巩》：“相逢不用忙归去，明日黄花蝶也愁。”又见《南乡子·重九涵辉楼呈徐君猷》:“万事到头总是梦，休休，明日黄花蝶也愁。”[①] 相对于“明日”的今日乃是重阳节（重九），诗人此时登高、赏菊、寄怀；黄花专指菊花；今日正是花盛之时，应该尽情地欣赏，否则，时机一过，花败蝶愁。因此后来用“明日黄花”比喻已失去新闻价值的报道、已失去应时作用的事物，后又进一步比喻已不再辉煌的人物等。

现实“误用”情况：虽然“明日黄花”也在使用，但使用“昨日黄花”的也不在少数，而且还有增多的趋势，两者含义没有根本差异。同时出现了“隔日黄花”等变化形式。

正方主要观点:（1）“昨日黄花”与原诗意不合;（2）使用者误以为昨日黄花刚刚盛开，今日必不如昨日，倘到了明日则更加凋残（清泉，1995）;（3）既然“明日黄花”指过了时令的菊花，那么“今日黄花”应指正当时令的菊花，而“昨日黄花”则必是时令未到的菊花了（王锦，2004）;（4）有了“明日黄花”，就没有必要杜撰一个不通的“昨日黄花”（黄建云，1996）;（5）“昨日黄花”没有出处，词典中找不到，因此不是成语，“隔日黄花”也是如此。误用的根本原因：不知原成语之来历；不合逻辑；生造词语；盲目类推。

反方主要观点:（1）若不知典故，“明日黄花”一词很让人费解，而“昨日黄花”的含义一目了然，比喻过时的东西，很符合思维习惯（程建新，2004）;（2）苏轼和今日读者在时间推移上不一致，出典时的时间推移是从今天到明天，进入成语后的时间推移是从昨天到今天（王开杨，2000）;（3）因文生义产生语义理解的偏差，有一定的合理性（王文戈，1998）;（4）“昨日黄花”是利用义仿方式仿造出来的新词语（杨继光，2004）;（5）判断“昨日黄花”这一说法是否正确，可从实际使用及其可理解性两方面来看（孙尊章，2004）;（6）可以用“隔日黄花”来代替“昨日黄花”，免得引起争议。反方更

① 林衡（1986）引唐末诗人郑谷《十日菊》诗:“节去蜂愁蝶不知，晓庭还绕折残枝。自缘今日人心别，未必秋香一夜衰。”郑诗题中的“十日”正是重九日之明日。作者认为苏轼的诗词实渊源于此诗。

多地强调规范不是一成不变的，积非成是者很多。有不少人主张可以等一等，让“明日黄花”和“昨日黄花”竞争后再见分晓。

总的来说，这三则成语在使用过程中都发生了语用上的变化。我们将词语在使用过程中产生变化的现象称作用变（change of application）。这种用变既包括某种变化的反复出现，当然也包括一次性使用，以及所谓的临时活用。当前人们对这种用变现象的认识存在着很大的分歧。如果由于这种用变现象当前用的人少，用的时间不长，以前没有这种形式或用法，跟原意不符，不合乎名家或权威工具书的用法，不合乎现有的规则，生硬晦涩等而不被接受，那么它就会经常被看作“误用”。如果这种用法能够沉淀下来，成为一种通行的用法，那么这种用变现象就在语言交际中实现了变化过程，我们称作演变（change of development）。也就是说，演变是用变的积淀，演变是用变的一种特殊表现，没有用变就无所谓演变了。用变的后果是：形变、音变、义变，这中间人们最关心的是义变的空间到底有多大，对“误用”的批评也常常集中在这方面。

三　成语用变方式及其相关后果

上面初步归纳了人们对这三则成语现实使用的批评或肯定。我们觉得还需要进一步讨论。一方面，上面的一些观点我们不甚赞同；另一方面，借助对这些成语用变现象的考察，可以进一步揭示支撑这种“误用”的原因，尤其是交际需要对词汇系统的影响这方面的原因，探讨有关成语用变和演变的一些深层次的理论问题，从而为词汇演变的系统分析提供一个理论参照。

撇开音变现象，成语用变的表现不是形变就是义变，或者两者都变。从逻辑上看，形变或义变只存在下面三种可能性：（1）单纯形变：义不变＋形变；（2）借形衍义（单纯义变）：义变＋形不变；（3）因义化形：义变＋形变。单纯形变如从“揠苗助长、故步自封、墨守成规”到“拔苗助长、固步自封、墨守陈规”，单纯由字形（语素）更替造成的成语形变，这种用变争议较小，两个词形在很长一段时间将共同存在于交际中。而借形衍义和因义化形都伴随着成语意义的调整。借形衍义，即在词形不变的情况下衍生出新的意义；因义化形，即根据语义理解和衍变的需要而改变既有的词形。实际上，成语用变还有另外一种情况，就是借形赋义，即将新的意思附加到一个既有的词形上，而原词形未必是个成语。有个不甚恰当的比附就是，借形赋义有些像“六书”中的假借。久借不归，或可演变而为成语。

其实，成语用变的最根本原因无外乎外因和内因两个方面，撇开使用者个人知识的欠缺而外，外因就是现实交际的需要，内因是词语系统本身的制约。交际的需要是成语用变的动因（motivation），词语系统本身的制约形成成语用变的机制（mechanism）。交际需要的满足最终需要由词语系统内部成分的调节和变化来实现。而各种用变的后果则不完全一致。下面我们就来探讨借形赋义、借形衍义、因义化形这三种成语用变形式的原因及其相关后果。

（一）借形赋义

这种用变现象比较少见，但很有特色。这里以“七月流火”为例。

对这个词语用变的争议焦点是“七月”及“流火”的所指以及由此带来“七月流火”的成语地位问题。对“七月”及“流火”的理解发生争议的根本原因在于初显语境和现实语境中所使用的历法不同。我们现在使用的是两套历法：公历和农历。除了传统节日及农事和某些民俗使用农历纪月以外，一般使用的都是公历。这样，“七月”在现实交际中一般都是指公历 7 月，而不是《诗经》中的夏历七月。更为重要的现实现象是，我国的 7 月又是一年中最热的月份，热浪滚滚，炙人如火。而这个时候，各行各业的人们都在战高温斗酷暑地辛勤劳作着。[①]“流火”既是一种现实气象的写照，也是一种生活、心理的反

① 这一点对 2004 年以前参加七月全国高考的学生感受尤深，所以报端在描写高考期间的炎热气候时常用“七月流火”这个词。

映。由此可见，“七月流火”的使用有很深的现实基础。

既然有了很深的现实基础，也就有了强烈的表达需要。可是，既有的词汇系统中是否已经有了一个十分到位的表达呢？似乎没有。于是，就存在着表达中的词语空位现象（有概念无词形）。正好古诗中有“七月流火”这样一个为人熟悉的词语，照字面的理解去使用，生动形象，易懂好用，移用过来后词形的构造和语义的表达都很到位，于是便出现了借形赋义的交际现象。也就是说，在现实表达中，我们还没有一个比“七月流火”更适合的词形来满足这种表达要求了。语言交际中存在的词语空位现象促成了“七月流火”的现实交际值的实现，从而完成了填位的过程。这正体现了词语系统本身的调节作用。“七月流火”的重现江湖既是一种巧合，也是一种必然，并非如人所言的“以讹传讹”。

那么，该如何对待“七月流火”本来的意义？如果“七月流火”可以这样使用，其他成语也都像这样望文生义，整个语言交际岂不乱了套？“成语”的语言价值和文化价值何在？其实我们可以换个角度来看问题。如果不用这个成语，有时交际起来是否方便？是否还有更合适的表达？“七月流火”的“误用”是否真的能在成语使用方面产生蝴蝶效应？[①] 当然，如果阅读古诗诠释诗句时将“七月流火”理解成七月烈日炎炎，那是要打板子的。但在现实的语言交际中，除了读解该诗外，“七月流火”的本义一般也不为人所关心了。[②] 而且，历史上它也不是作为一个成语而存在于语言交际中。这样，就必然带来这样的矛盾：如果秉承原义的读解，则这个词语就根本没有现实的使用价值，只好“质本洁来还洁去”了；如果借形赋义，则能很好地满足现实表达需要，从而也就“救活”了一个词语。权衡利弊，恐怕还是救词要紧，给它以“新”成

① 蝴蝶效应是气象学家 Lorenz 提出的著名的混沌理论。意思是，如果亚马逊流域的一只蝴蝶扇动翅膀，会掀起密西西比河流域的一场风暴。

② 这种不知“七月流火”本义的现象已经很有一些历史了。顾炎武《日知录》卷三十“天文”条指出：“三代以上，人人皆知天文，‘七月流火’，农夫之辞也。……后世文人学士，有问之而茫然不知者矣。”

语的地位，因为语言的根本属性就是交际性。也就是说，“七月流火”已经完成了从用变到演变的过程，具有很高的交际值。

既然给了“七月流火”在语言交际中的地位，那么据此仿拟出的“六月流火、八月流火、九月流火”这些用变现象的身份问题也就好解决了：只要表达得到位，就有交际值。进而，“流火的七月（7月）”这种用变现象也是完全可以接受的。“七月流火”在语用中站稳后，其语义的发展也遵循着词义衍生的一般规律。[①] 如七月份发生的“热”事都可以使用这个词语：某个电视剧的热播、某项运动的热赛、某项工作的火热开展等。这就必然可以出现以“七月流火”作双关语来形容天气火热和气氛热闹的表达。有人对这种现象忧心忡忡：“谁知不久，竟然又有人在报刊文章中创造了‘八月流火’这一令人啼笑皆非的词语。我想，如果误用下去，谁去非洲赤道地域旅游，说不定还会生发出‘九月流火’‘十月流火’什么的……”(刘溯，1999）其实，词语的仿拟和词义的扩展正昭示着生命力的强大，并进一步将本非成语的“七月流火”成语化了。

由此可见，从根本上看，借形赋义是为了填补由于交际需要而造成的词语空位的结果。

（二）借形衍义

这种现象极为常见，实际就是词义的引申问题。但由于成语的“历史包袱”比较重，因此常常引起争议。对成语借形衍义的分析会使我们更深入地刻画词义在交际中的动态演变过程。这里以“豆蔻年华”为例来说明。

对这个成语的争议集中在所指对象的具体年龄上。由于杜诗构造的初显语境明确指出了一个时间“十三余”，于是评议者都立足于这一具体数字而指责将这则成语“误用”作其他年龄段的现象。其实，细玩诗意，杜诗中的年龄虽具体，但也只是一个相对年龄，以实代虚。在杜牧的时代，“十三余”正

① 施春宏（2003）提出了一条“词义衍化过程假说（Semantic Changing Process Hypothesis）”，试图概括词义变化的一般规律：“在词义框架中，词义变化开始是关涉性语义成分发生迁移，描述性语义成分随之发生调适性变化。”具体内容参见该文。

是美好年华的展示时期，而不宜简单地看作是少年时期，此时尚未嫁人，丰姿绰约。也就是说，“十三余”只是相对于已婚的一个时间段，并不是一个确切的数字。而在当前，“十三四岁”也只相当于初中一二年级，它虽也展现了美好年华，但它并不表示一个特定的年龄段，而且跟初三以及高中阶段，在展示活力、朝气方面，并没有质的差别，所以“十三四岁”的特指性就失去了价值。可见，将“豆蔻年华”用于指“少而美”的青少年阶段，是水到渠成的事，跟杜诗并不相背。这一年龄段所具有的朝气蓬勃、纯情美好等特征常为人所赞美，因此，即便人们未必知道什么是豆蔻，也不影响对这则成语的理解。也就是说，“豆蔻年华”的“误用”是在现实交际语境的积极推动下出现的。

《辞源》的释义比较有意思，它在“豆蔻”条下说“诗人或以喻未嫁少女，言其少而美”，接着引杜牧诗后指出“自后常以‘豆蔻年华’称十三四岁的少女”。而杜牧诗中并没有出现“豆蔻年华”一词，我们尚不清楚“豆蔻年华”到底何时开用。而以《辞源》所释内容作喻来使用“豆蔻”一词，在古代不难见到。应该说《辞源》前段的释义是比较通达的。

可见，从相对时间关系考虑，“豆蔻年华”指十五六岁、十七八岁，乃至二十来岁，想也没有什么不妥，因为这些个年龄段都属于“美好”时光、“亮丽”岁月。例如：

【1】你必须人道，必须让她拥有追寻十五六岁豆蔻年华已逝之梦的权利。（李承鹏《江山易逝美人易老》，《京华时报》2004年8月28日）

【2】就是这个市场的工商管理组长，1983年开始踏上这片土地，从20出头的豆蔻年华干到如今两鬓飞霜。（甘霖《吉相美：看似寻常最奇崛》，《华南新闻》2004年6月24日）

如果注重于岁月的美好、亮丽，那么这个词就有可能“误用”于青少年男子。例如：

【3】十三岁正当豆蔻年华，不幸的事发生了，灾难降临到聪明伶俐、健

康活泼的（美籍男青年）张士柏的头上。（转自何坤《豆蔻当是女儿身》，《咬文嚼字》2001 年第 2 期）

【4】在灯与人的海洋中，豆蔻年华的少男少女是最神采飞扬的一群。（王秀梅《品年三题》，《人民日报》2002 年 2 月 16 日）

【5】爱美又是现代人精神文明情感的反映，更何况正处于豆蔻年华的青少年学生呢？（《用心灵美弹奏生命的琴弦》，《人民日报·海外版》2001 年 2 月 5 日）

我们还可以从成语的使用价值来考察“豆蔻年华”的用变问题。如果秉承杜诗所设定的时间范围，在现实的语境中，“豆蔻年华”这则成语的交际值就大大降低了，甚至降到使用不便的程度。若按当前的理解和使用，则大大提升了它的交际值。因为现实交际没有而又需要一个合适的词语来表达青少年女子的美好岁月，这便又出现了词语空位现象。此时，或者另构他词，或者将相关的词移用过来。有时直接移用相对经济，也合乎词义发展的逻辑，便直接移用了。同样，现实交际中也没有跟“豆蔻年华”相对应的用于形容该年龄段男性的词，这种新的词语空位现象也吸引了“豆蔻年华”的扩散使用，由于此时距离“豆蔻年华”的核心意义更远了，因此只能是一种大概其的表达。① 总之，无论如何变化，杜诗中所表达的语义核心内容并没有任何改变：年轻而美丽；杜诗中也许还包括“温柔”，现代人则又加上“有朝气”的语义内容。

如果再进一步延伸，就可以用于人之外的事物了，只要它处于蓬勃发展的阶段就有可能。例如：②

【6】绽放 20 载的豆蔻年华——HP 激光打印 20 年（标题，《微电脑世界》2005 年第 1 期）

① 据笔者的调查，很多人觉得“豆蔻年华的少男少女、豆蔻年华的青少年”比“豆蔻年华的少年男子、豆蔻年华的青年男子”可接受度要高。即“浑言”时指青少年男女比“析言”时专指男子要容易为人接受，而“析言”时专指女子的可接受度更高。我们需要说明这种可接受度的层级。

② 此两例由北京语言大学人文学院的刘昭君同学提供，谨致谢意。

【7】汽车行业：精益生产已是豆蔻年华时（标题，《现代制造》2005年第10期）

综上所述，“豆蔻年华”的用变轨迹大体是：十三四岁女子的美好年华→少女的美好年华→青少年女子的美好年华→青少年男女的美好年华→蓬勃发展的某一阶段。

正因为有了这种用变，这个词语有时“误用”于年轻已婚女子也就有了可能，因为此时并非强调年龄值，而是意在突显美好岁月。当前，赞成“豆蔻年华”的语义由实到虚进行扩展的人，一般都认为只能指少女乃至青年女子的年华（范围大小可变），不能指少妇，更不能指男子。

由此可见，借形衍义是由于交际需要而造成的词义由核心向外逐层扩散的结果。犹如一颗石子落入水中，荡起圈圈涟漪，向四外扩散。无论如何扩散，毕竟是围绕石子落水处展开。一般而言，词义衍生的方向和路径是有一定的规则、规律的。

（三）因义化形

这种现象在成语中比在一般词语中体现得要充分。这里以“昨日黄花”为例。这里面最根本的问题就是初显语境对词义的制约作用跟常识语境对词义的制约作用不一致。

“明日黄花”在苏诗的语境中是“将来完成时”：今日黄花正盛开，明日美景将不再。借此表达过时的事物这一语义内容。可是，要想表达过时的事物、现象，常识和现实表达都更多地使用“过去完成时”，如“昨日英雄、过往烟云、历史人物”之类。因为常识的语用逻辑是：昨日（实现了，已成）——今日（参照系，进行中）——明日（未实现，将成）。于是，大众的潜在语用心理逻辑是：昨日黄花曾盛开，今日美景已不再。这样，在表达曾经兴盛的过时事物、现象时，“明日黄花”的初显语境跟使用过程中的常识语境就不协调，此时不知情者便根据常识语境因义化形产生了“昨日黄花”一词。由此可见，这种词形的调整跟语用过程中的语境重构有密切的联系，而这种语境重构现象以语用常识和生活逻辑做支撑。

当然，相对于进行中而言，无论是已成还是将成，都是一种完成、实现，这样就有了两种表达的可能：用“明日黄花”表示将成的事物，用“昨日黄花”表示已成的事物，因为昨之于今比今之于昨更易显时间之过去。其实，“明日黄花”是虚拟语气，而现实使用都是已然语气，用虚拟语气表达“过时”这一已然语气，多少有些迂曲。

我们来看下面几个例子：

【8】然而5年后的今天，他已陷于资不抵债的境地，昔日盛景已成昨日黄花。（《上海无情，超级富商一夜成穷鬼》，《文汇报》1996年8月23日）

【9】很多曾经是领先一时的科研成果因老化而遭淘汰，成为昨日黄花。（李明《不断开拓创新 打造中国名牌》，《人民日报·海外版》2004年3月15日）

可见，上下文语境中的时间基本上以今日为参照的“昨日”了，跟其同现的词语往往是“曾经、已（已经）是、早已”之类，其所指的对象往往是“昔日盛景、领先一时的科研成果”之类。虽然“昨日英雄”从逻辑上并不必然导致今日非英雄，但在语用交际中，却必然隐含“今日不再”。而“明日英雄”则不能作此推衍。当然，这里的“昨日黄花”若换成“明日黄花”，当下通常都是可以的。如下面这样的句子：

【10】吴亮能够傲视群雄，沾的不全是出道早的光。当初比吴亮早出道的，可是大有人在，如今却大多成了明日黄花。（许纪霖《笑傲江湖一“杀手”》，《文汇报》1996年11月6日）

【11】家中贬值最快的“大件”，非电脑莫属。两年前花上万元买的一台“奔Ⅱ”，如今早已是明日黄花。（成平《从电脑价格谈自主开发》，《人民日报》2002年10月12日）

我们还观察到，若同现的词语是“将、将会、就要”等，“明日黄花”的使用频率高于“昨日黄花”。可见，人们在使用这两个词时有交叉，但也有一个相对互补的分布。这正是同义词的分布表现。词形的提示作用对成语使用有相当的影响。

那么，有没有不便于换用的呢？请看下面的例子：

【12】（这些人中）有正当红者，有昨日黄花。（李彦春《“沙奶奶”开酒家》,《作家文摘》1994年1月）

【13】温网——库娃已是“昨日黄花”，莎娃才是“今朝娇娃”（标题，http：//sports.sina.com.cn 2004年7月4日）

由于前后时间的相互制约，如果将这里的“昨日黄花”替换成“明日黄花”，多少有些不合适。由此可见，“昨日黄花”有其特定的使用价值。

同样，“昨日黄花”还有一些变化形式，如“隔日黄花、过时黄花、昔日黄花”。例如：

【14】再短的稿件也只能邮寄，有时等稿件寄到报社，早已经变成了“隔日黄花”了。（读者手机短信留言,《人民日报》2004年6月15日）

【15】在竞争激烈残酷的电子产品市场，今日高价热卖的宠儿很可能在短短数月内就沦落为低价售卖的过时黄花，这是谁也无法改变的市场法则。（http://www.cmgsl.com.cn/ images，2003年12月23日）

【16】号称国家德比申花物是人非　火星撞地球早已昔日黄花（标题，http://sports. sina.com.cn 2005年4月10日）

这些词都是在“昨日黄花”结构和语义框架的推动下仿拟出来的，用法跟“昨日黄花”基本相同。下面一句中标题用“昔日黄花”，正文用“昨日黄花”：

【17】一度被认为已是昨日黄花的DVD行业，时下有可能因一场中国企业在美国对DVD专利3C联盟的诉讼而焕发“第二春”。(《国产昔日黄花DVD将焕发“第二春”?》, http://gd.sina.com.cn 2005年1月20日）

至于有人指出：“‘昨日’是哪天，为什么不说前天？‘昨日黄花’是何义，为什么不说‘昨日牡丹’？”(吾煌，1995)，这恐怕没有系统地考虑到语义的系统性和词语演变的规律性。

可以这样说，“明日黄花”和“昨日黄花”正处于竞争状态中，或者同现，或者分化（当然只是大概其的分化），或者由“昨日黄花”领衔主演。

由此可见，因义化形是由于交际需要而在现实语义系统中调节形义关系的结果。这种调节带来的变异同样有特定的交际值。

四　从成语用变现象看语言规范的原则

上面针对三则成语用变现象和演变过程的分析，意在探讨这样三个问题：（一）现实交际的需要往往造成表达的空位，而填位的需要可以通过不同方式和途径来满足。（二）用变现象往往是在词义发展过程中调节着语言成分，在特定的时空中显示其交际值。（三）成语用变方式有一个鲜明的共同点，就是在现实交际中发生了语境重构。成语的用变是在现实语境中产生和实现的，现实交际的需要常常造成语境重构，而语境重构必然带来意义或形式上的调节和变异。像“昨日黄花”的出现和使用，更多地由于成语自身语境的调整，而“七月流火”“豆蔻年华”的使用，则是由于社会大语境的调整所致。成语一旦离开了初显语境，进入到交际领域当中，恐怕就有了一定的独立性，此所谓“将在外，君令有所不从”，发生义变或形变也就势所难免了。但我们相信，这种义变或形变的轨迹也是有一定脉络可寻的。[①]

为了进一步了解上面这三则成语在现实使用中的情况，笔者对《人民日报》和《人民日报·海外版》1995—2004 年间的文章做了统计：明日黄花 51

① 施春宏（2002）通过分析“浮出水面、找不着北”这样的准成语的用变过程后指出，词语用变过程主要是词义结构中表示关涉性成分的调整，而其描述性语义成分并没有什么实质性变化，因为描述性语义内容是理解和使用整个成语的支撑框架。关于语义结构中的关涉性成分和描述性成分的内涵，请参见该文。

次，昨日黄花 7 次，隔日黄花 3 次；它们的含义都相同。七月流火 6 次，都被用来描写公历 7 月烈日炎炎的景象；其变用形式（如流火的七月、7 月流火、7 月的流火、流火 7 月、流火的 7 月）11 次。豆蔻年华明确指女子十三四岁的未见到，大多倾向于指未婚女子的青春年华，也指少女之妙龄。[①] 笔者还统计了其他报纸的使用情况，参见附录。根据这两种报纸的统计结果，如果以使用频率作为规范依据的话，似乎“明日黄花”的用法是规范的，而“昨日黄花”和“隔日黄花”都是不规范的；似乎“七月流火”“豆蔻年华”的现实“误用”都是规范的，实现了从用变到演变的过程。可是，在各类评议文章中，大多数明确坚持习性原则（建立在使用频率基础上的规范原则）的人对“七月流火”和“豆蔻年华”的现实使用并不认同；同样，对“昨日黄花”也不认同。可见，习性原则在处理统计数据时也并非完全恪守“习性”的意旨。也就是说，严格地根据习性原则来作为成语用变规范与否的判定标准，恐怕还值得商榷。当我们比较全面地考察很多有争议的成语“误用”现象时，发现了一个有趣的现象：当初争议越大的，用变现象往往已经占了或正在占有上风。由此可见，这就不是一个简单的积非成是的过程了。

我们之所以并不认同将习性原则作为语言规范化的根本原则而更愿意将其放到理性原则的辅助位置，就是因为习性原则更多地关注用变的结果，而理性原则更多地考察过程，关注使用的层次性。也许对过程的考察能更有效地为语言交际服务。这体现在对统计数据的理解上，习性原则更注重统计数据中的相对多数，而理性原则还应该考虑统计数据的动态变化以及使用频率虽低但有特定交际价值的现象。“误用”是挡不住的（我们更倾向于使用“用变”一词），

① 在统计词语的用变现象（如成语异用、异体词等）时，人们常常以《人民日报》等大报大刊为准，笔者对此不甚赞同。因为来自大报大刊的语料都是经过文化层次很高的编辑们层层把关后的“精加工”语料，较少原生态，如《人民日报》中的用词规范基本上以《现代汉语词典》为准。它可以作为引导一般读者使用语言的表达范本，但对来自于民间的用变现象，则显示的“信息量”不够充分。如《人民日报》这十年间就未见到“昨日黄花”一词。本文的统计仍袭用惯例。

很多“误用”实际体现了一种演变的趋势，反映了交际的本质。我们并不鼓励乱用，而是看重那些在语义空间中找到合适位置的使用。真正的规范依据应该是将用变现象放到具体的交际过程中确定它们的规范价值。以“规范就是服务”的观点来看，我们更看重“误用”所昭示的理论价值和实践价值。这就要求我们加强对词语用变空间和演变路径的描写，充分展示理论的解释力和预见性。

由于新时期语言生活比较活跃，各种新的现象吸引了我们的眼球，对我们的很多既定认识形成了猛烈的冲击。尤其是新时期的用词用语，极其“活泛”，这就使规范问题显得尤为突出。有人将近年来社会用语的一大特点归结为“随意化”，包括对词语语义解释的随意化、词语适用对象的错位、词语感情色彩的错位、大量异形词的存在、仿拟辞格的大量使用、新的搭配方式的大量产生等这样一些方面。在肯定了部分现象的同时，作者指出：“再这样随意下去，我们将无规范可言，语言生活将从上到下乱成一团糟，语言交际将无法顺利地进行下去。”（盛林、苏祝平，2003）我们觉得，上面所说的很多方面基本上不是“随意化”的表现和结果，这是语言使用比较活跃时期的必然产生的用变现象，很多现象具有相当的规则性。当然，本文的分析并不意味着所有的用变都是合理的，更不是说用变是不规范的，而演变才是规范的。我们不要期望所有的用变现象都能为所有人接受，不要期望有价值的用变现象都必须沉淀下来。有的历史使命很长，有的历史使命很短，更多地是在这之间。无论生命力的长短和使用个体的多少，只要实现了特定的交际价值，就完成了它的历史使命。语言是生活在人们的嘴上，发展在人们的思维中的。[①] 本文对有争议成语的“误用”现象的分析正是基于这样的认识。我们只是想借此说明有很多所谓的“误用”，其背后也许蕴藏着很深的语言学宝藏，我们判断规范的标准就是某个语言成分在现实中的交际值。

① 根据这样的认识，在决定他人命运的考试（如高考、资格考试）中，除非是为了说明本义的需要，否则最好不要出现“昨日黄花、七月流火”之类让学生判断对错的题目。

附录：几则成语及相关用语的统计结果

笔者统计了《人民日报》《人民日报·海外版》《江南时报》《华东新闻》《华南新闻》《国际金融报》六种报纸1995—2004年这10年间所有文章中的“七月流火、明日黄花、豆蔻年华”及其相关用语的使用情况，排除语文评议中提到的成语用例之后，具体分布情况如下：

1.“七月流火”及相关用语

“七月流火”22例，“7月流火”10例，“7月的流火”1例；“流火七月”4例，“流火的七月”12例，“流火7月”2例，“流火的7月”3例。其他：“八月流火”1例，“流火8月”1例，“流火的六月”3例，“流火的6月”1例；“流火季节”2例，“流火的季节”3例；“流火岁月、流火盛夏、流火的夏、流火的2003年夏季、流火的日子、热如流火、大地流火、骄阳流火、炎热流火、流火的广州、流火般的热浪、流火烈日”以及“流火的业绩、商战流火、奔放如流火、流火的长龙”各1例。

2.“明日黄花”及相关用语

“明日黄花”139例，“昨日黄花”17例，“隔日黄花”3例。

3.“豆蔻年华”及相关用语

“豆蔻年华”46例。其他：“豆蔻女生”4例，“豆蔻少女”2例，“豆蔻少年”2例，“豆蔻之年”2例，“豆蔻年、豆蔻之时、豆蔻初开、豆蔻容颜”各1例。其中，“豆蔻年华”明确指十三四岁的只有3例，均见于《江南时报》。

参考文献

程建新（2004）“明日黄花”人也愁，《咬文嚼字》第7期。

戴昭铭（2003）《规范语言学探索（增补本）》，上海：上海三联书店。
郭瑞璜（2002）“流火”不能用于形容天气炎热，《报刊之友》第4期。
何训华（1999）“七月流火”词义嬗变杂识，《中学语文教学》第5期。
黄鸿森（1995）说说“七月流火”，《语文建设》第9期。
黄建云（1996）成语评改八则，《南京高师学报》第3期。
林　衡（1986）“明日黄花”的喻义和寓义，辞书研究编辑部编《疑难字词辨析集》，上海：上海辞书出版社。
刘　溯（1999）“七月流火”何时了？《新闻记者》第12期。
清　泉（1995）“昨日黄花”何系愁，《采·写·编》第5期。
盛　林、苏祝平（2003）随意化——近年来社会用语的一大特点，《东南大学学报（哲学社会科学版）》第2期。
施春宏（1999）语言调节和语言变异，《语文建设》第4～5期。
施春宏（2002）词义的认知模式与词义的性质及构成——兼谈成语的性质，《辞书研究》第6期。
施春宏（2003）比喻义的生成基础及理解策略，《语文研究》第4期。
施春宏（2005）《语言在交际中规范》，北京：中国经济出版社。
孙尊章（2004）“明日黄花”将成“昨日黄花”，《咬文嚼字》第7期。
王　锦（2004）“昨日黄花”未当时，《咬文嚼字》第7期。
王开杨（2000）时间推移与“昨日黄花”，《语文建设》第2期。
王文戈（1998）因义生文的“昨日黄花”，《语文建设》第1期。
王希杰（1996）《修辞学通论》，南京：南京大学出版社。
吾　煌（1995）词语衍化的巧与拙，《语文建设》第1期。
杨继光（2004）“昨日黄花”产生的原因，《语文建设》第4期。
于根元（1995）语言的潜、显及其他，载李晋荃主编《修辞文汇》，南京：江苏教育出版社。

于根元（1997）词语的时空分布，《世界汉语教学》第 4 期。
张宜民、王　华（2004）“别风淮雨”与习非成是，《合肥工业大学学报（社会科学版）》第 5 期。
邹韶华（2004）论语言规范的理性原则和习性原则，《语言文字应用》第 2 期。

【附文】

“关于成语用变和演变的思考”补议

《汉语学习》2006 年第 6 期发表了拙文《关于成语用变和演变的思考》，中国人民大学报刊复印资料《语言文字学》2007 年第 4 期转载了此文。文章试图以在现实交际中出现颇多且有争议用法的“七月流火”“豆蔻年华”“明日黄花”这三则成语为例，“通过对它们现实使用情况的详细刻画来探讨成语用变和演变的原因、关系和价值”。这是笔者重新思考成语乃至一般词语发展过程中形义之间互动关系的一部分。

其中，关于“七月流火”的本源语义，拙文采用了通行的说法：

> 语出《诗经·豳风·七月》：“七月流火，九月授衣。”其中“七月流火”的“七月”是夏历七月；“火”指大火星，不能理解成熊熊烈火之火；“流”指向西下行，而不能简单地理解成运行。西周时代夏历五月黄昏时分，大火星在正南方，方向最正，位置最高；六月以后，便逐渐偏西下行；到了七月，继续向西下垂，表示天气要凉了。

并概括了后人所批评的“七月流火”的现实“误用”情况：

> “七月”指公历 7 月，“流”指运行、滚动、流动；“火”指熊熊烈火之火，或者看作热浪的比喻用法。整个成语用来描写公历 7 月烈日炎炎、

热浪滚滚的景象。进而类推出了“六月流火、八月流火、九月流火”等表达形式，还有“七（7）月的流火、流火的七（7）月”等表达形式。

同时列举了支持和反对这种现实“误用”情况的主要观点。

在分析“七月流火”在现实交际中的使用情况的基础上，拙文提出了笔者的基本认识：“七月流火”的语义流变既有现实交际方面的策略需要，也有词语形义关系方面的客观基础。从根本上看，“七月流火”的借形赋义是“为了填补由于交际需要而造成的词语空位的结果”。“七月流火”已经完成了从用变到演变的过程，使本非成语的“七月流火”已经成语化了，具有很高的交际值，应该给以“新”成语的地位。

后来，笔者读到了朱彦民先生发表于《中国文化研究》2007年秋之卷上的文章《“七月流火”之我见》，该文对“七月流火”的含义提出了新的看法。该文的摘要如下：

> 《诗经·豳风·七月》之“七月流火”，古今注疏均作大火星西下，天气渐寒。其实细考原文，这种解释未必正确。《豳风·七月》是一首反映周时周地周人农事的诗篇，所以“七月”并非夏历七月，而是周历七月，相当于夏历五月。这个季节正是天气炎热，不当转凉。《诗经》中有以星象表示时间的诗句，如“三星在户”、“月离于毕”等，既以星象表示时间，则不再缀以表时间的词语。而“七月流火”中既有“七月”明确表示时间，“流火”就不可能再是表示时间的星象。查《诗经》中所用之“火”均不作星宿解，“流火”并非星象，而是指天气。况且《七月》一诗中，月份后所属者皆是农事、物候、节令和天气，没有属星象者，“七月流火”自不能例外。正如“九月肃霜”指凉爽的天气一样，“七月流火”应视为炎热天气为宜。

朱文的分析相当精致。笔者服膺朱先生的论证过程和结论。

如果朱彦民先生的分析成立的话，那么，长时期里反复批评的所谓“误读”实际是正读！这样，拙文关于“七月流火”含义的说明就需要做出调整，叙述角度需要重新安排。同样，很多关于“七月流火”含义的学术论文和评议都得重新考虑。

其实，即便根据《七月》诗本文，“七月流火”如果理解为天气转凉，可是直到“九月”才“授衣”，前后两三个月，黄河流域的天气变化如此之慢，这也是不好解释的。

当然，问题还可以从另一方面来看，即便“七月流火”真的按古今注疏和辞书的解释作天气转凉解释，也不能断然否定现在用作天气炎热的情况。词语使用是在交际中实现规范的价值的，词语形义关系的用变和演变有语言结构自身方面的动因和机制，语言研究应该对此做出有语言学意义的概括。这正是拙文立论的基本前提和研究旨趣。

由此笔者联想到，我们有很多长期“批而不倒”的词语“误用”现象，这里面是否也有一些是误读了的呢？其实，拙文在分析“豆蔻年华”时就曾指出，一般评议者紧抠杜牧诗《赠别》中“娉娉袅袅十三余，豆蔻梢头二月初”中的具体数字“十三余”，进而认为这个成语不能用来指其他年龄或年龄阶段。其实，细玩诗意，杜诗中的年龄虽很具体，但也只是一个相对年龄，以实代虚。将“豆蔻年华”用于指“少而美”的青少年阶段，是水到渠成的事，跟杜诗并不相背，甚至更合诗意。由此看来，一般工具书和评议者对“豆蔻年华”的读解或许也有误读的成分在里面。

值得说明的是，高考和众多其他各类考试试卷都曾以“七月流火”的“误用”为题让考生辨误，甚至还有可能继续考下去。如果朱彦民先生的分析是正确的话，那么，不少不知“误用”的考生反而遭受了或将会遭受不应有的损失。这就告诉我们，凡是存在争议的地方，尤其是争议比较大的地方，最好不要进入决定人命运的考卷中，因为只用某一方面的认识为标准答案，是不合乎知识产生和增长的辩证过程的。

看来，对那些长期“批而不倒”的各类“误用”现象，需要做一番全面而精细的梳理。其中也许蕴含着丰富的语言价值和语言学价值。笔者曾对现代汉语规范评议中的误评现象做过较为系统的梳理（参见施春宏《现代汉语规范评议失误研究》,《语言研究》1998 年第 1 期），现在看来，还有进一步精细化分析的必要。这里面不但有语言事实方面的问题，还有语言观、方法论及语言理论和语言事实、语言本体和语言应用之间的关系等方面的问题。对“七月流火”形义关系的认识就是一面镜子。

词语变用中的语言游戏*

一　成语变用：生活游戏中的语言游戏

成语别解、成语改用这类成语变用现象，有让人眼睛一亮的，如“一毛不拔（牙刷广告语）、默默无蚊（驱蚊器广告语）”；也有不好接受的，如“痔在必得、‘菲’同寻常（王菲个人演唱会宣传语）”。如果只关注后者，推而广之，自然反对一切变用成语的情况，很多反对在广告中变用成语的规定就是由此而来。当然，如果只看到前者，自然坚持别解有别解的理由，改用有改用的道道。由于“各取所需”，择例证实，没有具体问题具体分析，因此无法对话，语言生活也仍然各行其是。

这里不想对此再做过多的评论，只是觉得可以换个思路来看看。这种现象，除了广告用语中喜欢使用外，职场、生活中也很常见，使用者主要是试图通过对常用成语做出“新”的加工，来折射职场、生活中的人和事及其关系。这里面实现的是一种语言游戏功能，反映的是职场、生活中的某些游戏规则，更多地显示出的是一种幽默、谐谑的情趣。例如：

重男轻女：重活儿，男人干；轻活儿，女人干。

不学无术：不要白费工夫学那些无用的技术，做好手头的事最重要。

显然，这种语言游戏，在成语的形义关系上做了很大的调整。“重男轻女”前后并列的两个成分“重男”和“轻女”本来是动宾关系，现在变成了主谓关

---

* 本篇包括三篇各自独立发表的短文：《成语变用：生活游戏中的语言游戏》，原刊于《语言文字报》2011 年 10 月 26 日第 2 版；《打电话和接电话》，原刊于《语文建设》2013 年第 3 期；《从“克林顿”三用谈起》，原刊于《语文建设》2001 年第 4 期。

系。“不学无术”，按刘洁修《汉语成语考释词典》(商务印书馆,1989)的解释，意指没有学问，没有才能。这也应是并列关系，现在整个结构被重新分析成了动宾关系:“不学”那些“无”用之“术”。

成语变用常见的就是这样利用语素多义和结构上的多解来对形义关系做出重新分析。有的还牵涉语音的调整。例如：

当（dāng）之无愧：就算把单位当（dàng）了，领导也不感到羞愧。

参差（cēncī）不齐：人参（shēn）质量很差（chà），自然就长短不齐了。

这种情况不多，比较便捷的还是结构关系和语义关系的调整。由于重新分析是在原有基础上通过内部成分结构或语义的重新组合而生发出来，因此，便可能有歧义性读解。例如：

杯水车薪：领导一杯水抵得上老农一车薪。

杯水车薪：每天在办公室里泡茶喝水，就想拿薪水买车。

出生入死：人只要一出生就意味着终究要走向死亡。

出生入死：走出欲望便是生，走入欲望便是死。

如果不给这种成语变用现象戴上“破坏语言纯洁”这样沉重的帽子，而将它看作是语言游戏的一种方式，那么倒也可以从中得到某些乐趣和规则。其实，很多语言游戏，目的也只在于一乐，而并非试图对语言应用乃至语言的演变施加什么影响。当然，是游戏，就有规则，无论是潜规则还是显规则。当下，“潜规则”是一个负面的词语，但如果就其字面义来说，将“潜规则”理解成潜在的规则，用来说明某些语言现象，倒是有一定描写力和解释力的。很多生活中的“潜”的规则台面化以后，不都成了显规则了吗？语言也是这样，有的规则是逐步浮现出来而为一般人感知的。有些成语的结构关系和意义的演变实际跟别解、改用等变用方式有关。也就是说，这种使用策略实际上也是词义发展的一种途径，虽然不是主要的方式。我们要观察的就是哪些可以变用，哪些变用后比较成功，哪些变用后降低了品位。

除了上面列举的几例外，下面再补充一些流行于网络的变用成语，以博一笑：

半途而废：因为前任领导被调走了，所以公路只修了一半后便停了下来。

敝帚千金：县长家的一把破扫帚卖了一千块钱。

避实就虚：一个人如果一味的逃避现实就会虚度一生。

不出所料：考试委员会的人不能出售所有的考题资料，否则容易被人发现又露题了。

不可救药：医生在处方里开了一些根本不能救治病人的药。

不求甚解：不拿钞票求人什么也解决不了。

察言观色：警察说话时，眼睛总是盯着美女。

差强人意：能力差的领导往往要强奸别人的意见。

出类拔萃：剔除另类的，拔掉优秀的，剩下整整齐齐的“好苗子”。

度日如年：日子非常好过，每天像过年一样。

废寝忘食：某些公司招聘时的条件——不包吃住。

夫唱妇随：老公进了歌厅，老婆在后面悄悄尾随。

改天换地：改一天，换一个地方。

顾客至上：顾客至少上当受骗一次。

见好就收：见到好东西就想方设法“收”为己有。

居安思危：一个人生活条件好了，思想就会危险起来。

居高不下：在高校上学费用不会降下来。

劳而无功：不劳动的人成了功臣，劳动的人反而没有功劳。

老大无成：在贫困的农村，老大为了让弟弟妹妹们能上学只好外出打工往往无法完成学业。

聊以自慰：寂寞的人进入聊天室或到 OICQ 里聊天获得安慰。

民不聊生：老百姓在一起怎么能不聊生活中的话题呢？

千里送鹅毛，礼轻情义重：县长一行不畏千里之遥给贫困户送来了几根鹅毛御寒，礼虽然轻但情景意义却很重大。

千人一面：领导实在是太忙，每天只有千分之一的人才能见到他的面。

生龙活虎：生下一个儿子叫周正龙，把纸老虎弄活了。

盛名难副：有了显赫的名声后就很不愿意再当副手了。

事倍功半：事情要加倍地干，功劳嘛，有别人的一半就好了。

头头是道：头头说的总是有道理。

无关大局：没有关系就不可能当上大局长。

无官一身轻：没有领导在场时大家都会感到轻松自在。

学无止境：学费上涨的势头没有停止的那一天。

一笔勾销：领导一支笔签字，就完全可以把呆账坏账统统销毁掉。

一表人才：有一块像样的名表才能证明这个人的才能。

一举成功：全体与会代表一起举手后，大会获得了圆满成功。

一诺千金：一句承诺便能换来千两黄金。

一手遮天：单位的一把手往往就是单位遮掩的天。

一知半解：办法、技术、经验种种，一个人知道就行了，别四处炫耀。如果有人讨教，解答一半就行了。什么都不留，裁员你最先。

以身作则：以自身的行为作为众人行为的准则。

有机可乘：出门考察有飞机可以乘坐。

语重心长：（1）别人话讲的重了，心里怀恨很长时间。（2）长辈讲话语气是重了点，但心是好的，不批评你才是害你呢，你要长时间记住这份情。

知书达礼：仅知道书本里的知识是不够的，还要学会送礼。

知足常乐：知道有人请自己捏脚，于是常常感到快乐。

自力更生：靠自己的能力，再生一个。

其实，游戏里面乾坤大着呢。我们自己可以找来一本成语词典，试着别解一番，改用一下。实际上这既能测出自己的语言敏感程度、思维活跃程度，也能看出自己在幽默、诙谐方面的表现能力，还能折射出自己对生活的情趣。语言表达是功力（知识）、思维和情趣的结合。

二　打电话和接电话

2013 年 1 月 1 日，号称史上最严交规的《机动车驾驶证申领和使用规定》横空出世后开始执行。由于新交规“太突然，没有过渡”，有的新规定让老司机们都有些吃不消，因而引发诸多争议。在郭德纲主持的网络访谈类节目《以德服人》第 29 期（2013 年 1 月 10 日）上，央视主持人阿丘问了一句很有见地的话：“新交规制定和一点六亿的驾驶员商量过吗？”

在新交规的若干规定中，争议最大的就是“抢黄灯”扣 6 分。抢黄灯的后果跟闯红灯看齐了，真是伤不起呀。这且不说，还有一项关于行车过程中接打电话的规定：“驾驶机动车有拨打、接听手持电话等妨碍安全驾驶的行为的”，扣 2 分。

元月 1 日那天下午 3 点，央视记者来到天津最繁华路段之一的南京路采访，在两个多小时的拍摄过程中，一共有 7 名司机出现了驾车时接打电话的行为。下面是记者跟其中一位司机的对话（视频：http:// v.ku6.com / show / nYGMU-mTovQYeD4q3DxafA...html）：

记者：师傅，你知道，按照新的规定的话，现在开车接打电话是不允许的吗？

司机：知道知道。

记者：那怎么还打呢？

司机：这是接电话，不是打电话。

记者：那你接打电话不是一样吗？

司机：下回注意，下回注意。

司机在说“这是接电话，不是打电话”时，将“接”说得既重又长，显然是在强调；而且这个带有方音的“接”，听上去是低降调，网民转写成“介”。

此新闻一播出，网上就对司机乃至天津人民的娱乐精神大加赞赏。

那么，“接电话”算不算“打电话”呢？仔细想来，似乎又算又不算。

看新交规的规定，“驾驶机动车有拨打、接听手持电话等妨碍安全驾驶的行为的”，显然是将这两个动作区分开来的。因此，无论这个司机是“接电话”还是“打电话”，都要扣分。

然而，记者在采访时说“打电话”，似乎既包括“接电话”又包括“（拨）打电话”。司机当然知道记者的意思，否则就不会有后面的“下回注意”了。如果司机采取“合作原则”的话，就应该从这个语义关系出发来回答问题。然而，司机并不“合作”，而是明知故犯地采取了积极区分的差别化策略。该新闻的效应由此喷发。

其实，司机的话也并非没有根据，甚至还可以得到语言学家、权威工具书的支持。如《现代汉语词典》第 6 版（商务印书馆，2012）虽未给“打电话”立词目，但在“打”字头第 13 个义项下作为用例出现了：“放射；发出：～雷丨～炮丨～信号丨～电话。”（232 页）《现代汉语规范词典》第 2 版（外语教学与研究出版社、语文出版社，2010）也未立词目，在“打”字头第 2 个义项下的第 9 个分项作为用例出现了：“通过一定的装置发射或使发出：～枪丨～电话。”（236 页）显然，这两部词典的释义，似乎都将“接电话”排除在“打电话”之外的。如果天津司机拿出这两本词典指给记者看，谅必会使记者得出真的“不是一样”的结论来。

这种区分也是有现实基础的。如某人打来电话，妈妈让孩子去“接”电话，而不是去“打”电话。又如妈妈让孩子通过电话叫爸爸回家吃饭，孩子只能去“打”电话，而不能去“接”电话。只有在不需要区分、无法区分两者的场合，才能用“打电话”笼统地指拨打、接听中的任何一种行为。

由此可见，语言交际有一定的弹性，而这种弹性又有一定的区别度的制约。具体到词义来说，每个词的词义实际上都占据一定的空间，不同词的词义空间并非完全分割的，而是有分割，有交叠。语言交际有时需要精确化，有时又可以模糊化，两者都能达到准确到位的效果。交际的弹性就来自于词义空间关系的复杂性和使用策略的灵活性。这就使交际既能自然流畅，又能产生特定的修辞效果、语用效应。

由此可见，“打电话”和“接电话”现象并非个例，与之有异曲同工之妙的比比皆是，最著名的恐怕就是孔乙己先生的“窃书”和“偷书”之辨/辩了。孔先生由于处境落魄，因此这种语义区分带来的是奚落、哄笑。如果孔先生是个大学教授，在课堂上探讨“窃”和“偷”的语义关系，那将会使教室里“充满了快活的空气”。

三　从“克林顿”三用谈起

1998—1999年最具世界影响力而且又最能调动全世界人民胃口的事情就是克林顿先生与莱温斯基小姐的特殊关系大展示了。其中的每一个细节都为人们所关注，所乐道。克林顿开始千方百计想否认这种关系的存在（显然是得了便宜又卖乖），无奈敌不过火眼金睛的独立检察官斯塔尔，最终只得如实招供了，政坛得意情坛多少有些失意。克林顿的先诓骗后低头的表演过程极富戏剧色彩。这种影响力甚至在语言运用中也得到生动的折射。笔者这里提供三则剪报，它涉及语言使用的不少方面，材料难得，不忍卒弃，便拿来与大家共欣赏，并略加点说，或可窥见新潮语言使用之一斑。

【1】“很克林顿”　当有人恭维你时“说话很克林顿”，请不要高兴得太早，因为：“克林顿”=谎言。（《怪怪的流行语》，《服饰导报》2000年5月2日，转引自《读者》2000年第14期27页）

程度副词修饰名词近年来着实让人眼花缭乱，对这种用法的功过是非众说纷纭。瞧，名词“克林顿”这里便受到程度副词“很”的修饰了。语用中名词词义的衍化主要有两种形式，一种是有来龙去脉的扩散、引申、转化等，还有一种就是临时的描述性附加（程度副词修饰名词只是其中一个比较典型的例证）。前者大多是非专有名词，后者以专有名词为典型，非专有名词也很常见。这种描述性附加语义是社会语境赋予的内容，具有鲜明的时鲜色彩。专有名词受程度副词修饰时，基本上通过语义断取的方式提取专有名词的描述性语义特征，表面上是“很”直接修饰专有名词，其背景支持乃是“很”修饰名词的描述性语义特征。如这里，克林顿 = 善于说谎的人（引例中说“克林顿”= 谎言，不够准确），推导出：很克林顿 = 很善于说谎（的人）。“善于说谎”乃是“克林顿”通过社会背景附加其上的描述性语义特征。其实，“很雷锋”“太江南”“更可口可乐”等程度副词修饰专有名词以及“非常学术”“极其边缘”“很个性”等程度副词修饰抽象名词、“很市场”“太 286 了”“十分江湖郎中”等程度副词修饰具体名词，都有类似的生成机制。它们与“比雷锋还雷锋”“学术性”“市场化”在生成的深层理据上是相同的，都受到语义功能外化力的推动。掌握了这条生成机制，运用起来和理解起来就会妙趣横生，很新潮，很酷，简直太新人类了。回过头来细细玩味，其妙无穷。

【2】“少跟我克林顿” 克林顿绯闻案未了，由总统大名“Clinton（克林顿）”转义而成的一个新动词已在美国民间流行开来。据报道，该动词的释语为“讲合理而又详细的谎言”。比如你晚上下班时跟太太告假，说要陪客户吃饭、加班等等，火眼金睛的太太就可能回你一句：“你少跟我‘克林顿’。”意即：你别跟我玩克林顿那套真“假”的把戏！（张利军《克林顿及其它》，《北京青年报》1998 年 10 月 5 日第 2 版）

引例作者是这样分析的：“从语言学上讲，词汇作为语言单位，其出现离不开特定的社会生活背景，离不开概念完整、语义明确、使用方便等功能要求。的确，总统先生从初始矢口否认，一直到后来被迫当庭认错，所有的表现以目前的词汇来说委实不易形容。一个‘克林顿’，所有的含义尽在其中，其准确和精辟让人心领神会，这也正是该词得以热起来的关键所在。”这牵涉到语言使用中的一个比较根本性的问题，即语言表达中的空位问题。当要表达的内容在现实语言中没有相应的表达形式时，就出现了空位。空位对语言使用形成了拉力。弥补空位的办法主要有两种，一是新造，一是移用；弥补空位所产生的影响也有两种，一是临时性的，一是长期性的。它们相互作用便有四种情况，在语言表达中都各有其不可替代的价值。新造是从旧出新，移用是由此及彼。新造（如新词新语）虽比较容易引起关注，而移用实际表现得更为复杂。如这里“克林顿”便是临时性的移用，由名词移用作动词，由于特定的语用背景，它“概念完整、语义明确、使用方便”，且难以用其他表达形式替代，对交际没有任何阻碍。它还启示我们，语言要素不只是只有进入语言的内层才有价值，内层与外层的不同要素都在很好地为语言表达服务，各自显示出特定的交际价值，彼此无法替代。新显的外形要素最后凝定到语言内层中去的也许并不多，但随时随地都在为活跃语言表达、丰富语用情趣、提高语用水平服务。及时、有效地服务到位是语用表达对语言形式的基本要求。

【3】“克林炖莱温斯鸡” 克林顿与莱温斯基的绯闻被世界各大新闻媒体炒得沸沸扬扬。据说，不少国家的商家也利用这一“重大新闻”制造商业机会，促进了自己的商品销售。咱中国也冒出一个“东施效颦”的新闻。据报载，广西一家餐馆老板在店门口竖起一大幅广告，号称新开发出一道特色菜：“克林炖莱温斯鸡”，路人过此无不掩口而笑，也有好事者前去打听究竟，然而真正去品尝这道菜的人却很少。（阿碧《绯闻与商机》，《北京晚报》1998年11月23日第11版）

克林顿先生和莱温斯基小姐恐怕做一万零一个梦也想不到在汉字的国度会有如此的组合。对这家老板不必过于批评，也许他只想通过戏谑幽默的方式来制造轰动效应，表达社会情绪，以至仅为博君一笑呢。撇开这层，我们还是觉得颇有意思的。从“克林顿莱温斯基”到“克林炖莱温斯鸡”，经过了两步，首先对不能分解的人名音译词进行重新分析，分解成“克林+顿”和“莱温斯+基”，再通过巧妙的谐音替换成“克林＋炖”和“莱温斯＋鸡”，经组装便得到“克林炖莱温斯鸡”。可谓踏破铁鞋无觅处，得来全不费工夫。再联系当下对这一组合的语义理解跟“克－莱事件”的天然巧合，更是妙趣横生。这种语用方式表面上看偶然性很大，其实有很深层次的必然性。我们有多少实现了幽默诙谐的修辞表达而没有借助对原有语言单位进行重新分析呢？只不过有的是在语音上重新分析，有的是在字形上重新分析，有的是在语义上重新分析，有的是在结构上重新分析罢了。而且，有的是单纯从某一方面进行重新分析，有的则同时结合几个方面的重新分析来灵活表达。这都表现出语言的游戏功能，而这个餐馆老板则将语言的游戏功能放大了许多。

上面三则用法都比较摩登，几近现在的新人类的语言表达。尤其是最后一例，若出于“新青年”之口，则完全合情合理。这些都是“语言时尚”，都来自民间话语。这三种具体表达形式随着克林顿先生的卸任和“克－莱风波”的淡化正逐渐成为隔日黄花，但它们折射出的语言表达的魅力会随时通过其他具体表达形式复现出来。它们也只不过是某种信息表达的应时反映而已。语言表达的一次性有如吃快餐，快餐吃下去了变成了营养和能量，而快餐的制作方式依然存在，而且还会有新的制作方式出现。快餐的品种和人的口味也是在变化的。而且，此一时、此一地、此一境的快餐到了别一时、别一地、别一境也许就成了正餐；当然，也可能并不出现。这样想来，语言创造，就不只是大作家、大学问家的事了，民间作者比比皆是。不是说向人民群众学习语言吗？新时期的语言表达往往是民间在推动着语言生活向前走，其中自然有不够理想、需要改进的地方，但相当多的表达还是很有品位的。语言运用毕竟是一种全民的、现实的实践活动，语言中的一切都是在具体语用中逐渐呈现的，语言的形式决定于它的用途。民间话语对表达方式的探索、对语言成分的分析、对游戏功能的发挥都很深入，实际是在挖掘语言的潜质。民间话语的盛行，不仅仅因为主流话语的缺位，而是现在表达的主体分散了，表达的层次复杂了，表达的内容丰富了，表达的目的多样了，表达的渠道扩大了。一句话，语言表达更民间、更大众、更平民了，有了更多的“张大民”“张中民”“张小民”。民间话语不时让人有“请跟我来”的感觉，而且不怕“向我开炮”。什么是“后喻时代”，这就是其表现之一。我们在虚心学习的基础上如何引导、推动民间话语向更高品位发展，值得每个关心语言生活的人好好儿思索。

民间话语的极性表现是所谓的新人类语言。现在有不少青年自称新人类、新新人类、新……新人类，他们试图不但在行为上显示与传统的差异，在语言表达上也力求语言时装化。它们认为时尚已不足以表现了，只能追求另类的表现，以至不在圈内的人往往莫名惊诧。其实，对这类“怪怪的流行语”，我们不要惊诧，不妨先分析起来。如“新……新人类”这种运用递归的方式来取名就十分眼熟，而且学术界不也照样用“后后现代”这样的表达么？若从积极的方面看，没有活跃的思维，没有生活的情趣，想“怪”也不是那么容易的呢。我们已有的那些理论，恐怕不能充分解释时尚语言、另类语言和语言时尚、语言另类了。对此，我们不必急于指责，也不能无原则地褒扬。怎么办？不妨先重新问一句：语言的功能到底是什么？语言的性质又是什么？

下面用词条的形式摘抄几条“新人类”的别解词语以供欣赏：

柴可夫：经常用自行车接送女友的司机（斯基）。

蛋白质：笨蛋＋白痴＋神经质。

精英：神经的苍蝇。

偶像：令人作呕的形象。

气质：孩子气，神经质。

讨厌：讨人喜欢，百看不厌。

头疼：头头疼爱（职工给一把手娇宠的女性起的绰号）。

感觉上怪怪的。是不是有些《魔鬼词典》的风格？当然，它们大多还处于调侃的层次，构造方式也与《魔鬼词典》大不相同。只是，若想具备《魔鬼词典》的神韵，还得在功力上有所提高才行。

语义叠架原因论析*

提要 本文首先概括了语义叠架的基本类型，接着从语义发展的不平衡性、语言运用的多维性、语法功能的潜在影响等多个角度探讨叠架形式产生的原因，进而指出汉语的分析性是语义叠架形式大量存在的根本原因。文章还进一步指出，叠架形式在文字、词汇、语法、语义、修辞等领域都普遍存在。针对学界常将叠架形式视为不规范表达的现象，文章指出，语用价值原则应是判断语言现象规范与否的根本原则。文章同时指出，规范的现象和不规范的现象，都有其潜在的客观基础，不规范的表达有时也有它的语言学价值。

一 语义叠架类例

本文讨论的叠架形式基本上不涉及已趋固定化的结构，如"涉及到、以为是、诉诸于、来自于"之类，主要研究语言表达中广义的叠架形式，即词语组合中语义上重叠、交叉的现象，它们基本上属于临时组合性质的，即在这种叠架形式中搭配有一定的自由度，与用来叠架的成分在语法和语义上处于聚合关系的词语基本上能够相替换。这样的叠架形式在语言运用中更普遍、更丰富，而且具有能产性、重演性。由于这样的叠架形式复杂多样，以致我们无法也不应该在总体上做出截然的肯定或否定。但这并不否定有一个指导个例分析的总的原则，这就是对具体问题具体分析的辩证原则。为此，我们引进了层次性这个重要的概念。

* 本文原刊于《语言教学与研究》1998 年第 2 期。

语义叠架结构一般由两个部分组成，其中语义内涵涵盖或基本涵盖另一部分的成分，我们称之为本用部分，它往往是叠架结构的基本的、核心的部分；语义内涵被另一部分涵盖或基本涵盖的成分，我们称之为叠用部分，它往往是叠架结构中的附属的、强调的部分。如“凯旋归来”和“进一步贯彻”，“凯旋”和“贯彻”是本用部分，“归来”和“进一步”是叠用部分。为了论述的方便，这里先对本文所要分析的常见的临时组合式的叠架形式大体上分一下类。分类举例时基本上采用一些有影响的语言学论著中的批评用例，出处从略；行文分析中的例证全部取自现行书报杂志。

（一）A类

A_1 有人算了一笔账，特精装《二十四史》在成本上比普通书要高得多，像羊皮封面，书名烫金，用纸讲究，再加上印数有限，成本自然可观，但即使是这样，离16万元的定价之间的距离仍然非常悬殊。（《编号发行引来众说纷纭》，《文汇报》1996年4月4日）

A_2 在我们单位的同事中，从家到单位的距离远近相差悬殊。（《〈拿破仑法典〉颁布时》，《中国青年报》1997年4月14日）

A_3 飘雪有些心烦，由于梦烟的缘故，她并没有大胜凯旋的喜悦。（《首席》，《中篇小说选刊》1994年第2期）

A_4 陕西彩色显像管厂的工人同志们像欢迎久别重逢的亲人，凯旋归来的英雄那样。

（二）B类

B_1 1954年，在广岛县附近的加山又造亲眼目睹了原子弹爆炸的恐怖和灾难。

B_2 一名学生经常无故旷课，四门不及格只发给肄业证书，让其自谋职业。

（三）C类

C 通过了这些讲座，进一步提高了工人的技术水平。

（四）D 类

D 这才能看出新的问题，工作才能有新的起色。

（五）E 类

E_1 那是卑鄙的个人主义思想在作怪。

E_2 由于他及时阻止，大大减少了不必要的浪费。

（六）F 类

F 站在门口的是彭玥——这是唯一一个他无法与之争论的人。

其中，A 类最为常见也最为典型。这类叠架形式中，本用部分某个语素的语义比较冷僻，叠用部分的概念义与它完全重叠。B 类也很常见，与 A 类相仿但略有不同，本用部分的语义并不十分隐微，人们将其中某个语素义提取出来作为叠用部分来特别指出。C 类、D 类的叠用部分的含义都暗含在本用部分当中，一个是状中结构，一个是定中结构。E 类的叠用部分被认为是本用部分的一个特征。F 类叠用部分增加了本用部分所没有的量词。

二　语义发展的不平衡性

汉语的词汇由单音节为主发展到双音节为主，便形成了语素义和词义的重叠、交叉。各个语素义、语素中的义项、义项中的义素等各要素的发展都是不平衡的，它们通过内部调节而处于动态的平衡中。制约平衡的因素便是各个要素之间关系的变化。这样，就任何一个时期来看，都会有常见义和非常见义、易知义和生僻义等的差异，而且它们的关系仍然是变动的。口语色彩浓的语素，它的意义就相对显豁，而书面色彩浓的，它的意义就相对隐微。这样，从语义信息显隐的角度来看，词汇内部是有层次性的，既有大的方面如古语词和现代词、通用词和专业词与方言词、本语词和外来词这样的层次，每个层次内部仍然有不同的层次。具体到语素义，也有层次性。语素义的各个义项也有层次性，组成各义项的义素还有层次性。各层次随着系统的调节而调节内部的关系。徐通锵先生结合空间和时间的关系研究语言发展的不平衡性，在说明音位系统发展的不平衡性时，深刻地指出："音位系统的发展往往不是以音位为单位，而是以处于不同条件中的音位变体或区别特征为单位。"（徐通锵，1992：2）词汇系统也是如此。词汇系统的发展并不是以单个词为单位的，而是以每个词的义项为单位、以每个义项所包含的义素为单位。义项和义素发展的不平衡决定了词义系统的层次差异，这种差异在不同的系统中（如不同的方言系统之间）也有不同的表现。

由此可见，语素义的多层次性，就必然使某些语素义乃至词义渐渐"孤立"，进而成为"语义化石"，但它们仍然作为现实语言系统中的有机因素为人使用。从单音节到双音节，从文言到白话，从书面语到口语，便使很多语素以"语义化石"的形式保存在现代汉语词汇系统中。它们似乎与现实的系统不协调，但又确确实实存在于现实的系统中，这就使它们带有特定的历时色彩。从这里便可以看出语义磨损的过程。语义磨损基本上是与语义使用的频率相联系的。在具体的语言运用中，人们便试图通过其他方式来弥补因语义磨损而减弱或隐含的语义信息，使其成为显在的信息。

语义磨损实际上与语言的潜显有联系。一个语素义（或义素）磨损了，也就是该语素义（或义素）在交际中逐渐潜隐下去了，而其他的语素义（或义素）仍然是显在的，甚至从不够突出而变得更为显在。而且磨损的情况也有不同，有的语素义（或义素）很容易磨损，有的刚稳定下来甚至出现不久就开始磨损了；有的则很不容易，即便磨损也有一个相当长的过程，语言使用中有一个相当长的并用时期，尤其是该语素义（或义素）处于语义系统、语义场的制约、平衡中。从这个角度看，语素义（或义素）一旦在系统中有所孤立便加大了磨损的可能性。磨损是语义功能的潜隐过程的体现，语义发展的不平衡是语义潜隐的动力。

另一方面，由于语言系统是动态的，演变的不平衡性使语言在交际中的服务功能势必也呈动态发展。我们常说语言的发展、新词新语的出现等都是源于语言生活的需要，那么，在需要满足之前，便有一个动态的过程，即语言的服务并不能一次性到位，有一个时间差，有相对的滞后性。而且语言是为所有使用者服务的，即便语言服务整体上是到位的，是满足了语言运用的需要的，也未必对不同层次的使用对象都能到位，对同一对象的各个方面都能到位。对大语言学家的到位并不意味着对初涉文事者的到位，对凡夫俗子的到位也未必意味着对大语言学家的到位。关于这点，还未见有多少深入的探讨。语言的层次性，语言演变的层次性，语言使用者的层次性，多种因素交合在一起，更增加了语言使用的复杂性。语言服务功能的整体性和语言使用的个体性便构成了一个永远不能解决的问题，更不能希望毕其功于一役了。改造、变通往往与误用便在某个层次上相通了。

A 类的语义叠架便是语义演变的不平衡性、层次性导致语言服务到位程度呈现层次性，语义磨损只不过体现了这种演变的过程和结果罢了。而且，磨损的程度也有差异，这也影响着叠架形式的出现。比较 B 类，它的磨损程度便不及 A 类。从 A 类到 B 类体现了语义磨损的过程。其实每类内部对具体语言运用者而言也并非是同一层次的东西。语义叠架的形式中，有的词是其中的一个语素的意义较为显豁而另一个语素的意义比较隐微，如“殆尽”的“殆”、“罕见”的“罕”；人们的误用便在这个较为隐微的语素上，附加一个修饰语来表示相关的语义，如“差不多殆尽、完全殆尽”“极为罕见、有点罕见”。有的词的各个语素都比较冷僻，而人们对它的整体意思有一定的了解，便根据需要而变用，典型的例子如“悬殊”被用于“非常悬殊”和“相差悬殊”，“凯旋”被用于“胜利凯旋”和“凯旋归来”。甚至还有同时叠用两者的：

【1】世界上大多数国家制定的税收制度都对高收入者课以重税，收入越高，交税比例越大，以防止贫富差别过分悬殊。(《格氏税案》，《文汇报》1996 年 6 月 24 日)

【2】如果社会成员之间的收入差距过分悬殊，影响到社会的稳定时，政府的收入结构政策应侧重于缩小收入差距，增进平等。(《国家公务员考试全国统编教材·公共科目》224 页，国际文化出版公司，1995)

语义磨损在具体运用中并非必然要用语义叠架来弥补，而是同时还有其他原因在支配着。只有从语言运用的总体上看，语义磨损才是语义叠架的一个充分条件，而非必要条件。

三　语言运用的多维性

一个词语的意思是一个整体，常常不是内部各语素义的简单相加。它深刻地影响了人们掌握语词意义的方式。对语义的整体认知使人们在掌握语言中舍弃或者说忽视了一些只有分析才能更清楚地得知的东西。人们根据使用的场合特定需要使这些东西显示出来，如果语言使用者不能根据现实的语言系统的既成要素显示出来而又必须显示，则会通过其他显在方式来显示，如新创、重组、替换、添加等。汉语的语言运用更多地注意语义层面。因而，要想凸现语义的某个侧面，则在使用者看来，即便“辞费”也不为过。B 类比较明显地体现了这方面的特点。“亲眼目睹”想强调的是途径，“无故旷课”想强调的是原因，“久久伫立”想强调的是时间，“免费赠送”想强调的是方式。本用部分已经暗含叠用的语义，但在具体语境中难以揭示强调的内容，因为本用部分着眼点在动作本身，而叠用部分在需要的时候则将动作的典型特征揭示出来。E_1 更是由这方面的原因造成的。本用部分包含了叠用部分的特征、属性，然而，要想凸显，便来个叠床架屋。当然，这仅仅是问题的一个方面。

其次，语言表达时，根据接受对象的不同，时而凸现叠架的语义成分，时而不凸现。北京市西城区阜成门内大街与赵登禹路交接处有这样的两间商店：“亚当男屋”和“夏娃女屋”。其实，“亚当”和“夏娃”的性别是明确的，所以完全可以取名为“亚当屋、夏娃屋”或“亚当之屋、夏娃之屋”，既不减少语义信息，也不失店名之雅。但经营者考虑到大部分接受者（顾客）的了解、理解的层次，还是选择了叠架的表达形式，应该说是成功的；若对文化层次较高的人，则显然有点“画蛇添足”。接受者的不同层次往往决定了心中有受众的表达者的语言运用。这是应该提倡的，全社会的提高毕竟有一个过程；即便都有所提高也还有一个层次的问题。尤其是各种层次的受众杂合在一起时，语言表达对受众的趋向更见复杂了，只是趋向中要有提高的取向。表达者和接受者的作用是相互的、双向的。我们这里分析的许多叠架形式若换一个语境、换一个受众，就不必使用了。用与不用，都应该主要看它有没有特定的表达效果。

第三，不同的句式有不同的语用性质。A 类看似只是因为本用部分的语义太隐微所致，其实不然。我们再来补充两例：

【3】一般职工的收入与房价之间过于悬殊的比例是人们对买房缺乏热情的更主要的原因。(《话说商品房的价》,《光明日报》1996 年 3 月 25 日）

【4】目前一些建筑队伍的水平相差悬殊，同一建筑单位内部的队伍素质也存在很大差距，不乏滥竽充数其中。(《让滥竽难于充数》,《北京日报》1996 年 10 月 31 日）

上面两例中，当人们重在程度上的差别时，便用程度副词来修饰“悬殊”，而且这里的“过于”不宜删去，“职工的收入与房价之间”的差距不是一般意义上的“很大”，而是到了难以理解和接受的程度，所以在前面用上语义重复性的修饰语，突出、强调程度上的差异。当人们重在两者间的差别时，便用“悬殊”来说明“相差”。结合下半句来看，这里的“相差”也不宜删去。此外，还有更深的原因。上例重在修饰、描写，下例重在说明、叙述，这便体现了描写和叙述的不同功用。这两个叠架形式的使用便实现了各自的语用值，都难以用“相差很大”之类来替换。不同的句式有不同的使用场合，体现不同的语用价值。A_1 和 A_2 的区别，A_3 和 A_4 的区别，都是如此。我们还注意到，人们还不怎么用“很悬殊、悬殊得很”，或许是因为它们主要是程度上的客观陈述，而“非常悬殊、悬殊很大、过于悬殊”之类带有相当程度的主观色彩，而这正与强调程度相吻合。选取不同的程度副词体现了不同的语义取向。

第四，语言运用有时还要考虑内部结构、音节的协调等，亦即形式的和谐美。现代汉语的词语以双音节为基础，但它本身不容易显示程度、数量、范围、部位、类型上的不同，使用者有时也觉得单用一个词有点孤立，只有通过在其前后加上其他的词才能使表达变得稳实。这就势必通过多音节的组合来实现。句子内部语言组合上往往要照顾到音节的协调、韵律的和谐，有时甚至在意义的要求之上。我们发现，临时性的语义叠架中以四字语的形式最为普遍，如“极其惨重、大批屠杀、彻底根治、胜利凯旋、凯旋而归、丑恶秽行、久久伫立、免费赠送、白白虚度、重复再版、书刊杂志”之类，也许与汉语的四字语形式比较稳实而语义又大体充足有关。汉语词语发展基本上以四字格为极限，而叠架使用形成四字语也是与这方面的基础相关的。如“完美无缺、参差不齐、停滞不前、刚愎自用、忐忑不安、芸芸众生”都有语义叠架的痕迹，叠架后起到突出所指、加强语气、协调音律的作用，从语用心理上觉得表达的意思更充分、更鲜明、更稳实了。有的由于音节的协调而无法删除叠架的成分，只有前后有词才能成句。例如：

【5】叠用补语的叠现不易组织，故极为罕见。(《修辞通鉴》668 页，中国青年出版社，1991)

【6】每逢北京国安主场比赛之后，球迷们凯旋而归，尚未尽兴，手中的小喇叭此起彼伏，尖锐刺耳的嘈杂声使人不得不闭门关窗。(《球迷，请勿扰民》,《北京日报》1996 年 10 月 8 日)

后例要想保持既有的色彩，甚至连调换其他非叠架的说法都不容易。“凯旋”主要指出胜利归来这一动作的原因、情状和开始，而附之以“而归”则指出动作的趋向、过程。倘用“胜利凯旋”也不及“凯旋归来”。

第五，有的本用词虽然已经表示了程度，但程度之间有差异。通过叠架使用，我们发现，即便是达到极高的程度也还有程度上的差别，只要它没有达到顶点。如“悬殊、罕见、昂贵”之类，还是有程度的不同的。如 A_1，前面已有“高得多”，后面若不用“非常”，恐怕难以达意。有的还有变化上的先后，体现了过程，所以用修饰语将这种差异和先后揭示出来。C 类的“贯彻、提高、加深、突破”都是如此，可以说在它们之前用上“进一步”之类的修饰语比不用更能完足语义。D 类的“新的起色”并不因为有“旧的起色”在做比较，而是出现起色有阶段性，有个时间的不同，以前有过起色，现在又出现了起色，甚至以前无起色而现在为强调刚刚出现的起色。这是不矛盾的。

最后，具有某种属性的词语是否就不能再修饰本用词，什么情况下才可使用，值得考虑。有人著文批评“片面追求升学率”的说法，述及的原因就是“追求升学率”已经含有“片面性”，这恐怕还不仅仅是用具有某种属性的词语来修饰本用部分了，还牵涉到现实中对本用部分所包含的属性的分析和理解。我们还看到，E_1 显然比 E_2 等容易为人接受，是不是各种属性的内部之间也有一个层次的不同呢？而且我们如何对待词典解释中所标示的程度属性呢？如《现代汉语词典》对“恶劣、呵斥、喝彩”的解释分别是“很坏、大声斥责、大声叫好”，可是我们还是经常见到“十分恶劣、大声呵斥、高声喝彩”这样的表达且并不加以指责。

四　语法功能的潜在影响

有的语义叠架的深层次原因还在于语法形式间的潜在的影响。这从 E 类和 F 类的运用中鲜明地反映出来。

关于“卑鄙的个人主义思想、不必要的浪费、有益的贡献、不应有的严重干扰、不正的歪风、不幸的厄运”等，批评者一般认为这样用的前提是存在“高尚的个人主义思想、必要的浪费、无益的贡献、应该有的严重干扰、正当的歪风、幸运的厄运”，因此这样的修饰语是“不必要的”。可是，为什么有很多人喜欢这样用呢？他们并非不知道这种前提是不存在的。当然，用的人多、用的时间长并不就意味着规范，更不能以此作为规范的标准。规范的标准应该建立在语用值上，建立在能否无阻碍地实现了语言的交际功能上，这与用的人多、用的时间长是两回事。其实有些病句用的人是相当多的，用的时间是相当长的。但我们应该注意那些看似不合理的现象为什么用的人多，用的时间长。为此，我们这里只是想对这种现象做出语言学上的解释，以揭示这样用的某些语言学上的客观动力和支配作用。

我们认为，E 类和 D 类的叠架形式与汉语中“的”的不同性质有关，它显示了不同的结构关系。作为连接形容词性定语和名词性中心语的“的”有两种性质：一个是分类性的、限制性的，或者也可以看作是同位性的；一个是描写性的、修饰性的。这两种性质潜在地相互影响着。在“卑鄙的个人主义思想”和“不必要的浪费”中，当“的”表示分类性的关系用“卑鄙”和“不必要”对“个人主义思想”和“浪费”加以限制时，便暗含着“高尚”和“必要”的存在，这便是批评者的视点；当“的”表示描写性的关系而用“卑鄙”和“不必要”来修饰“个人主义思想”和“浪费”时，便指出了“个人主义思想”和“浪费”的性质，这便是使用者的视点。D 类也是如此。这就告诉我们，在语言使用中，具有同一语用场的语法关系有可能（只是“有可能”）相互影响，潜在的格式有可能干扰语用使用的明晰和语言理解的准确。我们在不削弱语义而又没有特殊表达需要的前提下，尽可能避免。

F 类“唯一一个”的叠架形式则受到了汉语语法的鲜明特点的支配。“个”只是一个比较通用的概括性大的量词，通常是“唯一一位、唯一一家、唯一一枚、唯一一台、唯一一次、唯一一趟”之类在量词上有区别的形式。有一本十来万字的作家评论集《众神的肖像》（作者季红真，人民文学出版社 1996 年出版），除去后附的每个作家的作品要目，正文大约只有六七万字。全书共有 10 处用到“唯一”，其中“唯一”用在数量词前的有 8 处（名量词 6 处，动量词 2 处），放在数量词之后的有 1 处，单用“唯一”的只有唯一的一处。可见作者更愿意将“唯一”和数量词搭配使用。这样使用正是为了体现量词的差异，反映出汉语量词的丰富性。又如：

【7】第二件是厂里的唯一的一辆高级轿车丢了。(《大厂》,《人民文学》1996年第1期)

【8】上海市最大的居住区中原住宅区中的开鲁小区最近获得了市住宅发展局颁发的今年全市唯一一张验收合格证书。(《环境似花园，居民乐陶陶》,《文汇报》1996年11月19日)

有的因为找不到合适的量词即使想补出量词也很困难。例如：

【9】亚洲人不是北美印第安人的唯一的祖先(标题,《光明日报》1997年4月17日)

另外，有的叠架形式还受到汉语已有范型的推动。其实，本文中论述的几类都潜在地受到了语言类推的影响。然而语言不是那种像代数式样的关系，并没有严格的对称性方阵。这样，无论是有意识的类推还是无意识的类推，都有可能类推到不能类推的地方去。通过描写而归纳出来的结构框架基本上只是语言形式高频率使用的概括。类推本身即是依靠语言系统的潜在的对称性的，由聚合关系而构成的同一语用场是类推的选择性条件，而同一语用场也是按层次分布的。这样，语言现实显现出来的就不是完全的对称。不对称的东西未必不符合语言规律，只要在某种情况下只能这样用，或这样用比其他表达方式更好，便是极其规范的。

五 根本原因——汉语的分析性

上文从三个方面分析了语义叠架的主要原因，实际上它们都有一个根本性的动力，即汉语是分析型的孤立语。分析和综合、孤立和屈折本来是从语法的形态方面的分类，但它们影响到语义表达的方式。汉语作为分析型的孤立语，其词法和句法主要是通过语序和辅助词来实现语义组合的。语用者在表达时如果想突出程度、数量，显示方式、性质，强调差异等，比较倾向的选择便是通过分析型的组合来体现。也即汉语的分析性既是人们使用的结果，也深刻地影响到人们的运用。人创造了语言，也被语言创造着。这从汉语的叠架组合中更多地表现为偏正式也就可见一斑。语义系统的演变、语法关系的渐趋明晰、语音系统的简化、语言运用的大众化使汉语的分析性特点更加突出。靠词语组合来实现语义上对程度、数量等的强调比靠词本身来体现更明晰、更符合汉语本身大的方面的特点，而这必然在某些时候与词本身所负载的语义信息重叠，在增加、揭示语义信息数量的同时，也容易使语义信息出现羡余。这还可以从另一个角度比较中看出。“雪白”之类的词是通过内部形式来显示程度的，人们虽然有时会出现“十分雪白”之类的误用，但它的可能性远比“非常悬殊”之类要少得多，而且很容易被人指出，正确的表达也容易被使用者接受，再次出现误用的情况就少了。再者，“十分雪白”的用法层次比较低 ，而“非常悬殊”的用法在各个层次都能看到。从这里可进一步地看出汉语语序在语言表达中的重要地位，它的影响是深层次的，渗透在各个方面的。从 A 类到 E 类的叠架的出现都能在这里找到潜在的原因。汉语语序的重要性也使量词的使用成为一个显著的特色。汉语量词极其丰富，而且临时性地借用名词作量词也极其方便。这就是“唯一一个”价值的客观基础。量词的运用实际上是在给被计量的名词贴标签，不是数的标签，而是质的标签。

胡裕树先生主编的《现代汉语》概括了现代汉语语法的三个主要特点：一是“在汉语结构中词序的安排具有重大的作用”；二是“别的一些语言中用形态变化的语法手段表示出来的意义，在汉语中常常要用一些词语来表示”；三是“量词丰富”。（胡裕树主编，1983：19—20）归根到底，从不同的角度体现了汉语分析型的孤立语的特点，而这必然支配着人们对语言的使用。所以，我们在支配语言的同时，语言也在支配着我们。这便是自由和必然的关系。语义叠架正是在这种双重支配下出现的。与其全部说成是词汇问题，倒不如更大程度上说成语法问题、语用问题。反过来，它不正鲜明地体现了汉语的本质吗？

六　叠架形式的普遍性和对语义叠架规范的思考

我们说汉语的分析性是大量的语义叠架形式存在的根本原因，并不意味着这是唯一的原因。还必须进行进一步的分析。我们这里承认并分析了某些语义叠架形式的客观基础，但这并不就意味着我们承认所有的语义叠架使用都是规范的。我们只是想说，规范也好，不规范也好，多有其潜在的客观的基础，不规范的表达有时也有它的语言学价值。我们不要轻易放弃认识语言的不同角度，哪怕它是暗含的，而且它对我们更好地指导语言运用、语言教学大有帮助，对我们更全面地认识语言的全貌大有帮助。

叠架形式是普遍存在的，文字、词汇、语法、语义、修辞等都有叠架的痕迹。这里各举其例。字形叠架方面，如“莫”本来就是日没草中，暮也。后来由于文字系统的发展，“莫”的本义磨损了，于是在下面再加上“日”来指示它的语义范围，这样“暮”最终代替了“莫”的本义。许多古今字、分别字都有语义叠架的影子，如“然”和“燃”，“要”和“腰”、“昏”和“婚”。词汇叠架方面，同义语素组合成词、同义词组合成短语，是比较常见的，有人对此做了较为详细的分析。（戴昭铭，1996）语法叠架方面，如“全体同学们、诸位先生们”，有人认为这种用法是不规范的，我们倒更愿意接受这样的分析：“‘们’表示的是集合量、模糊量，‘数·量·名’表示的是累计量、确切量。这两种表达法不可混淆使用。但如果名词前所带数量词是不确定量或指论群体的，允许加‘们’，因为这时表达的意义不在于确切计量而在于统括论群。”（陈光磊，1994：204）修辞叠架方面，如对偶一般是反对合掌的，视为病对，但我们很熟悉的“蝉噪林愈静，鸟鸣山更幽”却被视为佳对。可以说，特定的需要将使语言叠架永远不可避免。而以偏正结构为主的分析型叠架在汉语中的作用是由汉语本身的特点决定的，并不仅仅是语言使用者的错误使用。

那么，我们如何对待这些叠架形式呢？如果能找到一个放之各类而皆准的标准当然很好，可惜我们还没有找到这样的标准。我们赞成具体问题要具体分析，即用有没有特定的表达效果、语用值有多大来作为衡量的标准。这才是规范语言叠架形式的根本的原则。不同的叠架形式的语用价值是不等的，是多种原因的交合。关于经济性原则，要辩证地对待，我们不能只是以文字上是否简省来决定语言运用的经济与否。多了几个字但是免去了理解的困难，这是大处着眼的节省、经济。它还是合乎经济原则的。文言在用字遣词上相对简省，但它在理解上和普及上却并不经济，而现在更关注后者。有的词文言色彩很重，理解起来相对困难，这自然削弱了它达意的经济。有的词本身的某方面的含义不够显豁，不易为一般读者理解、使用，自然也影响了它达意的经济。于是，人们就通过叠架或其他形式来弥补。这就是说：叠架形式在通常并非必要条件，而是一种语用表达的充分条件，关键在于语用值。这是正确对待叠架形式的基本认识。我们既要看叠架形式总的方面有无特殊的表达效果，又要看到具体的叠架使用有无特定的作用。有时同一叠架形式，在此处是规范的，而在彼处未必规范。有的叠架是因为下位层次的原因造成的，在上位层次上便不规范了，如下面的叠架就是误用：

【10】申城出现四百户“爱心家庭”，万名莘莘学子送温暖上门（标题，《文汇报》1996 年 11 月 2 日）

【11】巧得很，他正入神地读着我的拙作呢。(《笔缘》,《北京日报》1997 年 3 月 25 日）

【12】雷辛初涉文坛，第一部处女作就是这样一部意味深长的长篇巨制，不能不令人刮目相看。(《游子的真情》,《人民日报》海外版 1996 年 9 月 23 日）

第一例将表示众多义的“莘莘”按常用的与“学子”搭配的语义理解为勤奋、刻苦之类了，这是误置，也无现实同一性；第二例的“拙作”从不用到其他语境中，除非理解成拙劣的作品（应该说有此可能），含有贬义，而不带有任何谦虚的含义了，这便不适用此处表达的需要了；第三例的“处女作”的含义成系列化，而且并未孤立化。这就要求我们要采取刚柔相济的原则，根据有无特定的表达需要而采取弹性标准。一提起弹性标准，有人便觉得是放弃了自己的原则，其实这是尊重语言、尊重语言生活、尊重辩证法的体现。一刀切使我们在语言规范中失去了人心、忽视了许多值得注意的现象。对具体的叠架使用，要看有没有特定的含义，能不能删除或替换，删除或替换后是否顺畅，删除或替换前后有没有差别，在语义、音律等方面有没有损失。如果删除不删除、替换不替换没有什么差别，或者不易删除或替换，删除或替换了不一定好，或者目前的表达不一定最好，但还没有更合适的，我们就认为它是规范的，适应语言表达的需要的。

规范是有层次的，在规范和不规范之间有几个层次。规范、比较规范、不大规范、不规范是几个层次，虽然我们无法做到量化的评判，但对大多数语言现象大体上还是有一个基本一致的看法的。我们对传统的病句要有一个审慎的态度，要将大量的语言现象从病句里解放出来，而且对某些通常认为是“病句”而又体现了鲜明的类的特点的现象要进行细致的分析，也许里面有更深的原因在起着支配作用，它揭示了语言发展的某种趋势。很多“病句”的客观基础很深。规范的表达一样有其内在的系统，有不同的层次。总之，层次性是在分析语义叠架现象，进而分析语言规范中必须考虑的重要原则。

参考文献

陈光磊（1994）《汉语词法论》，上海：学林出版社。

戴昭铭（1996）叠架形式和语言规范，《语言文字应用》第2期。

胡裕树主编（1983）《现代汉语》，上海：上海教育出版社。

季红真（1996）《众神的肖像》，北京：人民文学出版社。

徐通锵（1992）《徐通锵自选集》，郑州：河南教育出版社。

“悬殊”用法的描写和分析*

提要 本文系统描写了有关“悬殊”一词的各种用法，主要包括各种叠架表达形式，如“相差悬殊、差异悬殊；太悬殊、最悬殊、较悬殊；差距太悬殊；悬殊很大、太大的悬殊”等，在此基础上探讨了“悬殊”语义结构中各类不同性质的语义成分在叠架形式构造过程中的显隐情况，并简要论及了各类叠架形式出现的可能性。

“悬殊”一词中，“悬”的意思是“（距离）远”“（差别）大”，“殊”的意思是“不同”“差异”。《现代汉语词典》释“悬殊”为“相差很远”，《辞源》释为“差别很大”，《辞海》释为“相差极大”。除了措辞上的变化外，三部权威工具书的释义可以说是相同的。根据这样的释义，“悬殊”的义项由3个义素（这里指对语义结构进行切分后的构成部分，义项与义素的关系相当于词语和语素的关系）组成：相差（或差别、差距之类）+很（或极、过分之类）+大（或远之类）。然而笔者经常看到“相差悬殊”“差异悬殊”和“悬殊很大”“过于悬殊”之类的表达，有时在同一篇文章中出现。例如：

【1】来自远方的移民所带来的语言往往与当地语言差异悬殊，有时是属于不同方言区，有时则是属于不同语言。（《语言与文化论丛》第一辑59页，华语教学出版社，1997）

【2】如果双方的势力过于悬殊，弱势语的使用者在经过双语阶段后，往往不得不采取完全改用强势语的办法。（同上，58页）

是作者不懂“悬殊”的含义吗？看来不是。那么，是作者疏忽了吗？恐怕

* 本文原刊于《学术交流》1999年第6期。

也不是。近年来，有不少人在论证“悬殊”“凯旋”（胜利凯旋、凯旋归来）之类叠架使用的合理性，试图从语义信息、音节韵律、结构弹性、语用环境等多个方面为这种表达讨个说法。笔者也曾引进层次性的概念对此加以分析。随着收集到的材料的增加，笔者注意到了一个有趣的现象，即对“悬殊”的变异使用实际是将“悬殊”的3个义素进行多重组合；而且，这样的组合形成了一个较为严密的系统，使“悬殊”的多种用法综合起来变成矩阵形式呈现在我们面前。

一

我们将下面的格式称为A式。在这个格式里，3个义素都包含在“悬殊”本身，使用时没有叠架的形式。由于大家都认为这样的用法是正常的、正确的，因而我们将它作为基本式，其他都作为变式。A式的例子很多，仅以词典中的例证为例：

【3】众寡悬殊｜贫富悬殊｜敌我力量悬殊。（《现代汉语词典》修订版，1996）

【4】地位的悬殊并没有影响他们成为好朋友。（冯志纯、周行健主编《新编汉语多功能词典》，国际文化出版公司，1989）

再来看下面的一些例子，我们将它作为B式：

【5】在释义方面，字数相差悬殊的情况太严重了。（《从两本传统语言学词典谈起》，《辞书研究》1997年第1期）

【6】如果岁数相当，婚后多年，可以称“老张”、“老李”；如果岁数不相当，甚至相差悬殊，婚后多半称“老张”、“小李”。（《语言文化社会新探》27页，上海教育出版社，1989）

【7】【云泥之别】相差像天空的云和地下的泥。比喻高低差别悬殊。（《现代汉语词典》修订版，1996）

【8】对于部分社会成员之间收入差别悬殊问题，要采取正确政策，保护合法收入，取缔非法收入，调节过高收入。（《中共中央关于制定国民经济和社会发展“九五”计划和2010年远景目标的建议》）

在“相差悬殊”“差异（差别）悬殊”中，“悬殊”的整体意义就是“悬”，“殊”的意义潜隐了。“悬殊”成了偏义复词，3个义素中，“相差（差别）”这个义素直接显现在词的序列中，所以，“悬殊”实际只包含了2个义素：很+大。

那么，有没有这样的C式，“大”这个义素直接呈现在词序中，而其他2个义素包含在“悬殊”里呢？目前还没有发现这样的例子。其实，此时我们再来看看各个义素所代表的性质，也许能从中找到某种原因。“悬殊”的3个义素中，“相差（或差别）”是动词性义素（或名词性义素），“很”是副词性义素，“大（或远）”是形容词性义素。正如在现代汉语中副词一般不与无描述性特征的动词和名词搭配，副词性义素一般也不与动词性义素和名词性义素结合使用。就是说，“很相差”“很差别”这样的C式语义一般是不会出现的。将义素也按句法功能分为名词性义素、动词性义素、形容词性义素、副词性义素，并非为了标新立异，而是打开了一道我们认识语义义素构成的门。由此我们知道，语义对义素的组合也有选择性。上面的C式虽然没有出现，但我们仍将其标记为C式，这是为了在分析系统中定位的方便，我们当然也可以将其看成一种潜在的格式。

二

上面的3个格式有共同点，即“很”这个义素都没有直接显现在词的序列中，而是包含在“悬殊”的含义里。这是第一组。那么，当“很”这个义素以“太”“过分”之类词的形式显现在词的序列中时，又会出现怎样的情况呢？这也有3种格式，构成第二组。我们先看下面的D式：

【9】他当时的处境无法实现报复，双方的地位太悬殊了，只能做报复的准备。(《索尔仁尼琴诽谤肖洛霍夫》,《博览群书》1996 年第 11 期)

【10】如果利润过分悬殊，资本就会流动，从利润较微薄的部门流向利润较丰厚的部门。(《骗子都怕经济学》,《文汇报》1996 年 11 月 26 日)

【11】照目前的情况来看，双方力量对比极为悬殊，一旦动起武来，伊拉克不要说无还手之力，连招架之功都欠缺。(《萨达姆以退为进》,《文汇报》1998 年 2 月 23 日)

在 D 式中，“大”和“差别（相差）”2 个义素包含在“悬殊”中，只通过词的序列显现“很（过分）”义。还有这样的例子：

【12】1 : 9。中国职业联赛四年来进球最多，比分最悬殊的记录。(《申花兵败如山倒》,《文汇报》1997 年 7 月 12 日)

【13】北京队以少有的 18 比 1 的大比分把东道主上海队打得没了脾气，提前在第 6 局让出金杯，这也是全运会冠亚军之战历史上实力最悬殊的一场比赛。(《启蒙造势开发棒球》,《中国青年报》1997 年 10 月 21 日)

副词性义素“很”变成表示极端义的“最”的形式，当然还是 D 式。下面一例也可看成 D 式：

【14】如果她们自己的家庭门第较悬殊地高出于她们的夫君们的家庭门第，则她们在“小家庭”中的地位形同女王。(《1997，中国社会各阶层分析》,《钟山》1997 年第 6 期)

这里副词性义素“很”变成表示相对程度的“比较”的形式。从“较”到“很”到“最”体现了程度的变化。这也许暗示我们，“很”义也许可以看成非“悬殊”所本有的（后文见有所述及）。

下面的例子里“差别（相差）”义与“很（过分）”义一样也通过词的序列显现出来，“悬殊”只包含了“大”义。这是 E 式：

【15】如果社会成员之间的收入差距过分悬殊，影响到社会的稳定时，政府的收入结构政策应侧重于缩小收入差距，增进平等。(《国家公务员考

试全国统编教材·公共科目》224页，国际文化出版公司，1995）

【16】两年后，这对世界上身高相差最悬殊的夫妻的爱情结出了硕果，一个健康漂亮的儿子——丹尼尔诞生了。(《身高悬殊的夫妻》,《中国青年报》1997年4月28日）

【17】位于不同组织、器官和相同组织、器官的同一类基因族成员，为什么分子进化速度相差如此悬殊呢？（《生物进化与人类进化的比较》103页，上海社会科学院出版社，1997）

F式是“太（过分）”义同“大”义一道出现在词的序列中，“悬殊”只留下“差别（相差）”义。例如：

【18】现在的稿酬，一是作者与作者悬殊很大，二是报刊与报刊悬殊很大。高稿酬报刊上名作家的作品与低稿酬报刊上的自由来稿相比，悬殊极大。(《类比不当》,《文汇报》1998年4月2日）

【19】某记者采访博士时问道:“您现在和妻子悬殊这么大，竟然没有和她分手，你怎么想的？”博士答:“我什么都没想。”(《正常与不正常》,《中国青年报》1997年10月24日）

【20】《私人生活》名为长篇，其实和陈染1990年发表的中篇《角色累赘》相比，字数上并无太大的悬殊。(《陈染：走不出惯性》,《中华读书报》1996年10月9日）

形如第【14】例，下面的一例可以归入F式：

【21】情感纠葛我们能够理解，毕竟你和丈夫年龄上有较大的悬殊。(《对门·对面》,《小说月报》1998年6月）

其实F式应该还有“最大的悬殊”这样的例子；同样，E式应该有“相差最悬殊”“相差较悬殊”这样的例子。只是笔者目前还没有遇到它们，但这并不否认它们出现的可能。从词语搭配和语义组合的可能性来讲，它们是完全存在的，甚至或许已经出现。这不同于C式（它是从词语搭配和语义组合、语义理解的规律方面受到了制约而难以甚至无法显现）。

三

上面将“悬殊”的 3 个义素的自身包含和通过词的序列显现的情况分成了 2 组 6 式。那么，是不是有遗漏的呢？按说，“悬殊”有 3 个义素，按照数列的组合方式，当我们同时取 3 个时（就是说“悬殊”在使用时 3 个义素同时包含其中而不通过词的序列来显现）、选取其中的 2 个时、只取其中的 1 个时，未取的义素都通过词的序列体现出来，则它们的格式数量分别是 C_3^3、C_3^2、C_3^1，总和 $= C_3^3 + C_3^2 + C_3^1 = 1+3+3=7$。为什么会少一个格式呢？原来，只取其中的 1 个义素时应该有 3 次，我们必然会有一次只取了“悬殊”的“很”义，这是不合乎人们对“悬殊”义的理解的，人们总是多少将“悬殊”理解为一个有实义的词，而非仅仅当作表示程度义的词，即难以出现“差别悬殊大”“距离悬殊远”这样的表达（如果有，哪怕是误用，也是值得重视的）。所以，根据实际，只取其中的 1 个时应该排斥只取“很”义素的 1 式，即 $C_3^1 -1=2$。这样一共就是 6 式。这 6 式中，5 个变式都可以看成是由基本式 A 式变化产生的。我们可以将上面的 6 式列成一个表格，以便更清楚地看出它们之间的联系（举例以与“力量”的搭配为例，括号内的词表示在句子里通过词的序列“显”出的“悬殊”原来“含”着的义素）：

组别	类别	程度副词性义素	形容词性义素	名或动词性义素	悬殊内包含的义素的组合	释义	举例
第一组	A	含	含	含	名或动 + 副 + 形	相差很大	力量悬殊
	B	含	含	显	副 + 形	很大	力量（相差）悬殊
	C	含	显	含	副 + 名或动	很差别、很相差	（无例）
第二组	D	显	含	含	形 + 名或动	相差大	力量（太或最或较）悬殊
	E	显	含	显	形	大	力量（相差）（太）悬殊
	F	显	显	含	名或动	差别、相差	力量悬殊（很或较）（大）

表中的释义是指“悬殊”在具体使用场合所体现的意义，由此我们可以看出，人们对“悬殊”意义的理解是在3个义素之间进行组合的。自身若没有内含某个义素，则通过语境将它显现出来。表中A、B、C这3式构成的第一组和D、E、F这3式构成的第二组在程度副词“很”的内含和显现上构成对立，也即前3式的“很”义若通过语境显现出来就分别变成后3式；反之，第二组3式的“很”义若不显现而暗含在“悬殊”中就会分别变成第一组的3式。这里对应性很强。每组都是在“相差（差距）”和“大”中选择两者或其一。如果我们认为这些用法都是合理的，那么，将这些用法体现在词典的释义中，将会在“悬殊”下出现5个义项（C式除外）。这却是大家难以接受的。

四

上表中“很”这一义素总是能在语言环境或词语内含本身体现出来。那么，有没有不显现或者说没有内含“很”义的情况呢？也即D、E、F式的“很”义也不在语境中显现，“悬殊”的义素中只有“相差（差距）”和“大”2个义素。这使我们想起了《新华词典》（商务印书馆，1981）的释义：“【悬殊】相差远，区别大。”如果我们认可这样的释义，那么我们以前的一些看法就得改变，如至少D式就不会当作病句了，而且这类用法是各类用法中出现频率较多的。同时对其他类的分析会简化不少。而且，从另一个角度看，D、E、F式这组“很”义的显现实际也可当作句子临时组合而出现的，与“悬殊”只是组合关系，而不是“悬殊”在使用时本身所要求的，即不是“悬殊”本有的义素。在词的序列中外在的“显”可以看成客观上“悬殊”自身内在的“无”，而不是由于使用“悬殊”时叠床架屋造成的。这时的“力量悬殊”就是“力量相差大”，而不是“力量相差很大”。那么是《现代汉语词典》等辞书释义的失误还是《新华词典》释义的失误呢？我们可暂不去追问，而是从中发现了有助于我们理解词语使用中语义的显现和内含的关系。这对我们解释词语运用和失误有很大帮助，更有助于我们认识词义的演变轨迹。“悬殊”的语义还没有演变，但我们从“悬殊”的共时性使用中不能看到其他词语在历时性使用中的流动变化吗？使用中形成的如此整齐的矩阵排列，即便其中有错误，也使我们惊奇地发现它们放在一起来看时就变成“美丽的错误”。变异使用或曰误用也是有很强的逻辑性和系统性的。错误也是一种待显的状态。语言和语言使用在不经意间显示了它的无穷的魅力，语言有美之所在，语用是美之所现。

本文在描写中采取了演绎的方式。我们认为，归纳法仍是描写的前提方法，但如何使归纳的内容系统化、规律化，就必须借助演绎法了。我们不必扬此抑彼。然而，有时在归纳式的描写之前按照某种前提进行演绎，或许能预见某种结果，使我们的描写有明确的方向性。有时演绎能发现归纳法容易忽视的地方，演绎对揭示潜在的语言现象并解释这种现象具有不可替代的作用。语言系统有现实的部分，也有可能的部分，只有两部分结合起来研究才能发现语言的全息统一。对语言，要想“掀起你的盖头来，让我看看你的脸”，必须在描写的同时借助演绎。从“悬殊”的使用，我们可以看到人们使用时对语义的义素的选择性和语义组合对义素的选择性。这也告诉我们，语义从根本上说就是一种关系，由语言中的语义到言语中的语义（当然包含变异使用和误用），实际就是一种关系的调整和重组。从这个角度来看规范，会给我们打开思路，会增加我们的说服力。描写不应该回避规范，而演绎可以发现不规范的原因和不规范现象给我们带来的启示。

实际上，“悬殊”的用法比上面的描写还要复杂。若对“悬殊”中副词性义素进行细致的划分，则“最悬殊”和“较悬殊”可不归入D式，“较大的悬殊”（还有未遇到的“最大的悬殊”）可不归入F式，还未遇到的“相差最悬殊”“相差较悬殊”也不必归入E式，让它们自成一组，在程度副词性义素上构成对立。这里再增加一例，此句中的“悬殊”实际只能表示“差距”的意思了，它似乎与F式相似却没有“大”的义素。如果我们将F式的显现的义素都不看作“悬殊”本身所具有的，那么，它们就可以合并了为一式了，这实际上又改变了义素“大”的性质，从而对 D、E、F 这一组的性质有些改变了，并与 A、B、C 这一组形成新的对立关系：

【22】只是由于交战双方实力上略有悬殊，这场战争显得不那么激烈。（《血战》，《中国青年报》1995 年 10 月 9 日）

最近还收集到这样的一例，“悬殊”似乎只宜理解成“相差”的意思，却还有“很”“大”的内涵在里面：

【23】若以东亚的日、韩两队与之作比较，则以零胜，净失 10 球和场均得 0.16 分的惨相，胜率悬殊 66 倍，每场积分相差 13.5 倍。（《复活的差不多》，《文汇报》1998 年 7 月 22 日）

后　记

奉献在大家面前的，是我这十数年间关于词汇和语义探索的部分论文的合集《词义结构和词语调节的认知研究》，也是我的第一本论文集。为此，我想写一篇“浩荡”的后记，以记下我的所行和所思、所感。

一

首先想对书名中的“认知”两个字做点简单说明。关于语言学中“认知”的内涵，主要有两种理解：一是基于认知科学视野的“认知”(认知即计算)，主要关注语言结构的信息加工和计算，如自然语言处理、心理语言学中的“认知”；一是基于体验哲学视野的“认知”(体验则认知)，主要关注经验世界的感知和范畴化，如认知语义学中的“认知”。当下方兴未艾的认知语言学以后者为基础，但也有将两者结合起来进行广义的“认知”理解。其实，这两种认知在本质上都是相通的，都是基于人脑认识事物、获取知识的行为和能力，研究的核心都是人类认识活动的运作机制。

语言的生成是人类认知的产物，语言的变化以认知调节为基础。对这种“认知”的认知，则可以从不同的角度来考察，这种思路本身是合乎“认知”的本质的。我们基于词汇系统和语义结构的状态和变化的研究，便是这种基于广义认知的探索。也就是说，我们试图将上述两种认知理念结合起来理解语言系统，但在考察的具体内容上有所侧重：在理解认知基础时侧重体验性认知，在理解构造机制时侧重计算性认知。这并非两者的糅合，而是理论的“现象偏向”使然。前者重视概念结构形成过程的理据性，后者则是对这种理据的结构化过程和方式做出精细的分析。因此，我们在考察词汇语义学时，采取的是“认知可计算主义＋认知体验性”的综合策略。基于这样的研究理念，笔者在进行词义分析时，首先将词义看作一个完形结构体，然后通过还原的策略分析出词义结构的组成成分及其关系，最后又通过综合的策略将这种成分和关系整合成一个结构体。这样的研究路径，基本上就是我在研究语法时所实践的精致还原主义（换个角度说也叫精致整体主义）方法论原则：立足整体，重视还原，不唯还原，强化多重界面互动的整合机制分析。基于笔者对现代科学发展史和科学哲学认识论的理解，我们认为，不还原，则无计算；无整体，则失认知。需要说明的是，应从现代还原论的观念来认识现代科学意义上的还原，而不是仍然抱着古典还原论（即认为整体等于部分之和）来理解复杂性系统论中的科学还原。现代还原论，既要还原出系统、结构的组成成分，更要还原出相关组成成分之间的关系（即成分之间互动的机制）。精致还原的目标是更好地认识整体的结构和功能。当然，还原只是分析的一种必要的策略，并非唯一的策略。

这本论文集按主体内容大体分为两部分，上编为“词义结构和语义空间研究”，下编为“词语调节和语义用变研究”。上编侧重词汇（不限于此）语义结构的成分（如语义单位、语义特征）及其关系的考察，注重语义空间的认知加工分析；下编侧重词汇系统的调节和变异，注重词形和词义在交际调节过程中的时空特征。当然，这只是大致的区分，实际上两部分的视角和内容有交叉。尤其是关于语义成分的结构化、语义空间的动态性和词语调节的动因与机制等的描写和解释，贯穿全部文章。在词汇语义学研究中，我们不但关注辞书中收列的词语及其释义，尤其关注现实交际中的词语使用及其变动的方式、过程和机制。著名哲学家蒯因（Willard Van Orman Quine）指出：“意义即用法。”这在分析词汇系统和词义关系时尤其具有指导意义，也从根本上符合索绪尔结构主义思想的基本原则——系统性原则（即语言系统决定了系统中成分之间的关系，成分之间的关系决定具体成分在系统中的价值，简言之：系统决定关系，关系决定价值）以及区别性原则（也叫差异性原则，即语言单位的性质决定于它跟语言系统中其他单位的区别，差异是存在的理据）。

二

我接触词汇语义的研究，与很多因素有关。虽然成果不丰，但历程颇长。

首先得益于我的硕士生导师于根元先生的严格教导。记得 1993 年 5 月我从安徽师范大学赴京参加中国社会科学院语言文字应用研究所硕士研究生招生面试时，于根元先生拿来了一张当天的《人民日报》，让我从上面找出 10 个新词新语。先生没有限定时间，但我费了好大的劲儿，也只找出了几个（大概五六个吧），而且还拿不准算不算。说真的，当时对何谓新词新语，只有《现代汉语》教材上的一点知识，实际上并不是太了解，惭愧得很。但这也成了我与新词新语新用法结缘的重要动力。后来师从于先生读硕士后，于先生和他的团队（周洪波先生、刘一玲先生、郭龙生先生等）关于新词新语的论著成了我学习的基础。那段时间及前后数年，也是于先生这个团队编写新词新语系列词典的重要阶段。观察新词新语形式和意义的出现和变化，跟单纯地基于辞书来研究词形和词义，是有很大的差别的。在当时的学术背景下，无论是研究观念还是分析方法，都需要有很大的创新。而且于先生团队特别强调“新词新语的预测”，这是一种全新的认识（这种预测观对我后来做语法研究也很有影响）。于先生特别强调，判断任何语言现象的价值，都要从“交际值”这个角度来考察。可以这么说，我从于先生那儿学到的最关键的思想，就是“交际值理论”。这种思想不仅对我做应用语言学尤其是规范语言学研究有根本的指导作用，而且对我后来做语法研究、二语习得和教学研究，以及进行语言学理论思考，都有深远影响。这期间，我还在于先生指导和周洪波先生帮助下，作为两位撰稿人之一编写过一本词典《学生多功能词典》（于根元主编，中国青年出版社，

1996年版，75.9万字）。这次辞书的编撰工作几乎占了我硕士生阶段的一半时间，而且所有词条都是一笔一画码字而成的，仅资料收集就做了几大卡片盒。可以说，对辞书的认知体验非常深刻。

1996年硕士毕业后，我到华语教学出版社（外文出版社的副牌）工作。当时整个出版社中文编辑只有我一个是语言学专业硕士出身，而且又较为系统地学习过词汇学知识，加上有过一点辞书编写的经验，于是出版社里很多有关词典编辑的工作就让我来负责。为了使自己对词典释义模式有个更为系统的了解，我除了学习相关词汇学、语义学理论外，还做了一件现在想来都难以想象的事，就是逐字对比阅读了《现代汉语词典》1983年版和1996年版，并做了详细的标记和摘录。那种每晚灯下苦读持续大半年的日子，终身难忘。遗憾的是，后来由于学习方向的调整，只发表了一篇读书笔记式文章《关于〈现汉〉修订本对原本词条的删节及其他》(《辞书研究》2001年第4期)。这期间，还作为两位增订人之一修订了新加坡联邦出版社和华语教学出版社共同出版的《时代新汉语词典》(1998年版，160万字)。还有件事与辞书编纂相关，值得一提。当时有一位颇有资产的企业家要编一套超大型百科全书《辞天》，机构宏大，学科齐备，专家云集，设备先进。我作为语言学分卷主编的编辑助理一开始就参与了这一过程，对如何组织百科全书的编纂逐步有了一定的了解。遗憾的是，在运作两年左右后，由于资金链断裂，这个项目也就悬崖式断裂了。

2000年我到北京大学中文系师从袁毓林先生攻读语法学博士学位。读博三年，虽主攻语法研究，但也没有完全放下词汇语义学探索和辞书编撰。一是参与了于根元先生主编的另一本词典《小学生实用规范字典》(文心出版社，2003年版，63.9万字）的编撰，约编写了其中三分之一。二是撰写了数篇词汇学或词汇学与语法学相结合的文章（读博期间发表的十多篇文章，大部分都是关于词汇学和语义学的）。这些文章的写作受到了袁先生语法学思想的影响，尤其是认知可计算主义的观念，使我在分析词汇系统和语义结构时比较多地关注可操作性方面。

2003年博士毕业后到北京语言大学工作，先后供职于人文学院、对外汉语研究中心、语言科学院三个部门。开始的几年似乎基本搁下了语法学研究，除了从博士学位论文中摘了一些内容重新整合后发表外，主要的精力又转回到词汇语义研究，同时还做些对外汉语教学方面的思考和相关教材编写工作。关于词汇语义研究，主要做了两件相关的事。一是参与了于根元先生主编的《当代汉语小学生字典》（接力出版社，2006 年版，60 万字），也大约编写了其中的三分之一。二是对训诂学和汉字学产生了浓厚的兴趣，除了大量拜读这方面的学术论著外，还断断续续花了几个学期参照学界注解将段玉裁《说文解字注》的重要条目读了两遍。当然，这样自学式的非系统阅读，只能囫囵吞枣，浅尝辄止，更多的收获是享受到了阅读的愉快。阅读的愉快一直是我杂读乱翻的根本动力。这一晃就是四五年，直到 2008 年 9 月我到哈佛大学做博士后项目时才算告一段落。后来对认知语言学 / 认知语义学又发生了浓厚的兴趣，使我多了一个观察词汇语义的新窗口。

现在想来，就我自己对词汇学和语义学的粗浅感知而言，如果有一些辞书编撰的经验，如果有一些训诂学和汉字学的兴趣，如果对新的语言生活比较感兴趣（特别是关注热点问题、争议比较大的问题），这些对词汇语义研究还是有不小的帮助的。尤其是辞书编撰，有了较为丰富的直接体验，会对词汇系统、语义结构关系有更深切的认识。在历次参与的辞书编纂中，我基本上都是作为主编助理来参与整体规划、体例设计、词目选择、语料处理、样条编写、释文加工、条目照应、图文配置、全书统稿、索引编制、附录安排及编辑人员内部协调甚至与出版社联系具体事宜等整个辞书编纂过程，这对我认识辞书的性质和结构、辞书编纂的内容和过程有很大的帮助。谢天谢地谢恩师。

三

学术经历的不同，自然影响自己对研究对象和考察角度的选择。我做词汇和语义研究的基本选题和思路大体有：结合语言运用和语言规范化（规范语言学研究一直是我的研究主题之一），从现实语言生活的热点问题中发现选题，如关于副名组合、异体词、语义叠架、词语生成的时空性、成语使用中的变化情况、海峡两岸以及不同华语社区词语互动关系等问题的考察；结合辞书编撰来描写词义结构及其变化动因，如关于词义成分及其特征、释义原则、比喻义结构、外来词语义的汉语化机制等问题的考察；从词汇和语法、词汇和修辞的关系来考察词义功能和词汇分布情况，如关于名词语义结构及副词修饰名词现象、关于作格动词的释义模式、关于“～界”和“～坛”的多重分布等问题的考察。我还对称谓和命名问题非常感兴趣，大大小小写了十来篇文章（大多发表于中国第一份语言学网络期刊《中国语言生活》）。这些基本上是围绕词汇系统和语义结构来描写和解释相关现象，主要目标就是对词义的结构化和词义结构分析的模型化做出探讨。模型化除了追求一种解释而外，还希望能做一些预测。这种预测当然不是对语言变化特定时空的预测，而是基于可能性层面上的预测。即逻辑上达到：不出现则罢，如果出现，则必然如此。否则该分析模式就被证伪了，就得构建新的分析模式。基于此，“可能性”和“现实性”的关系问题，一直贯穿在我词汇语义研究的过程中。

阅读和写作的经历使我感受到，词汇学研究既要注重理论探索，在一定时期一定情况下，更要特别注重个案和类例的分析，并借以构建适当的分析模型。当然，这种个案和类例的分析是渗透着理论的精细考察的，这样才能在特殊和一般之间实现螺旋式递升。在精致的结构主义背景下对词项关系和语义结构的分布和特征做出相对充分的观察和描写，会帮助我们触摸到词汇语义系统的脉搏。

当然，我所展开的词汇语义研究，大多是“一时兴起”，仅从这本论文集的论题就可看出。也许我的词汇学某些方面的研究，对传统词汇学而言，让人有野路子之感。就具体的研究对象而言，它没有学位论文那样的专著系统性；而且对传统词汇学所讨论的一些重大论题，关注得也不充分。但对我而言，这样做的好处是，既方便，也有趣（有趣，一直是推动我当老师、做编辑、搞研究的基本动力）。当然，我对语义结构和语义空间的认识，对词语调节机制和用变模型的分析，则是力求系统概括，前后一贯。只是由于水平所限，做得很不充分。

其实，我近年的研究，除了以语法研究为核心外，其他方面的探索都跟词汇语义研究一样，大多是因境而变，时有调整。我曾在北语对外汉语研究中心待了七年，由于工作的需要，这期间便在赵金铭老师、鲁健骥老师、吕文华老师、刘珣老师、崔永华老师、崔希亮老师、张博老师、王建勤老师、孙德金老师等先生的指导和诸位同人的帮助下花了比较多的时间关注汉语作为第二语言的教学和习得研究，除了独自和与人合作发表了若干篇系列论文外，还出版了《作为第二语言的汉语概说》（北京大学出版社，2009年）和《汉语基本知识（语法篇）》（北京语言大学出版社，2011年）这两本面向二语教师和准教师的教材性专著，并在冯胜利先生教导下从事基于结构、功能、语境三者合一的"三一语法"研究，同时跟冯胜利先生合作完成了《三一语法：结构·功能·语境——初中级汉语语法点教学指南》（北京大学出版社，2015年）一书。后来在李宇明先生鼓励和指导下关注汉语国际教育事业。自前年底又开始供职《语言教学与研究》编辑部。由于"对外汉语教学"栏目是《语言教学与研究》的重点栏目之一，为了适应这项工作，目前正尽力了解对外汉语教学/汉语国际教育方面的研究成果，并在学界的教导和帮助下尝试着做一些相关探索。当然，我深深地知道，这样东一榔头西一棒子的探索，是有很大的局限的。

四

本来没有出版这方面论文集的计划，这本集子能够呈现出来是很偶然的事。大概是去年10月份，北京语言大学语言科学院决定资助出版一批成果（专著或论文集），我舌头一打滑，便立马口头申报了这个项目。一言既出，回来便整理书稿。后来蒙院学术委员会和审稿专家不弃，这部书稿得以列入出版计划。初拟的书稿名为《词汇系统和语义结构的认知研究》，共包括五个部分：（一）语义结构和语义空间研究；（二）词语调节和语义用变研究；（三）称谓和命名研究；（四）词汇系统互动关系研究；（五）辞书研究。全部内容共40万字左右。但出版合同的篇幅限制在20万字左右，于是今年初将后面三个部分径行删去了，前两部分的篇目结构也做了调整。这也好，一者论题更集中，"认知"更突显；二者对自己展开进一步研究也是一个勉励。这次没有收录的几个部分，也是我这些年比较关注的内容，可成果相对少一些。但愿未来有更丰富的研究来充实它们。

这些收录文章都正式发表过（其中有两篇是我作为第二作者分别与高晓虹、蔡淑美合作完成的）。这次收入文集时，我将原稿和发表稿做了细致的对照，发现每篇文章编辑都做了或多或少的精细加工；同时由于篇幅所限，其中有一两篇文章发表时杂志删节较多。这次收入文集时，凡编辑修改的地方，基本以发表内容为准；而删略之处，则视情况或有所补充。个别文章还根据本书体例对小节标题、用例及说明等略有调整，以便于读者阅读。关于论文集是否要严格按原刊内容汇集，学界有争议，处理起来也各有不同。这里相对从严，绝大部分文章都依发表内容，但有几篇在局部做了从宽处理，是否合适，有待读者指教。

需要说明的是，《名词的描述性语义特征与副名组合的可能性》《语义叠架原因论析》《试论语义关系对异体词显隐和使用的制约》这三篇文章曾被整合进我十年前的第一本著作《语言在交际中规范》（中国经济出版社，2005年），并做了很多拓展（第一篇实际是语法和语义的界面互动研究）。考虑到本书是笔者的词汇语义学研究论文集，为了兼顾系统性，加上该书在市场上已经见不到了，便再次收录这些文章（谨此向曾购该书的读者表示深深的歉意），同时基本以杂志刊发的内容为准。

五

借这本论文集出版的机会，我要向给我以教导和帮助的人表示衷心的感谢。

首先要感谢我的硕士生导师于根元先生、博士生导师袁毓林先生、博士学位论文合作指导老师陆俭明先生、博士后合作导师冯胜利先生。还要感谢我在安徽师范大学中文系、中国社会科学院语言文字应用研究所、北京大学中文系读书期间给我教导的各位老师。在我断断续续的学术研究历程中所取得的一点微小进步，都受惠于先生们的谆谆教诲。

其次要特别感谢我读中专的母校——宣城师范学校和母校的老师们。记得初中毕业时，愚笨得很，并不知道“中专”和“高中”的区别，只因中考分数比省重点高中分数线（那时中考是全省统考）高一截，升学志愿便被填上了中专，这样毕业之后可以立即吃皇粮，成了“国家干部”。对那时的农村人而言，这是天大的事。又由于考分并不特别高，于是被填成了中师（那个时期教师是“干部”队伍中地位最低的）。就这样，1982 年 9 月上了宣城师范学校这所当时的省重点师范学校，而且还是四年制。又记得，刚到宣师时，特别惊讶的是学校里竟然有一个叫图书馆的地方，而且藏书还很丰富。要知道，我即便已初中毕业，也不知道世界上还有“杂志”这样的东西存在，记得所有看过的书，除了《三国演义》《水浒全传》和一些连环画，就只有课本了。我之前曾在一个同学家中见过几本《中学生》，但不知道它就是杂志，还以为只是一种特殊的书呢。中专四年，图书馆是我最常去的地方了。师范学校的一个特色就是，音乐、体育、美术、劳动都是必修课，除了劳动（而我当时又恰好是班级劳动委员），其他都是现在所谓的“素质”教育。拿现在素质教育的要求一比照，我们这些来自农村的土人是毫无素质可言的，即便你善于犁田耙地，非常吃苦耐劳，对自然别有感悟，对社会满怀感恩。从小学到初中到中专直至毕业，留在记忆中的主要是放了五六年的牛，砍了八九年的柴，插了几年的秧，割了数年的稻，当过漫长的劳动委员，还有就是东升西落的太阳，打湿裤管的露水，漫山遍野的映山红，游走草丛的青蛇和零星地立在村口路边的矮小的土地庙，再就是宣师运动场铺满煤渣的跑道。中专教育使我理解了另一个世界。遗憾的是，母校已经消失在升级改版中了。现在，我要将这本小书奉献给我的母校和给过我特别关照的两位老师：教《汉语基础知识》的刘传翠先生和教《文选和写作》的班主任王麟沚先生。

这里要非常感谢北京语言大学对外汉语研究中心和同事们。我到北京语言大学工作已经有十二年多了，其中在对外汉语研究中心供职整整七年，那是一段如泉水般流淌的时光，令人非常怀念。本书中的一部分内容是在汉研中心完成的。尤其要感谢张博老师，在我的学术研究过程中，张老师经常让我分享她的词汇学研究理念并及时回答我研究过程中的困惑，同时我还经常通过参加张老师指导的研究生论文的开题和答辩而学到很多东西。我现在供职于《语言教学与研究》，能够为编辑事业做点事，也得益于自己在《世界汉语教学》编辑部做兼职编辑时张博老师的热情垂范和编辑部同人陈前瑞、唐翠菊、帅志嵩、孟凯四位先生的坦诚交流。因此，本书出版之际，我特别期待张博老师给以新的教诲。张博先生惠允赐序，多有谬奖，既使本书增色很多，又使我愧不敢当。而且张老师还指出了拙著中的许多错谬疏失之处，使我得到很多新的教益。

感谢北京语言大学为语言学研究提供的特殊平台，感谢人文学院让我享受到教授本科生的愉悦，感谢语言科学院为本书出版提供资助。感谢本书责任编辑付彦白老师为此书出版所付出的辛勤劳动。感谢我的研究生李娜、刘卫强、宁颖琦、邱莹、王伟超、赵芸芸和北京语言大学博士生林君峰在校对书稿过程中所给予的帮助。

本书是一本论文集，在文章发表之时编辑先生做了很多加工。我做过很多年的编辑、出版工作，深知编辑工作的不易和意义，甚至很多时候并不为人理解。我对编辑工作的理解就是“与人为善，与人同善”；我对专业期刊所负使命的理解就是“推动学术，发展事业，服务社会”。编辑工作和教学科研一样，既要有事业，又要有情怀。在此谨向刊发拙文的期刊和编辑先生致以诚挚的谢意。同时也向给我论文提过建议的先生们表示崇高的敬意。

六

本书字句的成行，都是在家人的关爱中完成的。衷心感谢我的父母和岳父母、妻子女儿和姐妹兄弟，是他们让我觉得生活和学术都更有意义。

施春宏

2015 年 11 月 9 日